KB189025

삶의
실력
—ᐧ—
장자

최진석

삶의
실력

장자

내면의
두께를 갖춘

자유로운
생산자

위즈덤하우스

　도가 철학자인 장자에 박자를 맞추며 걷다가 나온 이런저런 리듬을 '삶의 실력'으로 개괄하는 것을 두고 조금이나마 장자를 안다고 하는 사람은 다 의아해할 것이다. 책의 제목을 《삶의 실력, 장자》라고 한 데에는 이런저런 이유가 있다.

　일반적으로 장자는 현실을 초탈하여, 현실과는 차원이 다른 특별한 경지를 누리려 한 사상가로 이해되곤 한다. 그러다 보니, 장자는 기술 문명도 부정하고, 더 잘 살아보려고 열심을 내는 적극적인 의지를 인생 하수들이나 갖는 하찮은 태도로 여기며, 문명의 진보를 추구하기보다는 원시적 자연성을 더 지키려 한 사상가로 다뤄지곤 한다. 통치와 정치 제도에 관심을 깊이 둔 노자까지도 반문명론자로 이해하는 바에야, 장자는 더 말할 것도 없다. 이런 이해는 세계와 삶에 대한 인식의 넓이나 깊이가 충분하지 않고, 지적으로 게으른 데다가 삶의 투지까지 약해져서, 어쩔 수 없이 삐딱해진 사람들이 갖게 된 소극적이고 부정적인 이해다. 삐딱한 태도로 자신의 비루함을 마치 정의나 순수를 지키는 수난의 과정에서 비롯된 것이라고 정당화하며 살 것인지, 그래도 한 번 사는 인생, 율동감으로 충만한 실력 있는 삶을 밝고 환하게 살 것인지 정해야 한다. 장자는 실력 없는 삶을 정당화하는 사상가가 아니었다. 내내 실력 있는 삶을 살다 가라고 독려한다.

삶의 목적은 '생존의 질과 양을 증가'시키는 것 이상도, 이하도 아니다. 인간을 포함하여 지구상의 어떤 생명체도 영혼이 병들지 않고서야, 자기 정체성을 부정하고, 자기 삶의 터전을 소홀히 대하고, 자기를 파괴하고, 자기 생존의 질과 양을 줄이려 하지는 않을 것이다. 장자가 자신의 사상을 논변의 형식이 아니라 이야기하는 형식으로 서술한 것도, 논변의 힘보다 이야기의 힘이 더 세다는 것을 알았기 때문이다. 생존의 질과 양을 증가시키는 데에 논변보다 이야기가 더 효율적이라는 것을 알았기 때문이다.

이런 의미에서 자강불식自强不息, 즉 더 나아지려는 적극적인 의지를 끝까지 견지하며 용맹정진하는 것을 자연과 인간이 함께 공유하는 속성이자 사명으로 천명한《주역》은 매우 옳다. 인류 역사상 어떤 철학자도 생존의 질과 양을 증가시키려는 일에서 벗어난 경우는 단 한 명도 없다. 쇼펜하우어, 니체, 노자, 부처도 우리에게 정신적으로나 물질적으로 더 발전하여 실력 있는 삶을 살아야 한다는 것을 각자의 방식으로 말하고 있다. 장자도 그렇다.

누구나 생기가 충만할 때는 멈추기를 거부하고 어디론가 건너가려

꿈틀댄다. 꿈을 꾸며 약동하는 것이다. 대한민국에는 한강의 기적이라는 찬사를 들을 만큼 약동하는 시절이 있었다. 건국-산업화-민주화라는 비전을 세우고, 하나를 이룬 후에는 바로 다음으로 건너가며 단계별로 완수하였다. 그러나 세상의 모든 것은 시작부터 장점과 취약성을 동시에 가진다. 장점과 취약성은 상호 의존 관계에 있어서, 어느 단계에 이르면 취약성은 장점이 날아오를 높이를 제한한다. 한국은 지금 장점이 최고로 발휘되어버리고 난 후 한계에 갇혀, 취약성이 장점을 누르기 시작한 상황이다.

취약성 가운데 가장 치명적인 것은 사유의 종속성이다. 세상의 모든 물건과 제도는 생각이 만든다. 우리 삶을 채우는 물건과 제도 가운데 우리가 먼저 만든 것을 찾기란 쉽지 않다. 우리가 독립적(창의적)으로 생각(사유)한 적이 거의 없었음을 뜻한다. 이는 우리의 삶을 스스로 생각해서 산 것이 아니라, 다른 나라에서 한 생각의 결과를 따라 하며 살았다는 증거다. 사유의 생산자가 아니라, 사유의 수입자로 살아온 것이다. 스스로 생각해서 산 것이 아니라, 우리 외부에서 한 생각의 결과를 죽어라 따르거나 수용하면서 산 것이다. 우리가 아직 선도 국가가 아니라, 추격 국가임을 드러낸다. 이것이 사유의 종속성에서 비롯된 결과다.

사유의 종속성을 벗어나지 않고는 선도국에 이를 수 없고, 추격 국가를 벗어나기도 힘들다. 추격 국가를 벗어나 선도국에 이르지 않고는 지금보다 더 자유롭고, 더 독립적이고, 더 창의적이고, 더 풍요롭고, 더 안정적일 수 없다. 오래된 취약성으로 형성된 한계를 폭파하고 건너가야 한다. 지금 우리에게 장자가 필요한 이유 가운데 하나가 바로 여기에 있다.

장자는 우리에게 생기로 가득 찬 삶을 살지 않고 뭐하냐고 다그친다. 장자가 '기氣'를 가지고 하고 싶은 말은 바로 '생기'다. 생기로 가득 찬 사람은 한계 없이 팽창하고, 끝없이 튀어 오른다. 생존의 질과 양을 무한히 증대하는 것이다.

《장자》를 펼치자마자, 일반인들의 상상을 초월하는 큰 바다부터 만난다. 거기서 자그마한 물고기가 몇천 리나 되는 크기로 성장한 후, 파도가 쳐대는 요동을 타고 구만 리를 튀어 올라, 한 번의 날갯짓으로 6개월을 나는 붕鵬이라는 새로 변하더니, 남쪽의 이상향을 향해 끝없는 여정에 든다. 처음부터 우리는 장자의 무한한 스케일에 입을 다물지 못할 지경이다. 이처럼 장자는 소극적으로 수렴하고 줄이고 비우고 내려놓는 일보다는 삶의 무한한 팽창과 증대를 도모한다. 어떤 한계도 없는 절대 자유의 경지다.

사유의 종속성에 빠져서 오래 살다 보면, '정해진 마음'에 갇혀 우선 마음이 작아진다. 마음이 작아지면 사람이 크고 굵지 못하고 자잘해진다. 자잘해지면, 일구는 문명의 크기 자체가 일정 정도의 한계에 갇혀 한없이 팽창하지 못한다. 잘못하다가는 추격 국가로만 살지, 선도 국가로 올라서지 못할 수도 있다. 그러다가 저 멀리 하늘에 걸려 있는 별을 감탄하거나, 별처럼 빛나는 다른 사람에게 정성껏 박수를 보내는 일로 세월을 보내느라, 이토록 짧은 생에 정작 자신은 한순간도 별처럼 빛나지 못한 채 명을 다해버린다. 장자는 이렇게 살다 가도 정말 괜찮은지 우리에게 묻는 것이다.

사유의 종속성은 푸코가 말한 종속적 주체를 만든다. 종속적 주체는 보편적이거나 일반화된 이념을 내면화해서 그것을 자신의 것이라 억지를 부린다. 다른 사람들이 하는 생각을 자기 생각이라고 확신하며 사는 것이다. 이것은 마음을 좁고 작게 만든다. 종속적 주체는 그 자리에 멈춰서서 한 발짝도 건너가지 못한다. 장자의 표현을 빌리면 "정해진 마음[成心]"에 갇힌 것이다. 한번 정해진 마음이 굳어버리면, 그것을 바꾸기란 매우 매우 어렵다. 자신을 살해하는 정도, 즉 "오상아吾喪我"의 경지에 이르지 않고서야 변화 불가다.

사회의 극단적 분열이나 이념 갈등은 다 정해진 마음으로 사는 태도가 만들었다. 각자 정해진 마음을 진리로 확신하며 지지고 볶으며 세월을 보내고 있지 않은가. 아무리 화합을 말하고 전진을 말해도 이 정해진 마음의 한계를 깨부수지 않고는 절대 불가능하다. 지금 우리는 자신과 정치적 견해가 다르면, 사람 취급도 안 할 지경이다. 그러면서 상대만 악마화하고, 자신은 천사화한다. 상대편은 악마고, 자기편은 천사다. 한 걸음만 물러나 봐도 어리석고 파괴적이란 것을 알지만, 우리의 '덕德'은 그 한 걸음에도 인색할 정도로 야박해졌다.

'덕'이 야박해졌다는 것은 자기가 누구인지 자신에게 묻지도 않는다는 뜻이다. 이토록 짧은 생을 어떻게 살다 갈 것인지, 어떤 사람이 되고 싶은지, 자기가 정말로 원하는 것이 무엇인지 자신에게 물어보지 않았다는 뜻이다. 인간은 자신에게 이 몇 가지의 질문을 하면서 다른 사람이 아니라 바로 자기 자신이 된다. 자기를 자기로 만드는 힘, 자기를 자기로 살게 하는 힘, 자기가 다른 사람이 아니라 바로 자기가 되는 힘이 '덕'이다. 질문하는 힘도 덕에서 나오고, 진위 선악의 분열을 벗어나려는 힘도 덕에서 나온다. 이곳에 멈춰 서지 않고, 저곳으로 건너가게 하는 힘도 덕에서 나온다. 세상의 주인은 대답하는 자가 아니라 질문하는 자고, 세상의 주도권은 멈춰서는 사람이 아니라 건너가는 사람이 갖는다. 실력 있는 삶을 사는 사람이 질문하는 자고 건너가는 자라면, 삶의 실력은 바로 '덕'의 발휘일 뿐이다.

왜 혁명이 혁명으로 완수되지 않는가. 왜 민주화를 주장하면서도 표현의 자유를 막는가. 함석헌 선생의 말을 이용하여 말하면, 혁명가가 스스로는 혁명하지 않은 채 혁명한다고 나서기 때문이고, 민주화 운동가가 스스로는 민주적 감수성도 없이 민주화한다고 설치기 때문이다. 자신을 자신이게 하는 힘, '덕'을 살피지 않았기 때문이다. 입과 영혼의 불일치다. 입과 영혼의 불일치 상태에서는 입만 살아 있고, 입만 살아 있는 상태에서는 자기의 주인이 자기 자신이 아니라 바로 외부에서 주입된 '정해진 마음'이다. 결론적으로 말하면, '나'가 '나'가 아니다. 독자들은 이 책의 초반부에 나오는 '자쾌自快' 부분을 읽으면서 충분히 이해할 수 있을 것이다.

자신을 유효기간 지나버린 우유갑 같은 '정해진' 마음에 가두고 살일이 아니다. 모든 인간은 어디로 튈지 아무도 모르는 욕망덩어리이자, 한곳에 오래 머물지 못하는 탐험가로 태어난다. 다 스스로 갇혀서,

스스로 맥이 빠지고, 스스로 야박해지며, 스스로 자잘해진다.

당신을 자잘한 잔챙이로 만드는 것은 도대체 무엇인가. 당신을 꿈꾸지 못하게 억압하는 것이 도대체 무엇인가. 당신을 불안에 휩싸이게 하는 것은 도대체 무엇인가. 당신에게 이웃을 미워하게 만드는 것은 도대체 무엇인가. 당신을 겁쟁이로 만든 것은 도대체 무엇인가. 당신에게 오랜 친구를 쉽게 버리도록 강요하는 것은 도대체 무엇인가.

당신도 알듯이, 젖먹이 시절의 당신은 그렇지 않았다. 엄마 곁에 누워서도 낮에 놀다 두고 온 나뭇잎 배가 생각날 때의 당신은 그렇지 않았다. 다 시비선악是非善惡의 판단 기준으로 정해진 마음을 꽉 채우고 나서일 것이다. 만일 이 사실을 모른다면, 이렇게 살다가 우유갑만큼으로 쪼그라진 채 죽는 수밖에 없다. 이렇게 죽어가도 좋은가?

우리는 흔히 '지智-덕德-체體'라고 말한다. 아니다. '체-덕-지'다. 흔히 '진眞-선善-미美'라고 말한다. 아니다. '미-선-진'이다. 정해진 마음에 갇혀, 시비선악의 판단이 습관화된 병은 시비선악을 나누는 기준으로는 고칠 수 없다. 술병을 술로 고칠 수 없는 것과 같다. 장자는 시비선악의 판단으로 빚어지는 갈등과 분열과 독살스러움을 극복하기 위해서 내내, 특히 〈제물론〉 편에서 집중적으로, 시비선악의 판단 기준을 무력화하거나 벗어나야 한다고 강조한다. 시비선악을 벗어나려면, 시비선악보다 한 계단 올라서야만 가능하다. 술병을 술로 고치지 못하듯이, 시비선악에서 비롯된 온갖 분열과 갈등의 병은 시비선악으로 고치지 못하기 때문에, 시비선악 한 계단 위에서 시비선악을 지배하는 시선, 즉 미학적 시선을 장착해야 한다.

자신이 옳다고 믿지만, 대국적 차원에서 자신의 옳음을 양보하거나, 자신이 옳지 않을 수도 있음을 받아들이는 일, 악행을 바로 응징하지 않고 조금 기다려주는 일, 상대의 주장이 그른 줄 알면서도 우선 받아들여 보는 일, 깨달은 자가 깨달음이 뭔지도 모르는 사람 앞에서 바보처럼 서 있어주는 일, 부자이면서도 가난한 사람 앞에서 배불리 먹지 않는 일 등등은 모두 시비선악 자체가 아니다. 미학적 감수성이 만들어내는 일이다.

이런 의미에서 우리는 우선, 서둘러서 아름다움에 눈을 떠야 한다. 우리가 한 단계 도약한다는 말은 진과 선의 차원으로 살던 삶을 미의 차원으로 끌어 올린다는 뜻도 된다. 장자는 시비선악이 만들어낸 갈등을 풀어헤쳐 더 평화롭고 생산적인 삶의 풍경을 만들고 싶으면 우선 아름다움에 눈을 떠야 할 것이라고 가르쳐준다.

《장자》를 읽으면 자그마한 내가 무한대의 우주적 크기로 성장하면서 내는 굉음과 팽창 속도를 느낀다. 내가 이런 식으로 달라져가면, 어지럽기도 하고, 뭔가 위험한 것 같기도 하다. 하지만 내가 다른 사람과 구별되는 차별성을 인식하고, 그 차별성을 토대로 해서 존재론적 성장을 하는 것, 그리고 그 성장을 자신이 지켜보는 것, 스스로 그 존재적 성장을 보면서 희열을 느끼는 것, 이것을 행복이라 하지 않을까? 나를 우주적 크기로 튀어 오르게 하는 발전소가 바로 '덕'이다.

나는 내내 궁금했다. 장자는 어떻게 해서 이런 아름답고도 거대한 스케일의 기획을 할 수 있었을까? 그는 어쩌다가 발전소의 스위치를 올리는 용기를 내고, 또 그 용기를 따라 끝까지 가보는 기나긴 여정의 첫 발자국을 뗄 수 있었을까? 이 궁금증을 풀어보려고 《장자》 전편을 다시 읽은 적이 있다. '혹시 이것이 아닐까' 하고 〈지북유〉 편에서 발견한 문장이 있다. 《장자》의 자궁 같은 문장을 나는 이것으로 본다.

"한 사람이 하늘과 땅 사이에서 한평생을 산다는 것은 마치 책받침 두께도 안 되는 얇은 틈새를 천리마가 획! 하고 지나는 것처럼 순간이다[人生天地之間, 若白駒之過郤, 忽然而已]."

삶이 매우 짧아서 금방 죽는다는 바로 이 사실을 내면화하면, 내가 궁금해지지 않을 수 없다. 내가 나를 궁금해하면서 나를 나이게 하는 힘인 '덕'이 두터워지기 시작한다. 내가 누구인지, 나는 무엇을 원하는지, 나는 어떻게 살다 가고 싶은지, 나는 도대체 어떤 사람이 되고 싶은지 등등 나를 궁금해하면서 두터워지는 '덕'으로 나는 우주적 팽창을 시작할 수 있을 것이다. 이것이 절대 자유가 아니면 무엇이겠는가.

| 차례 |

《장자》의 구성

인간의 생각으로
움직이기 시작한 세상

장자 사상의 배경

1장

■

장자는 어떤 사람일까요? 감각 경험에만 의존하며 익숙함 속에서 뱅뱅 도는 사람이었을까요? 아니면 불편함을 느낄 줄 아는 사람이었을까요? 장자는 불편함을 느낀 사람입니다. 문제를 발견하고, 그 문제를 해결하려고 덤빈 사람입니다. 부처도, 예수도, 플라톤도, 칸트도, 니체도, 공자도, 노자도 다 감각 경험과 익숙함 속에 갇히지 않고 불편함을 발견해, 그것을 해결하려고 덤빈 사람들입니다. 마호메트, 소태산, 최제우까지도 모두 가장 근본적인 면에서 불편한 문제를 발견한 후에, 그것을 고쳐보려고 자기 자신을 그 문제에 전부 빠뜨린 사람들입니다. 이것을 우리는 공적 헌신이라고 합니다. 자기라는 울타리를 벗어나서 자기 이외의 타인들도 더 큰 행복과 자유를 누릴 수 있게 문제를 해결하려는 모험입니다.

물론 그 사람들은 타인들에게 더 큰 행복과 자유를 줘야겠다는 뜻을 분명하게 의식하고 출발하지는 않았을 것입니다. 결과적으로 그렇게 된 것이죠. 그들은 아마 그 문제를 해결하려고 나서지 않으면, 스스로 자신의 주인으로 사는 느낌을 받을 수 없었을 것입니다. 불편함과 문제를 느끼고 그것을 해결해보려고 덤비는 모든 사람은 다 헌신적인 공적 인물로 재등장합니다.

감각 경험과 익숙함은 그 사람을 일상적 소시민에 머물도록 붙잡습니다. 추상적 사유 능력이 없으면, 즉 철학적 사유의 높이로 오르려는 의지가 없으면 감각 경험에 사로잡힙니다.

우리가 장자를 공부할 때 장자가 무슨 말을 했는지, 장자가 한 말이 맞는지 틀리는지를 살펴보는 것보다 더 중요한 점이 있습니다. 장자가 문제를 발견해서 그것을 해결해보려고 도전하는 모습, 그 실존적 고뇌와 태도를 배우는 것이 핵심이어야 합니다. 자각과 각성으로 부단히 자신을 단련하고 승화해가는 수준 높은 한 사람을 보는 것입니다.

동양 사상의 범주

장자를 이해하려면, 고대 중국에서 인간이 어떤 경로를 밟아 '도道'를 핵심 범주로 사용하는 단계까지 왔는지를 이해해야 합니다. 그런데 장자에게서 도는 핵심 범주이지만, 장자 사상의 특징을 드러내는 데에는 '기氣'가 더 큰 역할을 합니다. 당연히 철학 범주의 핵심적인 지위가 도에서 기로 넘어가는 과정도 이해해야 합니다. 이렇게 해야 장자 사상에 제대로 들어갈 수 있습니다[불을 사용하기 시작할 때부터 도의 출현, 도까지의 생각의 탄생 과정은 제가 이미 펴낸《생각하는 힘, 노자 인문학》(위즈덤하우스, 2015) 앞부분에 비교적 자세히 기술해놓았으니 참고하시기 바랍니다].

철학을 공부하다 보면 동양에서는 도道, 리理, 기氣, 천天, 성性, 명命, 덕德, 예禮 등의 명사를 자주 언급합니다. 서양에서는 실체, 이성, 물질,

정신, 관념, 욕망, 오성, 본질, 현상, 존재 등을 자주 말합니다. 명사로 되어 있는 이런 개념들을 범주category라고 합니다.

집이 한 채 있다고 합시다. 집은 기둥으로 서 있습니다. 철학의 범주라는 것은 집으로 말하면 기둥 같은 것입니다. 기둥이 바뀌면 집이 바뀌죠. 철학이 바뀌었다는 것은 범주가 바뀌었다는 말입니다. 그래서 철학 발전사를 범주 발전사라고 해도 됩니다. 범주는 철학의 틀을 지탱하는 핵심 개념입니다. 철학을 공부할 때는 범주에 대한 이해를 분명히 하는 것으로부터 시작해야 합니다.

예를 들면 공자 철학에는 '마음'이라는 것이 없습니다. 공자는 마음을 다루지 않습니다. 물론 공자의 《논어》 안에 마음을 나타내는 心(심) 자가 들어 있긴 하지만, 그 心은 철학적으로 중요하게 다뤄지는 개념이 아닙니다. 반면 맹자는 마음을 중심적인 위치에 놓고 철학을 펼칩니다. 다시 말하면, 《논어》에도 心이 나오고, 《맹자》에도 心이 나오지만, 《논어》에 나오는 心은 공자 사상을 철학적으로 이해하려 할 때 무시해도 됩니다. 그런데 《맹자》에 나오는 心은 무시하면 안 됩니다. 《논어》 안에서는 心을 다 빼버려도 공자가 하고자 하는 주장과 이론 체계가 흐트러지지 않습니다. 그러나 《맹자》에서 心을 빼버리면 맹자 철학이 서 있지 못합니다. 맹자도 마음을 말하고, 공자도 마음을 말하지만, 맹자는 마음을 범주로 쓰고, 공자는 마음을 범주로 쓰지 않은 것이죠. 철학적으로 볼 때, 공자는 마음을 다루지 않고 맹자는 마음을 다룹니다.

미리 말씀드리면, 노자 사상에서 기氣는 범주가 아니고, 장자 사상에서는 기가 범주입니다. 범주는 명사이면서, 어떤 일관된 의미로 하나의 철학 체계를 지탱하는 기둥 같은 것입니다. 그러니 철학을 공부할 때는 어떤 글자가 나오느냐, 안 나오느냐보다 그것이 범주로 쓰이느냐, 쓰이지 않느냐를 잘 살펴야 합니다.

덕에 담긴 인간의 존재성

오늘날의 신神의 의미에 가까운 상제上帝는 은殷나라 때 만들어진 범주입니다. 은나라 사람들은 세상 모든 것을 신이 결정한다고 믿었습니다. 나라도 신이 만들고, 왕도 신이 지정하고, 귀족이나 노비를 포함한 계급까지도 신이 결정합니다. 신의 뜻은 바뀌지 않는 것이 특징입니다. 그런데 신이 세워준 은나라가 멸망해버렸습니다. 인간들이 당황할 수밖에 없겠지요? 어떻게 신이 세운 나라가 멸망할 수가 있습니까.

은나라를 멸망시킨 나라는 주周나라입니다. 신의 뜻은 은나라에 있었지, 주나라에 있지 않았습니다. 그런데 신이 세워준 나라가 멸망했고, 신이 아직 나라로 정해주지도 않은 희씨姬氏 성을 가진 집단이 은나라를 멸망시켰습니다. 그리고 주나라를 세웠습니다. 은나라 사람들에게나 주나라 사람들에게나 다 황당한 일이죠. 신이 모든 일을 결정한다고 믿던 당시의 세계관으로는 은나라가 왜 망했으며, 주나라는 어떻게 은나라를 멸망시키고 새로운 나라가 됐는지를 설명하기가 어려웠지만, 일이 벌어지고 난 마당에야 다시 설명해야 할 필요가 대두되지 않을 수 없었습니다.

곤혹스러운 이 문제를 '덕德'이라는 개념으로 풀어갑니다. 은나라는 덕을 상실했기 때문에 신이 멸망시켰고, 주나라는 덕을 지키고 있었기 때문에 나라를 세우게 해준 것이라고 말이죠. 신은 덕을 잃은 곳에서는 떠나고, 덕이 있는 곳을 선택한다고 설명합니다. 덕의 존재 여부에 따라 신의 있고 없음이 결정되니, 덕이라는 개념을 가지고 신이 은나라를 버리고 주나라를 선택한 것을 설명할 수 있게 되었습니다.

한자 德(덕)은 은나라와 주나라가 교체되던 시기에 새로 만들어진 글자이고, 주나라, 그것도 서주西周 사상의 핵심 범주입니다. 德은 우리가 흔히 '얻는다'는 뜻으로 사용하는 得(득) 자에 뿌리를 두고 있습니다. 천天으로부터 얻은 것, 천으로부터 받은 것, 즉 천이 부여한 것을 '명命'이라고 합니다. 주나라를 세운 무왕武王이 자신의 아버지를 문왕文王으로 추숭하는데,《시경詩經》에는 문왕이 하늘로부터 명을 받았다는 기록이 있습니다.*

하늘로부터 부여되는 명이 인간에게 적용될 때는 덕이라는 특별한 형식으로 구현됩니다. 덕은 신에게 있는 것이 아니라 인간에게 있는 것입니다. 덕을 매개로 인간은 최소한의 조건 속에서 신을 움직일 수 있게 되었습니다. 덕으로써 신에게 영향을 미치게 된 것이지요. 내가 덕을 갖추고 있으면 신이 오고 내가 덕을 잃으면 신이 떠납니다. 내가 덕을 갖추고 있으면 신을 불러들일 정도의 성숙한 인간이고, 덕을 잃으면 신에게 버림받는 부족한 인간인 거죠.

---

* 有命自天, 命此文王(《시경》〈대아大雅〉 대명大明).

이렇게 주나라에 이르자 인간은 자신이 가지고 있는 내면적 역량으로, 신의 움직임에 어느 정도의 영향을 미칠 수 있게 되었습니다. 이제 인간이 신을 움직일 정도가 되었으니 인간의 지위는 이전 시기에 비해 한층 더 상승하였습니다. 신을 마음대로 움직일 정도는 아니지만, 인간이 자기 정신과 마음을 고도로 정화하고 승화하면 제한된 범위에서나마 신도 움직일 수 있는 정도로 존재적 지위가 높아진 것이지요.

상제를 중심에 놓고 인간을 해석할 때는 인간이 상제 밑에 그림자로만 존재합니다. 인간의 존재성이나 존재적 가치는 아주 미미한 것이죠. 그런데 덕을 매개로 인간을 해석하게 되면서 신에 의해 전적으로 좌우되던 인간이 이제 어느 정도 자신의 존재성을 확보하고, 제한된 범위에서나마 신에게 영향을 미칠 정도의 힘을 가지게 됐습니다. 신에 비하면 점선이나 그림자 정도의 존재성만을 가졌던 인간이 자신을 실선으로 분명히 표시할 수 있게 된 것입니다. 인간의 존재성이 분명해졌다는 것이지요.

하늘에서 인간으로, 도의 출현

춘추春秋시대 말, 전국戰國시대 초 사이에 철기가 산업에 투입되면서, 즉 생산 도구가 달라지면서 생산 관계가 달라지다 보니, 계급이나 정치 체제에 급격한 변화가 생깁니다. 변화가 생기기 전, 즉 서주시대까지는 계급적으로나 정치적, 종교적으로 안정적인 이분 구도가 유지되었습니다. 군자와 소인 사이의 지배·피지배 구조, 천자와 제후 사이의 지배·피지배 구조, 하늘[天, 上帝]과 인간 사이의 지배·피지배 구조가 안정적으로 유지된 것이지요. 다시 말하면, 군자와 천자와 하늘은 지배적 위치를 차지하고, 소인과 제후와 인간이 피지배적 위치를 차지하는 구도가 흔들리지 않고 안정적으로 유지되었다는 뜻입니다. 지배와 피지배의 안정적인 이분 구도는 누가 정해준 것이었나요? 상제, 즉 신이 정해줬습니다.

그런데 신이 정해준 안정적인 이분 구도가 철기가 산업에 투입되는 것을 계기로 뒤틀리며 깨져갑니다. 당연히 신에 대한 믿음과 신뢰가 많이 손상되었습니다. 그러면서 사회는 점차 소인이 군자를 제거하고, 제후가 천자를 제거하고, 인간이 하늘을 제거하려는 흐름으로 변해갑니다. 위에 있던 군자, 천자 그리고 하늘이 점점 물러나고, 아래에 있던 소인, 제후 그리고 인간이 주도권을 잡고 전면으로 등장하는 세상으로 바뀌게 되는 것이지요. 이분 구도가 안정적으로 유지될 때 주도권은 천天이 가지고 있었습니다. 그런데 이 안정적인 구도가 깨어지면서 가장 타격을 받은 것이 천입니다. 인간은 천을 제거하려 했지요. 소인이 군자를 제거하고, 제후가 천자를 제거하고, 인간이 하늘을 제거하는 방향으로의 이동이 서주 말 동주 초 사이에 시작되어 춘추전국시대의 역사 발전 방향이 됩니다. 소인과 제후와 인간이 군자와 천자와 천을 제거하려는 노력이 성공하여 완성된 때가 바로 진시황의 통일입니다.

이분 구도가 안정적으로 유지될 때는 역사의 책임자가 천이었습니다. 그런데 이 천이 점점 약화하고 무시되자 인간이 역사의 책임자로 등장합니다. 이분 구도가 깨지기 전까지 인간은 신의 명령, 즉 천명天命에 따라서 살았습니다. 누가 더 천의 명령을 빨리 이행하고 잘 집행하는지가 인간의 격을 결정했습니다. 그런데 명령을 내릴 천의 권위가 무너지자, 천명의 권위나 신뢰도 사라진 것입니다.

그러면 인간에게 어떤 변화가 생길까요? 천의 명령으로만 살던 인간에게 매우 높은 수준의 사명이 생깁니다. 인간 앞에 펼쳐지는 역사속에서 이제 인간은 인간을 벗어난 초월적인 능력에 의존하지 않고 오직 인간만의 능력으로 인간이 가야 할 길을 만들어야 한다는 사명입니다. 여기서 인간만의 능력이란 생각하는 능력을 말합니다. 인간은 이제 자신이 가진 생각하는 능력으로 자신이 가야 할 길을 스스로 만들어야 하는 사명 앞에 서게 되었습니다. 이렇게 하여 인간이 인간만의 생각하는 능력으로 만든 인간의 길을 '도道'라고 했습니다.

도가 출현하였습니다. 은나라의 상제가 주나라에 와서는 천으로 바뀌었고, 상제의 그림자였던 인간이 덕을 통해서 천과 당당하게 소통할수 있게 되었지요. 그런데 이제 천이 도로 바뀌게 되었습니다. 덕은 그대로 유지가 됩니다. 그렇게 하여 인간의 존재 의미를 결정하고 해석하는 두 개의 범주, 즉 도와 덕이 등장하였습니다. 도와 덕이라는 두 개의 범주를 매개로 우주의 운행 원칙과 삶의 원칙을 밝혀놓은 책이 바로 노자의《도덕경道德經》입니다.

도의 출현은 천명을 극복하는 일이 시작되었음을 뜻합니다. 역사의 책임자가 이제 신이 아니라 인간임을 선언한 것이죠. 물론 이 책임성이 한꺼번에 다 인간에게 온 건 아니지만, 인간이 역사의 책임자가 되겠다는 의지를 충분히 드러내기는 했습니다. 이렇게 하여 중국에 철학이 등장하는 것입니다.

공자, 노자, 그리고 장자의 차이

중국에서 철학은 춘추시대 말부터 전국시대 초 사이에 생깁니다. 주나라는 기원전 1046년에 은나라를 멸망시키고 건국하여 융성기를 보내다가 기원전 770년에 견융의 침입으로 왕이 살해당했습니다. 이에 원래 수도였던 호경鎬京에서 낙읍洛邑으로 천도하는데, 서쪽에서 동쪽으로 이동하는 격이기 때문에 수도를 옮기기 이전을 서주西周, 이후를 동주東周로 부릅니다. 춘추전국시대는 동주 시기 전반기인 춘추시대와 후반기인 전국시대를 합해서 부르는 말입니다.

'춘추'라는 말은 공자의 저서인 《춘추》에서 유래한 것으로, 《춘추》는 공자가 노나라 은공隱公에서 애공哀公까지 242년(기원전 722~481) 동안을 편년체로 기록한 11권의 책입니다. 춘추 시대는 역사에서는 진晉나라가 한韓, 위魏, 조趙의 세 나라로 나뉘게 된 기원전 403년까지를 말하는데, 역사서 《춘추》의 시기와 대부분 겹치므로 이 시기를 춘추시대라고 부릅니다. 춘추시대까지는 종주국인 주나라의 권위가 어느 정도는 인정되었습니다. 후반기인 전국시대의 명칭은 전한前漢 시기 유향劉向이 쓴 《전국책戰國策》에서 유래하였고, 명칭에서 알 수 있듯이 전쟁이 빈번했던 시기였습니다. 이 시기에 이르러서는 강해진 제후들이 스스로 왕의 칭호를 사용할 정도로 종주국인 주나라의 권위는 완전히 무시

되었습니다. 기원전 221년에 진秦나라의 왕 영정贏政이 6국을 멸망시키고 최초로 중국을 통일한 뒤에 시황제始皇帝라 자칭하면서 춘추전국시대를 끝냅니다.

철기가 산업에 투입된 때는 기원전 5~6세기로, 춘추 말과 전국 초 사이입니다. 이때 철학이 생긴 것이죠. 도가 출현한 시기입니다. 도를 각각 다른 방식으로 구현하려고 했던 노자와 공자에게는 철학적인 의미에서의 변화나 운동 혹은 발생 등에 관한 관점이 보이지 않습니다. 노자나 공자는 이 세계가 어떻게 되어 있다, 어떤 원칙으로 돌아간다, 혹은 이 사회는 어떻게 되어야 한다, 인간은 어떻다 등의 말들만 했습니다. 인간들 사이에 나타나는 존재론적 차이에 대해서는 말하지 않습니다. 계급적이고 사회적인 차이는 언급하지요. 인간이 어떻게 태어나서, 어떻게 살다, 어떻게 늙고 병들어 죽는지 말하지 않습니다. 공자와 노자는 인간에 대해서 말하고 사회에 대해서 말하지만, 매우 크고 보편적인 층위에서만 말합니다. 노자는 세계가 어떻게 존재한다는 말은 하지만, 어떻게 구성되는지는 말하지 않습니다. 노자의 '유무상생有無相生'은 세계의 존재 형식을 말해주는 것이지, 세계가 어떻게 구성되고 어떻게 만들어지는지에 대해서는 설명하지 않습니다. 인간에 대해서 말하지만, 인간이 어떻게 태어나서 어떻게 죽는지, 태어나서 죽어가는 이 동적인 과정은 말하지 않습니다. 종합하면 공자와 노자 철학에서는 '변화'가 해명되지 않는다는 것입니다.

공자나 노자 철학에는 '변화'라는 관념이 아직 없습니다. 변화를 말하려면 여기 있던 것이 저기로 이동했을 때 달라져야 합니다. 그런데 이 달라지는 것이 해명되지 않습니다. 공자와 노자 사상에서는 '운동'이라는 관념이 다뤄지지 않습니다. 그러니 노자 철학은 입체적이기보다 평면적입니다. 평면적인 철학에는 시간이라는 관념이 없습니다. 참고로《반야심경》도 입체적이기보다는 평면적이죠. 그러면 노자 철학을 수양서修養書로 읽는 것이 적합할까요? 적합하지 않습니다. 수양이라는 개념이 노자 철학 안에는 없습니다. 수양은 수련 전과 수련 후가 달라진다는 인식에 기초합니다. 달라지는 것은 변화이고 운동입니다. 노자 사상에는 변화와 운동 관념이 없습니다. 그래서《도덕경》을 수양서로 읽기는 어렵습니다.

반면 장자 철학은 입체적인 철학입니다. 입체적이라는 말은 시간 관념이 다뤄진다는 뜻입니다. 입체성을 지탱하는 관념이 바로 시간을 타고 작용하는 운동이고 변화인데, 운동과 변화를 해명해주는 것이 바로 '기氣'라는 범주입니다. 노자와 공자에는 기 범주가 없습니다. '氣'라는 글자는 나오지만, 그것이 범주는 아니었습니다. 철학적으로는 의미가 없는 글자들이지요. 공자나 노자 사상에서 '氣' 자를 다 빼버려도 사상적인 구조가 전혀 흔들리지 않는다는 뜻입니다. 장자에 와서야 기가 범주로 등장합니다. 장자 사상은 기를 빼버리면 무너집니다.

완결성을 갖고 태어난 존재들

장자 사상의 철학사적 의미

■

전국시대 중기, 제齊나라에서 정치 변동이 일어납니다. 제나라는 지금의 산동山東 지역 일대를 지배하던 나라입니다. 강태공의 후예인 강姜씨들이 권력을 쥐고 있던 곳인데, 전田씨가 강씨로부터 권력을 뺏어옵니다. 소위 정치 혁명이 일어난 것이죠. 혁명에 성공한 세력에게 가장 중요한 일 가운데 하나는 혁명의 정당성을 확보하는 것입니다. 또 그 정당성을 이론적으로 지지하는 통일된 세계관을 만들기도 해야 하죠. 새롭게 권력을 잡은 전씨 왕조는 이데올로기들을 통일시키기 위해 성문 밖에 최고 수준의 연구 기관을 설립합니다. 바로 직하학궁稷下學宮이죠. 여기서 성립된 학문을 직하학稷下學이라고 합니다.

춘추전국시대의 다양한 사상

춘추전국시대에 여러 학문이 서로 부딪히며 자유롭게 경쟁하던 상황을 백가쟁명百家爭鳴이라고 하지요? 백가쟁명이 본격적으로 이루어진 곳이 바로 이 직하학궁입니다. 여기서는 어떤 이론도 자유롭게 토론하고 만들 수 있었습니다. 단 한 가지, 정치에 개입하는 것만 허용하지 않았죠. 그래서 이론가들은 매우 자유롭고 개방적인 학문 활동을 할 수 있었습니다. 여기서 형성된 종합적인 사상 유파가 황로학黃老學입니다[춘추전국시대의 백가쟁명에 대해서 논하려면, 반드시 직하학에 대한 일정 분량의 이해가 있어야 합니다. 이임찬 박사가 번역한 《직하학 연구》(소나무출판사, 2013)를 보면 좀 더 자세히 알 수 있습니다].

직하학궁의 학문 기풍은 통일된 이론을 구축하는 데에 있어서 노자 사상을 중심으로 하였습니다. 노자 사상을 중심으로 해서 다른 여러 학문이 융합되었습니다.

우리에게 익숙한 대부분의 춘추전국시대 사상가들은 거의 다 직하학궁을 거쳤습니다. 맹자는 직하학의 영향을 안 받았다고 주장하는 학자들도 있고, 맹자가 직하학의 직접적인 영향은 안 받았어도 제나라에 가서 이러저러한 행적을 남겼으니 직하학의 영향을 전혀 안 받을 수는 없다고 하는 학자도 있습니다. 또 장자는 직하학과 관계없다고 말하는 학자도 있고, 직하학의 영향을 많이 받았다는 학자도 있습니다. 저는 당시 어떤 사상가도 직하학에서 벗어날 수 없었다고 봅니다.

춘추 말기에서 전국 초기에 등장한 중국 최초의 사상가 세 명, 즉 노자, 공자, 묵자나 그들과 같은 시기에 활동했던 사상가들 말고 그 뒤, 즉 전국 중후기에 나오는 거의 모든 사상가는 직하학궁의 직간접적인 영향권 안에 있었습니다. 《관자管子》라는 책 아시지요? 이 《관자》가 직하학의 종합판 같은 성격의 책입니다.

순자와 맹자는 사상이 매우 다릅니다. 맹자는 공자의 덕치德治에 이론적 근거를 더 튼튼하게 해줬습니다. 공자나 맹자는 자신들의 사상적 혹은 이론적 토대를 인간의 내면적 본성에서 가져옵니다. 그런데 순자는 인간의 내면성으로부터 형성된 철학으로는 인간을 잘 교육하거나 사회 안정을 가져오기 어렵다고 말합니다. 인간은 욕망의 존재이기 때문에 외적인 조절 장치인 '예禮'를 부과해야 한다는 것이죠. 공자나 맹자는 인간이 날 때부터 가지고 있는 도덕적 자각 능력을 잘 키워주면 도덕적으로 성장하게 된다고 봅니다. 순자는 인간이 도덕적자각 능력보다는 오히려 외부 조건인 물질적인 풍요 여부에 더 좌우된다고 봅니다.

공자와 맹자는 부모와 자식 간에 효성이라고 하는 도덕성이 흐른다고 봅니다. 그러기 때문에 어떤 상황에서도 인간은 효를 행할 수 있는 능력이 있다고 하죠. 순자는 그렇게 보지 않습니다. 극심한 기아 상황에서 고구마가 하나밖에 없다고 한다면, 거기서는 효가 행해지기 어려워질 수도 있다고 봅니다. 인간은 욕구에 더 크게 좌우되므로, 내적 자발성보다는 외적인 조절 장치로 관리해야 한다는 것이지요.

공자 사상의 핵심은 '인仁'입니다. 인은 인간의 존재 근거인 본질이죠. 공자 사상의 전체 내용은 모두 인간의 본질인 인을 잘 보존하고 확대하는 것에 초점이 맞춰져 있습니다. 반면 노자는 본질을 가지고 인간을 해석할 수는 없다고 봅니다. 노자는 인간의 내적인 본질을 보존하고 확대하기보다는 인간의 밖에 있는 자연의 질서를 사회 질서로 응용하는 것에 관심이 더 있었습니다. 인간의 내면성에 집중한 사람이 공자였다면, 노자는 인간 밖에 있는 자연의 질서를 내면화하자고 합니다.

맹자와 순자 모두 공자를 계승한다고 자처했지만, 둘 사이에는 차이가 있습니다. 맹자는 인간의 내면성, 즉 원래부터 타고난 도덕적 자각 능력을 개발하면 된다고 하고, 순자는 내면성에 근거하기보다는 외적인 장치로 조절해야 한다고 합니다. 인간을 외적 조건으로 살핀 사람이 순자이고, 내적 조건을 근거로 살핀 사람이 맹자입니다. 공자와 노자 사이에서는 공자가 인간의 내적 조건을 근거로 해석하고, 노자가 인간의 외적 원칙을 근거로 보려 했습니다.

이렇게 보면, 순자의 사상 구조는 유학자임에도 불구하고 공자보다는 노자에 가깝게 됩니다. 순자는 공자를 계승하겠다고 자처했으면서도 어쩌다가 노자의 사상 구조와 비슷해졌을까요?

고대 중국에서는 교육기관의 우두머리를 '좨주祭酒'라고 불렀습니다. 얼른 보면 '제주'로 읽어야 할 것 같지만, '좨주'가 맞습니다. 교육기관 수장의 호칭에 술 주酒 자가 들어가는 것도 재밌죠? 순자가 노자와 비슷해진 것은 아마도 순자가 직하학궁의 좨주를 세 번이나 역임한 것과 관계가 있을 것입니다. 맹자는 직하학궁의 영향을 순자보다 강하게 받지 않았습니다. 직하학과 전혀 관계가 없다는 평가를 받을 정도였으니까요. 노자 사상을 중심으로 하여 다양한 사상을 융합해서 통일적인 세계관을 구축하려는 목적으로 설립한 직하학궁의 책임자를 세 번이나 역임하면서, 순자는 노자 사상의 영향을 깊게 받지 않을 수 없었을 것입니다.

일반적으로 맹자는 덕치를 주장하고 순자는 예치를 주장했다고 평가합니다. 덕치는 내면을 근거로 하고, 예치는 외부의 장치를 근거로 하지요. 물론 다양한 이견과 논쟁이 있긴 하지만, 이해를 좀 선명하게 공유할 목적으로 설명을 단순하고 거칠게 끌고 나가다 보면, 예치가 나중에 법치로 발전한다고도 할 수 있습니다. 진시황이 중국 천하를 통일할 때 사용했던 이데올로기가 법가입니다. 법을 근거로 통치하고 인간 삶을 조절해야 한다는 것이지요. 법은 내면적인 장치가 아니라 외재적인 장치입니다. 순자의 제자 중 한비자韓非子와 이사李斯라는 대표적인 법가 사상가들이 있습니다. 이렇게 본다면, 법가가 순자의 사상에 뿌리를 둔다고 할 수 있습니다.

고대 중국 사상을 공부할 때 제일 먼저 찾아서 참고해야 하는 책이 있다면, 바로 사마천司馬遷의《사기史記》입니다. 노자나 장자를 공부하고 싶으면 우선 사마천이《사기》에서 노자와 장자를 어떻게 기록했는지 봐야 합니다. 노자와 장자가 기록된 장은〈노장신한열전老莊申韓列傳〉입니다. 노장老莊은 노자와 장자이고, 신한申韓은 신불해申不害와 한비자입니다. 노자와 장자는 도가 사상가들이고, 신불해와 한비자는 법가 사상가들입니다. 이렇게 되면, 법가와 도가가 하나의 장으로 묶인 꼴이 됩니다.

법가는 유가에 더 가까울 것이라는 이미지가 있습니다. 그런데 사마천은 도가 사상과 법가 사상을 하나의 장으로 묶었습니다. 사마천이 아무 생각 없이 손에 잡히는 대로 묶었다고 말하는 사람도 있지만, 이는 철학사에 대한 이해가 부족하기 때문입니다. 노자의 도가와 한비자나 이사의 법가는 한 뿌리라고 할 수 있습니다. 노자가 직하학을 매개로 해서 순자에게 영향을 미치고, 그다음에 순자는 법가 제자들을 길러냈습니다. 사실 법가 사상은 유가보다는 도가에 더 가깝습니다. 선진先秦

철학의 핵심 개념 가운데 하나인 '무위無爲'가 법가와 도가에만 나옵니다. 핵심 개념을 공유할 정도로 이 두 학파는 가깝습니다.

중국 철학사가 발전하고 진시황이 천하를 통일하는 그 과정까지 직하학궁이 끼친 영향은 매우 큽니다. 그럼 이 직하학궁에서 무슨 일이 일어난 것일까요? 철학적으로 어떤 변화가 있었을까요? 앞에서 말했듯이 '도'와 '덕'을 주로 이야기한 철학자는 초기 철학자들로 공자와 노자였습니다. 초기 철학자들의 공헌은 도를 건립했다는 것입니다. 도를 건립했다는 것은 하늘, 즉 신의 지배를 벗어났다는 뜻입니다. 조금 더 이론적인 느낌이 나는 단어로 표현하면, '천명'과 결별한 것입니다. 그러니까 '도'라는 단어를 들으면 항상 '천명'도 함께 떠올려야 합니다. 천명을 극복한 것이 도이기 때문입니다. 신 중심의 세계관을 극복해서 인간 중심의 세계관을 만들려고 했던 것입니다. 인간 중심의 세계관이란 다름 아닌 도 중심의 세계관입니다. 노자와 공자의 시대에 들어와서 인간은 이제 역사적 책임자로 등장하게 됩니다. 이때 논의의 중심은 인간과 사회가 어떠한 것이고 어떠해야 하는지에 모아집니다.

여기서 인간은 집단적이고 보편적으로 다뤄집니다. 인간을 보편적인 일반명사로 다루기 때문에 인간들 사이의 차이, 다양성, 개별자로서의 사람은 다뤄지지 못하죠. 인간으로서의 소명이나 책임성은 있을지 몰라도 개별자로서의 소명이나 변화 및 개별적 존재들 사이의 차이나 개별화의 구성 원리 등은 다뤄지지 못한다는 뜻입니다.

이론적 발전은 전국 중기 이후 직하학궁에서 일어납니다. 직하학에서는 개별적 존재들의 구성이나 발전 및 변화를 설명할 수 있는 범주인 '기'가 중심 범주로 등장하여 이 일을 해냅니다.

춘추전국시대 철학의 세 범주

중국에서는 고대부터 보편적 원리나 원칙 혹은 근원에 관한 문제는 '도道'나 '리理'라는 범주를 사용해왔습니다. 전국시대 초기까지 리는 출현하지 않습니다. '理'라는 글자가 몇 번 나오기는 하지만 범주로 사용되지는 않습니다. 전국시대 중기에 접어들면서, 사람들은 개별성, 운동, 현상계의 구성, 변화, 발전에 대하여 지적으로 사유하기 시작합니다. 새로운 사유 대상들을 설명하기 위해서는 거기에 맞는 범주가 필요한데, 그것이 바로 '기'라는 개념입니다. 여기서 운동이란 달리기나 턱걸이 등등의 운동이 아니라 젊은 사람이 나이가 들어 환갑이 되는 것이나 수양하여 더 나은 사람이 되는 것으로 해석되는 운동입니다. 변화하는 활동성은 모두 운동에 해당합니다.

'기'라는 개념은 직하학에서 도드라집니다. 《논어》에는 발전, 변화, 운동 관념이 없었습니다. 《도덕경》에도 발전, 변화, 운동 관념이 나오지 않습니다. 변화와 발전, 즉 운동은 시간에 따라 달라지는 것이기 때문에 거기에는 반드시 시간 관념이 있어야 합니다. 즉 《도덕경》 안에는 시간 관념이 없다는 것이지요.

그럼 《장자》에는 어떨까요? 《장자》에는 당연히 시간 관념이 있습니다. 장자 철학을 펼치는 핵심 범주가 바로 '기'이기 때문입니다. 시간 관념이 있는 철학은 그것이 없는 철학보다 훨씬 더 입체적이고 동적입니다. 노자 사상은 우주론cosmology 특색보다는 본체론ontology 특색이 훨씬 더 강하죠. 장자의 사상은 우주론적 특색도 매우 풍부하게 들어 있습니다.

이제부터는 세 가지 범주, 즉 정情, 기氣, 심心을 가지고 춘추전국시대 철학사에 나타나는 문제의식의 변화를 살펴보겠습니다. 정, 기, 심이 공자나 노자의 시대에는 범주로 사용된 적이 없습니다. 직하학에 들어와서야 비로소 범주로 사용됩니다.

운동에는 반드시 '구성'이 연관되기 때문에 개별자가 등장하지 않을 수 없습니다. 일반명사는 관념으로 존재하여 보편 개념의 성격을 띠지만, 개별자는 구체적인 세계에 하나의 개체로 구성되기 때문입니다. 구성되는 일이 운동입니다. 이 말은 또 '변화'가 철학적으로 중요하게 다뤄진다는 뜻이 됩니다. 그래서 '운동-변화-구성-개별'은 서로 밀접하게 연관되는 의미군을 형성합니다.

인간을 이성과 욕망이라는 단어로 비교해봅시다. 인간을 집단으로 이해할 때 이성과 욕망, 어떤 것으로 이해하는 게 편할까요? 이성을 가지고 이해하는 것이 편하지요. 욕망은 개별적인 존재에게 경험되는 것입니다. 욕망을 언급하면, 이론적으로 개별자를 소외시킬 수 없죠. 그럼 개별성을 설명하는 것은 정신일까요, 육체일까요? 육체입니다. 육체는 개별화의 원리입니다. 각자의 개별성은 몸의 테두리로 정해집니다. 욕망, 육체, 그리고 물질은 다 개별화의 관념들입니다. 이성은 의미적으로 전체성이나 보편성 내지는 집단을 지탱합니다. 정, 기, 심은 욕망이나 육체와 관련됨으로써 개별화의 관념들인 것입니다. 노자나 공자한테는 이 세 관념이 범주도 아니었는데, 맹자, 순자, 장자에 오면 이 세 가지 관념이 주요 범주가 됩니다. 이는 개별자나 주체에 대한 관심이 더 증가하였다는 뜻입니다. 후대로 갈수록 변화, 발전, 운동, 구성 이런 것을 더 자세하게 설명한다는 뜻도 되겠지요.

기, 구성과 운동을 나타내는 범주

'우주는 이러이러한 형식으로 존재한다'라는 문장이 있고, '우주는 이러이러한 것들로 구성된다'라는 문장이 있다고 합시다. 앞의 설명법이 먼저 있었고, 뒤의 설명법이 나중에 나온 것입니다. 구성의 원리를 설명해주는 대표적인 범주가 '기'입니다. 춘추시대 말기에서 전국시대 초기에 활동했던 초기의 세 철학자, 즉 공자, 노자, 묵자에게서는 개별자의 문제를 해명하는 의미로서의 기에 관한 논의가 아직 없습니다. 《논어》에는 기가 네 가지 용례로 여섯 번 출현하는데, 모두 개별자의 구성이라는 의미와는 아무 관련이 없이 말투* 나 호흡**, 밥***, 혈기****의 의미로만 쓰일 뿐이죠.

《도덕경》은 전체적으로 세계가 대립되는 쌍들의 교차적인 꼬임으로 이뤄진다는 존재 형식 내지는 운행 원칙을 보여주기 때문에 만물의

---

*   出辭氣(《논어》〈태백泰伯〉).
**   屛氣似不息者(《논어》〈향당鄕黨〉).
***   肉雖多, 不使勝食氣(《논어》〈향당〉).
**** 少之時, 血氣未定(《논어》〈계씨季氏〉).

발생이나 변화 등은 거의 다루지 않습니다. 결국 보편적 단계의 논의이지 개별자의 세계를 해명하는 단계의 논의는 아니라는 것입니다. 이런 관점에서 보면, 《도덕경》에 세 번 출현하는 기의 용례 가운데 제42장에 나오는 기'가 다분히 만물을 구성하는 물질적 요소로서의 기와 같은 뉘앙스를 풍기고는 있지만, 음과 양이라는 두 대립 면의 충돌 내지는 꼬임으로 해석하는 것이 더욱 타당할 것입니다. 아직 물질적 구성 요소로서의 의미는 탑재되지 않은 것이죠. 나머지 두 번의 경우**는 기운의 의미로 해석될 뿐입니다. 《묵자墨子》에서 여섯 번 출현하는 기의 용례도 모두 혈기나 기운의 의미로만 쓰입니다. 전국시대 중기 직하학에 와서야 기는 우주 발생이나 변화 및 구성과 운동을 해명하는 범주로 사용됩니다. 이 일이 가장 본격적으로 일어난 현장이 바로 《장자》라는 책입니다.

일반적으로 장자 철학은 '기일원론氣一元論'으로 해석됩니다. 그래서 장자 철학 안에서 '氣'라는 글자를 빼버리면 장자 철학은 바로 무너져 버립니다. 이것은 플라톤 철학에서 '이데아'를 빼버리는 것이나, 데카르트 철학에서 '정신'이라는 실체를 빼버리는 것과 같습니다. 장자는 기 철학자입니다. 그는 "천하를 관통하는 것은 하나의 기일 뿐이다"***고 말합니다. 사람이 태어나는 것은 기가 뭉쳐서이고, 죽는 것은 기가 흩어져서라고 합니다. 장자는 기를 가지고 인간과 만물이 어떻게 구성

- 沖氣以爲和(《도덕경》 제42장).
- 專氣致柔(《도덕경》 제10장), 心使氣曰强(《도덕경》 제55장).
- 通天下一氣耳(《장자》〈지북유知北遊〉).

되는지, 어떻게 사멸하는지를 설명합니다. 생로병사, 운동, 변화, 발생을 모두 설명해줄 수 있는 기본 범주가 바로 기인 것입니다.

　개별화의 근거이자 발생, 변화, 구성, 운동을 설명하는 범주로 또 '정情'이 있습니다. 기와 마찬가지로 정도 직하학 이전 초기의 세 철학자에게서는 범주로 등장하지 않습니다. '情'이라는 글자가 《논어》에 단 '두 번' 출현하는데, 거기에는 실제의 상태, 진짜 모습, 즉 실정實情의 의미만 있을 뿐입니다. 《도덕경》에는 아예 정에 관한 언급 자체가 없고, 《묵자》에서도 정은 《논어》와 마찬가지로 대부분 실정의 의미로만 쓰입니다.** 아주 드물게 감각 기관의 '감각'이라는 의미로*** 쓰이기도 하지만, 그것도 겨우 두 번 나올 뿐입니다. 이렇게 보면, 직하학 이전에는 '정'이 개별화의 근거가 되는 범주로 사용되지 않았다는 뜻이 됩니다.

　'심心'도 기가 그랬던 것처럼 직하학에 와서 철학적으로 범주화됩니다. 초기의 세 철학자에게 있어서는 심에 대한 논의나 언급이 일단 양적으로 많지 않습니다. 논의하더라도 그 내용이 일상에서 말하는 마음 내지는 심리 상태일 뿐이지, 주체와 객체, 몸과 마음, 객관과 주관이라는 대비 속에서 '주체'의 내적 작동을 보여주는 범주로는 드러나지 못합니다. 심도 철학적인 범주가 되기 위해서는 단순한 의식 활동이나 정신 상태를 설명하는 것에 머무는 것이 아니라, 심의 특정한 위치가

- 　　上好信則民莫敢不用情(《논어》〈자로子路〉), 如得其情則哀矜而勿喜(《논어》〈자장子張〉).
- ・・　　聖王以爲不中人之情(《묵자》〈사과辭過〉).
- ・・・　　我所以知命之有與亡者, 以衆人耳目之情(《묵자》〈비명非命〉).

설정되고 그것이 인간의 존재 내지는 기능을 규명하는 일정한 역할을 해야 합니다.

맹자는 우선 보편적 인간의 조건 내지는 근거인 '성性'이 존재하는 곳을 '심'이라고 합니다. 여기서 심은 구체적 인간의 존재 조건 내지는 근거를 발견할 수 있는 '어떤 것' 혹은 '어떤 곳'이 됩니다. 네 가지 마음의 상태를 인간 존재의 근거를 밝히는 단서[四端]로 파악하는 것을 보아도, 맹자에게 있어서는 심이 개별자로서의 주체가 보편적 인간 존재의 근거와 통할 수 있는 특수한 위치를 부여받은 범주임을 알 수 있습니다. 순자는 심의 위치와 기능을 맹자보다 훨씬 더 분명히 정합니다. 심이 일단 '형形'(몸)과 대비되면서, 개별자인 주체가 전체 세계의 원리를 파악하는 인식 능력으로 이해됩니다. 순자는 전체 세계와 인간, 주관과 객관, 마음과 몸의 대비를 그 이전 철학자들보다 훨씬 더 분명히 함으로써, 전체 세계와 대립하는 존재로서 주체를 매우 분명히 드러냅니다. 주체의 위치를 논의조차 하지 않았던 초기의 세 철학자와는 매우 다릅니다[이런 문제들에 대해서 더 자세하게 알고 싶으신 분은 제 책 《저것을 버리고 이것을》(소나무, 2017)에 실린 글, '욕망: 선진 철학을 읽는 또 하나의 창'을 참고하시기 바랍니다].

정리하면, 직하학 이전의 초기 세 철학자는 기, 정, 심을 범주로 쓰지 않았습니다. 후기의 맹자, 순자, 장자에게서 기, 정, 심은 범주입니다. 장자는 철학적으로 기일원론자입니다. 장자에 의하면, 세계의 변화는 다 기의 변화이고, 이 세계에 생겨나는 것은 전부 다 기가 모인 것이며, 죽음은 기가 흩어지는 것입니다. 병들고 노화하는 일들도 모두

다 기의 현상일 뿐입니다.

노자는 세계가 '유'와 '무'의 꼬임으로 되어 있다고 봅니다.《주역》에서는 '음'과 '양'이 서로 섞여서 세계를 이룬다고 봅니다. 장자는 '기'가 모이고 흩어지는 것으로 세계의 존재와 변화를 설명합니다. 즉 노자는 세계가 '유'와 '무'의 관계로 되어 있다고 보고,《주역》은 '음'과 '양'의 관계로 보고, 장자는 '기'의 관계로 보는 것입니다.

장자 사상의 등장과 그 의미

선진先秦이란 진秦나라 이전이라는 말입니다. 진나라가 통일하기 이전이지요. 이제 선진 시기의 장자, 더 자세히 말해서 전국시대 중·후기의 장자를 공부할 것입니다.

동양에서는 글을 쓰는 데에 크게 두 가지 방식이 있습니다. 하나는 자기가 직접 쓰는 것이고, 다른 하나는 '주注'라고 하여 다른 사람이 써놓은 것을 해석하고 설명하는 방식을 통해 자기 생각을 표현하는 것입니다. 동진東晉 시기에 곽상郭象이라는 철학자가 있었습니다. 곽상은 선진 시기의《장자》를 해석하는 책을 썼습니다. 바로《장자주莊子注》입니다.

동진 시기는 춘추시대부터 형성된 중국 고유의 사상이 완결된 시기입니다. 동진 시기에 중국 사상의 이론적 수준이 최고봉에 올랐다는 뜻이지요. 사상이 최고봉에 이르렀다는 것은 한계에 이르렀다는 뜻도 됩니다. 사상이 한계에 이르렀다는 것은 사회 운용 방식과 발전도 한계에 이르렀다는 뜻입니다. 그러면 사회는 혼란스러워지고, 혼란의 한 형태는 분열입니다. 철학의 부재가 그 시대를 지탱해주는 중심성의 부재로 나타나는 것이죠.

고대 그리스의 플라톤이라는 철학자는 현실 세계의 구체적인 것들은 진실이 아니라고 합니다. 그래서 인식episteme의 대상이 안 됩니다. 왜냐하면 유한하고, 변하니까. 무한하고 불변한 진실의 세계는 관념, 즉 이데아의 세계입니다. 현대의 철학자 앨프리드 화이트헤드Alfred Whitehead는 "서양 철학은 플라톤의 각주脚註에 불과하다"라고 할 정도로 플라톤이 서양 철학사에서 차지하는 위치는 매우 높습니다. 오랫동안 서양에서는 경험적인 것, 가변적인 것, 운동하는 것은 진실이 아니고, 움직이지 않는 것, 영원한 것, 보편적인 것, 추상적인 것, 관념적인 것만이 진실이었습니다.

중국은 그렇지 않았습니다. 중국에서는 실제로 있는 것이 진실입니다. 노자의 도 역시 관념적인 사유의 결과나 사유의 구조물이 아닙니다. 실제 있는 것들이 존재하고 있는 형식을 구체적으로 혹은 경험적으로 관찰한 결과물입니다. 맹자를 볼까요? 맹자는 인간의 본질, 즉 인간을 인간이게 하면서 동물과 구별시키는 것은 인간에게 있는 '네 가지의 마음'이라고 봅니다. 이 네 가지의 마음은 심리 현상이거나 심리 상태입니다. 구체적으로 느껴지고 감각되는 것입니다. 경험되는 것입니다. 그렇다면 맹자가 발견한 인간의 근거는 저 세계가 아니라, 구체적인 바로 이 세계에서 경험되는 것입니다. 그러니까 공자나 노자나 맹자나 모두 관념적인 것보다 실제 있는 것이 진실이라고 보는 것이지요. 동양은 경험적인 것, 현상적인 것, 실제적인 것이 진실입니다. 그런데 서양은 현실을 초월하여 현실 너머에 있는 것이 진실이었습니다.

중국의 철학이 계속 발전해서 동진 시기에 최고봉에 이르렀다는 것은, 구체적인 세계를 진실로 보는 생각이 최고봉에 이르렀다는 말도 됩니다. 구체적인 세계는 개별자들의 연합으로 이해됩니다. 보편, 관념의 세계가 진실이라고 한다면, 그것은 원리이면서 추상이면서 사유의 성격을 띨 수밖에 없습니다. 하나하나보다는 전체적이고 집단적인 경향을 가질 수밖에 없습니다. 구체적이고 현상적인 존재가 진실이라는 사상이 극에 이른다면, 그 현상성의 극단은 보편이 아니라 개별입니다. 동진 시기에 곽상이 선진 시기부터 시작된 중국적 사유를 완성했을 때, 그 완성된 철학을 독화론獨化論이라고 합니다.

독화론이란 보편적인 본체나 원리에 의존함이 없이 개별자들이 자기 혼자 독자적으로 발생, 변화, 발전한다는 사상입니다. 보편적인 원리나 본체를 상정하면 완벽함이나 완결성은 원리나 본체가 가지게 되고, 구체적인 현상들은 불완전한 존재로서 완전성을 향해 나아가야 하는 숙명에 갇히게 됩니다. 독화론에서는 모든 개별자가 각각 완결성을 가지고 존재합니다. 운동, 변화 발전은 개별적 존재들에게서 구현됩니다. 개별적 존재들을 하나의 원리로 묶으려는 시도는 언제나 현상을 넘어서려 합니다. 현상을 넘어선 관념의 세계보다는 현상 세계 자체를 진실로 보는 중국 사상에서 하나의 사상이 최고봉에 이르렀다면, 구체적인 현상의 진실성을 끝까지 밀고 나갈 수밖에 없을 터인데, 현상의 진실성을 끝까지 밀고 나가면 각 개별자가 완전한 존재라는 결론에 이를 수밖에 없을 것입니다.

예를 들어보겠습니다. 나 자신과 그림자가 있습니다. 개별성을 완벽하게 끌고 가려면 나와 그림자 사이에 연관성이 있어야 할까요, 없어야 할까요? 개별자의 완결성을 완벽하게 주장하면, 나라는 개별자와 그림자라는 개별자 사이에는 아무 관계도 없어야 합니다. 하지만 실제 세계에서 나와 그림자 사이에 아무 연관성도 없나요? 연관성이 있어 보이죠. 그러나 그 연관성은 우연일 뿐입니다. 이와 잇몸 역시 관계가 있는 것처럼 보입니다. 그렇지만 이론적으로는 없습니다. 이것이 독화론입니다. '모든 개별적 존재들이 각자 완결성을 갖는다, 모든 개별적 존재가 완벽한 존재다, 어떤 것이 존재하기 위해서 다른 어떤 것도 필요 없다'. 그것이 가지고 있는 독자적인 본성을 키우는 것 외에는 의미가 없다는 것이지요. 독화론에서는 각자의 본성을 충족시키는 것이 완벽이고 자유가 됩니다.

이런 식으로 춘추전국시대의 중국 사유는 이제 최고봉에 이릅니다. 이런 중국 사상이 완벽하게 한 봉우리를 이룰 때, 그 봉우리가 바로 《장자주》였습니다. 선진 철학이 통일되는 저수지가 《장자》였고, 그것은 《장자주》로 나타났습니다.

중국 고유의 생각이 최고봉에 이르고 나서, 새로운 생각을 펼치지 못하고 헤맬 때 불교가 이 틈새를 뚫고 들어옵니다. 이때 불교에 대항하던 중국 사유의 대표 주자는 노자가 최정상에 선 도교였습니다. 유가는 왜 대표 주자를 못 했을까요? 사상의 두께가 전면적이지 못하고 얇았기 때문입니다. 당나라 이전까지 유가는 이론상으로 형이상학 냄새를 풍기는 영역을 갖지 못했습니다. 우주의 본체나 존재의 근거뿐 아니라, 생과 사를 해명하는 이론을 체계적으로 갖추지 못했던 것입니다. 반면에 불교는 이론적으로 거의 완벽한 체계를 가지고 중국에 들어왔습니다. 이론의 정밀성이나 치밀함은 불교에 미치지 못했지만, 이론의 범위만은 전면적이었던 도교가 외래 종교인 불교를 상대할 수밖에 없었습니다.

당연하게도 도교와 불교는 동진 시기부터 약 250여 년에 걸쳐서 치열한 이론 투쟁을 전개합니다. 이론 투쟁 과정에서 두 종교 사이에는 각자의 장단점이 동시에 노출됩니다. 불교의 장점은 이론 수준이 높다는 것이고, 단점은 중국 것이 아니라는 점이죠. 도교의 장점은 중국의 것이라는 점이고, 단점은 이론 수준이 낮다는 점입니다. 당연히 각 사상은 이론 투쟁을 통해 자신의 장점을 살리고, 단점을 보완하려고 노력합니다. 그래서 불교는 중국화의 방향을 향해, 도교는 이론화의 방향을 향해 매진하죠. 각자 자신의 발전을 위하여 도교에서는 불교 이론을 대폭 수용하고, 불교에서도 도교의 의례랄지 도가의 사상적 특색을 대폭 수용합니다. 상호 투쟁과 융합의 과정을 겪으며, 당나라 초엽에 불교는 중국화에 성공하고, 도교는 이론화에 성공합니다. 불교가 중국화에 성공해서 나온 종파가 선종, 화엄종, 천태종입니다. 화엄종은 인도 불교에는 없습니다. 화엄은 있는데 화엄종은 없습니다. 인도 불교에 선禪은 있지만, 선종禪宗은 없습니다. 도교가 이론화에 성공한 것은 650년경 당태종 때입니다. 불교 이론을 대폭 수용하여 이론화에 성공한 도교가 완벽한 이론 체계를 갖게 되는데, 그 이론이 바로 중현학重玄學입니다.

중현학을 완성한 도사道士가 《장자소莊子疏》를 쓴 성현영成玄英입니다. 주注가 1차 해석이라면, 소疏는 주까지를 대상으로 하는 2차 해석이죠. 영어로 말한다면, 주는 '코멘터리commentary'가 되고, 소는 '서브코멘터리sub-commentary'가 될 것입니다. 중현학은 불교까지 소화해낸 중국 철학의 일대 완성이자 통일이라고 할 수 있습니다. 그 종합적인 통일이 《장자소》로 나타난 것입니다. 이렇게 본다면, 각 시대의 철학이 종합적으로 완성되거나 통일을 이루어 최고봉에 이르는 계기는 모두 《장자》라는 저수지입니다. 이렇듯 《장자》《장자주》《장자소》로 구성되는 장학莊學은 각 시대의 사상이 종합 통일되어 이루어진 저수지들이었습니다.

'나'의 존엄과 고유함

인간 장자의 내면

《장자》의 철학사적 의미를 살펴보았습니다. 생각의 수준이 최고 봉에 이른 시기에 장학莊學이 등장했다고 말했습니다. 장학은 《장자》 《장자주》《장자소》가 중심입니다. 장자는 기원전 369년 즈음에 태어 나서 기원전 286년까지 산 것으로 고증이 됩니다. 장자와 시대적으로 제일 가까이에는 맹자가 있었습니다. 시기적으로는 서로 가까운데, 신 기하게도 맹자가 자신의 책 안에서 장자를 언급한 적이 없고, 장자도 맹자를 언급한 적이 없습니다. 장자는 전국시대 중엽이 약간 지난 시 기의 사람입니다. 장자로부터 약 600년 뒤인 동진 시기의 곽상이 독화 론을 담은 《장자주》를 남깁니다. 곽상에서 300여 년 후, 당나라 초기 에 성현영이 중현학을 담아 《장자소》를 남깁니다[중현학에 대해 더 자세 히 알고 싶은 분은 《노자의소》(소나무, 2007)의 서문을 참고하시기 바랍니다].

《장자》의 구성

《장자》는 총 33편으로 구성되어 있습니다. 33편으로 정리한 사람 이 바로 곽상입니다. 앞서 고대 중국 사상을 공부할 때는 사마천의 인도를 받는 것이 그래도 믿을 만하다고 말했습니다. 사마천의《사기》에는 노자, 장자, 신불해, 한비자 이 네 사상가를 한꺼번에 묶은 편을 〈노장신한열전〉이라고 하는데, 〈노자한비열전〉이라고도 합니다. 거기에는《장자》가 약 10만 자로 되어 있다고 기록되어 있습니다. 사마천은 장자가 죽고 나서 약 200년 후의 사람입니다. 지금 통행본들은 약 6만 5000자 정도 되는데, 곽상이 33편으로 정리할 때 이미 많은 부분이 유실된 것으로 보입니다. 한 시대에 현존하였던 서적들을 모두 수록해놓은 책을 '예문지藝文志'라고 하는데, 한漢나라 반고班固가 지은《한서漢書》의 〈예문지〉는《장자》를 52편으로 기록합니다. 얼추 따지면, 10만 자 정도 됩니다. 그러니까 3분의 1 정도가 없어지고 3분의 2 정도가 전승되고 있는 것이지요.

곽상은《장자》를 33편으로 묶으면서 내편, 외편, 잡편으로 분류하였습니다. 내편은 7편이고, 외편은 15편이며, 잡편은 11편입니다. 내편 7편은 장자 본인이 쓴 것입니다. 곽상이 정리하기 전부터 내편 7편은 하나로 묶여서 유통되었음을 알 수 있습니다. 외편, 잡편은 장자 후학이나 장자 제자들이 쓴 것들이라고 합니다. 시대도 장자보다는 조금 후대라는 것이 여러 고증을 통해서 밝혀졌습니다[내편, 외편, 잡편 사이의 시대 구분을 제대로 하여 그 관계나 사상적인 의미를 설득력 있게 밝히고, 문헌학적으로 잘 고증한 것이 류샤오간의《장자철학》(소나무, 2021)입니다].

내편, 외편, 잡편이 시대적으로 구분되고, 그 안에 들어 있는 내용도 조금씩 차이가 있기는 하지만, 여기에서는 세세한 차이들을 자세히 살피지 않고,《장자》33편을 하나의 단일 저작으로 다루겠습니다.

이제 《장자》가 어떻게 구성되어 있고, 시대적으로 언제 나와서 어떤 역할을 했는지는 얼추 감이 잡혔습니다. 나중에 자세히 보겠지만, 장자는 〈대종사大宗師〉 편 안에서 "참된 사람이 있고 나서, 참된 지식이 있다[有眞人而後有眞知]"라는 말을 합니다. 참된 지식은 그 사람이 참된 사람이어야 가능하다는 뜻입니다. 우리는 똑같은 내용을 공부하더라도 똑같은 방식으로 받아들이지도 않고 똑같은 발전을 이루지도 않습니다. 어떤 사람인지에 의해 그 사람이 세상을 인식하는 방식과 방향을 결정한다는 의미입니다. 결국은 '사람이 어떻게 되어 있는가'가 핵심입니다. 그래서 우리는 여기서 장자라는 철학자가 어떤 사람이었는지를 먼저 살펴보겠습니다.《장자》를 공부하기 전에 장자라는 사람부터 보자는 말씀입니다.

《장자》를 지은 철학자 장자

인간 장자를 보기 위해서 우선 사마천의 《사기》를 펼칩니다. 사마천은 장자를 길게 언급하지 않습니다. 크게 두 문단인데, 첫 번째 문단은 《장자》라는 책과 장자가 하는 주장의 요점, 그리고 표현법에 대해서 간단하게 적었고, 그다음에는 장자라는 사람에 대해 써놓았습니다. 이것을 모두 합쳐봐야 275자밖에 안 됩니다.《반야심경》과 글자 수가 거의 비슷할 정도로 짧습니다.

사마천에 의하면 장자는 지식의 범위가 전방위적이어서 들여다보지 않은 곳이 없을 정도[無所不窺]였습니다. 장자는 공부를 대단히 많이 한 사람이었습니다. 사마천은 장자 사상이 노자를 뿌리로 한다는 점을 분명히 밝힙니다. 《장자》의 표현법은 전반적으로 우언寓言, 즉 이야기하는 방식을 사용했다고 합니다. 《장자》는 이야기책이라는 뜻입니다. 공자를 반대하고 노자는 찬성했습니다. 유가와 묵가에 매우 비판적이었습니다. 장자가 하는 말은 너무 화려하고 커서 통치자들한테 사용되지는 못했다고 합니다. 통치자들이 국가 경영에 적용하기에는 장자 사상이 너무 자유분방하고 비판적이었을 것입니다.

학문, 즉 학學은 정보입니다. 정보는 언제나 힘이자 권력입니다. 그래서 과거로 갈수록 권력자가 정보를 다 장악했습니다. 권력은 정보의 질과 양에 비례합니다. 대통령이 총리보다 더 높다는 것은, 총리가 관리하는 정보의 질과 양보다 대통령이 관리하는 정보의 질과 양이 훨씬 많다는 말입니다. 천자天子가 지배할 때 천자의 통치 정보가 있었을 겁니다. 그 정보는 천자만 가지고 있었겠지요. 그래서 당시 학은 천자가 직접 관리하는 관부官府에 있었습니다. 철기가 발명되어 산업에 투입된 이후, 천자와 제후 사이의 관계에서 천자의 힘이 점점 빠지고 제후의 힘이 점점 더 커졌습니다. 마침내 천자의 힘이 많이 빠져 관부에서 관리하던 지식인들도 지키지 못하는 지경에 이르자, 지식인들이 관부를 벗어나 뿔뿔이 흩어지게 되었습니다. 지식인들이 들판으로 내몰리게 된 것이죠. 소위 재야 지식인이 된 것입니다. 우리가 흔히 쓰는 '재야在野'라는 말은 이때 생깁니다.

학자들이 가진 우월한 점은 우선 많은 양의 지식과 그 지식에서 우러나는 지혜일 것입니다. 이 지식이 사실은 고대의 통치술이었습니다.

그래서 천자가 지식인들을 다 품고 있다가, 천자가 무너지는 것과 동시에 지식인들이 모두 들판으로 흩어지게 되었지요. 이때 재야의 지식인들에게는 자기 지식을 펼칠 수 있게 해줄 후원자가 필요했고, 제후들에게는 천자가 되고픈 욕망을 채워줄 지식과 지혜가 필요했습니다. 쌍방의 필요에 따라, 제후들은 지식을 펼칠 장場과 밥을 제공하고, 학자들은 제후들에게 통치술을 제공하는 연합이 이뤄집니다. 통치술, 즉 지식을 팔러 여기저기 제일 열심히 돌아다닌 사람이 공자였습니다. 공자가 한 그런 활동을 '주유천하周遊天下'라고 합니다.《논어》안에서 공자가 제일 많이 만나는 사람이 제후들인 것은 당연하죠. 이처럼 당시 학문은 대부분 정치 철학이었다는 것이지요. 노자의《도덕경》도 사실은 정치 철학서입니다.

　제자백가 가운데 유일하게 정치 철학의 요소도 지니고 있으면서, 정치 철학의 범위를 벗어나 철학적이고 미학적인 높이까지 도달한 단 한 사람이 장자입니다. 사마천도《사기》에서 "거센 물결처럼 생각이 거침없이 자유분방하여" 통치자들이 쉽게 의존하거나 적용하지 못했다고 합니다.《장자》의 철학은 이미 정치 영역 정도는 훌쩍 넘어섰다는 뜻입니다. 장자 사상은 정치에 적용할 엄두가 안 날 정도로 컸습니다. 곽상의 표현에 의하면 장자의 사상은 매우 '황당'했습니다(원문은《사기》〈노장신한열전〉의 장자 부분과 곽상의《장자주》서문을 찾아 읽으시길 바랍니다).

　이어서 두 번째 문단에 이런 얘기가 나옵니다. 초나라 위왕威王이 장자가 아주 현명하다는 말을 들었습니다. 공부를 그렇게 많이 하고, 생각의 범위가 그렇게 넓은 사람이니 현명하다는 소문이 나지 않을 리가 없지요. 장자의 명성이 어찌 왕의 귀에 들어가지 않았겠습니까. 위왕은 장자가 현명하다는 소리를 듣고 사신을 보내 후한 대접을 하면서 재상이 되어줄 것을 청했습니다. 이에 장자가 웃으면서 초나라에서 온 사신에게 말하죠. "당신이 제시한 천금은 아주 큰 돈이고 경상의 자리는 아주 높은 자리요. 그런데 당신은 교제郊祭에서 제사상에 올린 소를 보지 못했소?"*

여기서 잠깐 '교제'가 무엇인지 알고 넘어가죠. 주周나라에서는 마을 혹은 도시를 '리里'라고 하고, 거기서 100리 바깥을 '교郊'라 하며, 교의 200리 바깥을 '야野'라 했습니다. 리에는 질서가 잡혀 있죠. 도로가 연결되고, 목적에 따라 땅이 구획되어 있고, 하수도 등도 갖춰져 있습니다. 리를 100리 정도 벗어나면 민가가 있기는 하지만 매우 적고, 또 민가들 사이에 질서도 잡혀 있지 않고 기반 시설이 되어 있지 않죠. 쉽게 말하면, 도시의 외곽 지역을 '교'라 하고, 외곽 지역에서 떨어진 들판을 '야'라고 하는 것입니다. 고대의 제왕들은 해마다 동짓날에 성 밖 남쪽 교외에서 하늘에 제사를 올렸는데, 이것을 '교제'라고 합니다.

장자가 초나라의 사신에게 하는 말은 이렇습니다. "소를 제삿날 제물로 올리려면, 송아지 때부터 데리고 와서 몇 년을 잘 먹인 후에 당일 화려한 비단옷을 입혀서 끌고 가는데, 소는 제물로 바쳐질 종묘에 들어설 때야 비로소 알아차리고 깜짝 놀라, 소가 되느니 차라리 돼지

---

* 　千金重利, 卿相尊位也. 子獨不見郊祭之犧牛乎?

가 되었으면 최소한 제사상에 올라가는 일은 없었을 것이라고 하겠지만, 그것이 어찌 가능한 일이겠느냐." 이어서 하는 장자의 말에는 삶을 대하는 장자 본인의 자세가 잘 드러나 있습니다. "나를 더 욕되게 하지 말고 어서 돌아가시오! 나는 차라리 더러운 진흙탕에서 노닐며 스스로 즐길지언정 통치자 따위에 얽매인 채 살지는 않겠소. 죽을 때까지 벼슬 안 하고 내 뜻대로 즐겁게 살고 싶소!"*

이 말은 '당신이 많은 돈과 높은 지위를 제시하면서 나를 데려가려고 하는데, 그건 나를 교제의 제사상에 올리는 소로 대접하는 것이오. 잘 먹여서 제삿날 비단옷을 입혀서 제사상에 올리는 그 꼴을 당하느니 차라리 남들이 더럽다고 하는 도랑에서 그냥 살면서 스스로 즐거워하겠다'는 뜻이지요. 장자는 벼슬 같은 건 평생 안 하고 '자쾌自快'만을 추구하겠다는 의지를 보여줍니다. 그러니 헛소리 말고 그냥 가라는 것이지요.

'자쾌'하겠다는 말과 비슷한 내용이 다른 곳에서도 나옵니다. 〈추수秋水〉편 열여섯 번째 문단입니다. 복수라는 물가에서 장자가 낚시하고 있었습니다. 초왕이 대부 두 명을 보내 아주 높은 자리를 제공하면서 나라를 함께 다스리자고 제안합니다. 그러자 장자는 낚싯대를 드리운 채, 뒤도 돌아보지 않고 말합니다. 무시하는 태도지요.

"듣자 하니까 당신 왕실에서 3000년이나 된 신령스러운 거북이를 비단 헝겊에 싸서 선반에 올려놓고 모시고 있다고 합디다. 그리고 중

• 　養食之數歲, 衣以文繡, 以入大廟. 當是之時, 雖欲爲孤豚, 豈可得乎? 子亟去, 無 污我. 我寧游戱污瀆之中自快, 無爲有國者所羈, 終身不仕, 以快吾志焉.

요한 날에 펼쳐본다고 하는데, 당신 한번 생각해보시오. 3000년 된 신령스러운 거북이 비록 대접을 받는다고는 하지만, 죽은 채로 빡빡 말라서 비단에 싸여 있고 싶겠소? 아니면 더러운 진흙탕에서나마 꼬리를 끌고 다니는 거북이 되고 싶겠소? 두 명의 대부가 '그야 살아서 진흙 속에서 꼬리를 끌며 살기를 원하겠지요'라고 답합니다. 장자가 말합니다. '돌아가시오! 나는 진흙 속에서 꼬리를 끌면서 살겠소.'"

이렇게 말하니까 심부름 온 대부가 조용히 돌아갔다고 합니다. 여기서도 똑같은 내용이지요? 아무리 높은 자리를 제공해도 차라리 모든 사람이 더럽다고 하는 도랑에서 꼬리를 끌면서 '자쾌'하겠다는 것입니다.

장자의 기본 개념, 자쾌

여러분은 지금까지 바람직한 것을 중요하게 생각하고 사셨어요, 자기가 바라는 것을 중요하게 생각하고 사셨어요? 해야 하는 것이 더 중요했습니까, 하고 싶은 것이 더 중요했습니까? 여러분은 좋은 것을 찾아 헤맸습니까, 좋아하는 것을 찾아 헤맸습니까? '바람직함', '해야 함', '좋음'은 이미 정해진 것이지요. 이런 것을 잘 정해놓고 지키게 하는 힘을 가진 거대 조직을 국가라고 합니다. 그런데 '바람직함', '해야 함', '좋음'에는 내가 없습니다. 나는 어디에 있을까요? '바라는 것', '좋아하

- 吾聞楚有神龜, 死已三千歲矣, 王巾笥而藏之廟堂之上. 此龜者, 寧其死爲留骨而貴乎? 寧其生而曳尾於塗中乎? 二大夫曰, 寧生而曳尾塗中. 莊子曰, 往矣! 吾將曳尾於塗中.

는 것', '하고 싶은 것'에 있습니다.

그렇다면 바람직함을 지키는 일은 질문과 대답 중 어디에 가까울까요? 대답에 가깝습니다. 바라는 것을 하려는 행동은 질문에 가깝습니다. 그럼 문명의 주도권을 잡는 일이나 앞선 일을 하는 것이나 선도력을 갖는 일이나 위대해지는 일은 '바람직함', '해야 함', '좋음'을 지키는 일을 해야 가능해지겠습니까, 아니면 '바라는 것', '좋아하는 것', '하고 싶은 것'을 과감히 실천해야 가능해지겠습니까? 후자를 행해야 가능하겠지요.

여기서 《장자》를 잘못 읽으면 장자가 얼마나 현명하며, 또 그 현명함을 이루기 위해서 얼마나 많이 노력했는지는 잊어버리고, 더러운 도랑 속에서 꼬리를 끌고 다니는 것만 받아들입니다. 도가 철학을 잘못 읽고 《장자》를 잘못 읽으면 자연스러운 흐름에 맡긴다고 하면서, 이것도 아니고 저것도 아니고 열심히도 안 하고 그냥 마음 가는 대로 흥청망청하는 것이라고 잘못 이해합니다. 그러나 절대 그런 것이 아닙니다. 장자는 모르는 것이 없을 정도로 넓고 깊은 학문을 이룬 사람입니다. 그 정도의 경지에 이른 사람으로서, 장자는 가식적인 명예와 가식적인 평가가 난무하는 곳에 나를 두지 않고, 차라리 자신만의 내면적 독립성, 자발성에 의존하는 삶을 살겠다고 하는 것입니다.

"나는 관직 같은 건 안 해!" 누구나 이렇게 말할 수 있습니다. 그러나 관직을 맡을 정도의 실력도 안 되는 사람이 하는 말이라면 별 의미가 없습니다. 그냥 자기 위안을 첨가하여 허세를 부리는 가벼움에 불과하니까요. 이런 사람들은 관직을 맡는 사람들을 명예욕이나 자기 과시욕에 찌들었다고 비하하고, 그런 탐욕스러운 일에 눈길도 주지 않고 낙향하거나 유유자적한 삶을 살면 아주 고매한 경우라고 칭송하기도 합니다.

그러나 장자는 통치자가 높은 자리를 청할 정도로 사유의 높이가 정점에 이른 사람입니다. 그 사람이 지식을 두텁게 쌓고, 장기간 수양한 후에, 내적으로 각성하여, 차라리 남들이 더럽다고 하는 도랑을 선택한 것입니다. 청와대 들어가는 것보다 도랑 속에 사는 것이 더 가치 있다는 말이 아닙니다. 청와대에 가서 일하는 것과 도랑에서 멋대로 사는 것 사이에서 어느 것이 더 좋은 일이라고 비교하는 것이 아니라, 어디가 더 나의 내적 자발성과 독립성이 보장되고 실현될 수 있는지를 자세히 따지자고 하는 말입니다. 지금 이 단계에서 볼 때 청와대에 들어가서는 나의 내적 자발성과 독립이랄지 나의 존엄이 지켜지지 않겠으니, 내적 자발성과 독립성과 존엄이 지켜진다면, 더러운 도랑물 속에 사는 것이 차라리 낫겠다고 하는 것입니다.

여러분 청문회 보셨지요? 청문회를 보면 청문회 나온 사람들 가운데 오점이 없는 사람을 찾기 어렵습니다. 물론 누구나 오점이 없기는 매우 어렵습니다. 그러나 전적으로 오점이 있느냐 없느냐만의 문제는 아닌 것 같습니다. 어느 정도의 오점인지도 문제이고, 또 그 오점을 대하는 태도가 어떠한지도 문제지요. 그냥 그 국면만 벗어나려고 사과를 하거나 둘러대기만 한다면 좀 보기 민망하지요. 학자 출신 가운데도 자신의 저서에서 주장했던 관점과 전혀 다른 주장을 펼치기도 합니다. 자신의 관점보다도 자리가 중요한 것이겠죠. 논문 표절했던 사람이 논문 표절을 감독하는 기관의 장이 되기도 합니다. 여기가 시궁창입니까, 아니면 자라나 거북이가 '자쾌'하는 곳이 시궁창입니까?

우리의 삶을 관리하는 제도를 운용할 사람을 검증한다는 청문회를 볼 때면, 그들에게서 어떤 존엄도 독립성도 자발성도 찾아보기 어렵습니다. 존엄과 자발성은 관직에 어울리지 않고, 자라나 거북이가 노는 도랑물에는 존엄과 자발성이 있다고 구분해서 하는 말이 절대 아닙니다. 내적 자발성이나 존엄을 지킬 수 있다면, 차라리 시궁창을 택하겠다는 것입니다. 관직에서도 존엄이나 내적 자발성을 지킬 수 있다면, 이야기는 매우 달라질 것입니다.

거짓말을 밥 먹듯이 하는 사람들, 때에 따라서 같은 사과를 반복하는 사람들, 남 탓만 하는 사람들, 입으로는 비전과 가치를 말하면서 잔재주 기능 정치만을 하는 사람들, 자신의 역사를 치욕스럽다고 하는 사람들로 나라가 채워지고 있습니다. 그들 중 누구에게서 존엄의 한 조각이라도 발견할 수 있습니까? 그들이 독립적이고 자유로운 삶을 추구하는 사람이라는 것을 믿을 수 있습니까? 그들은 대부분 비단옷만 입혀주면 언제라도 교제의 제사상에 기꺼이 올라가겠다고 하는 사람들입니다. 그들은 자리만 주고 잘 먹여주기만 하면 자신의 가치관도 하루아침에 바꿀 수 있는 그런 사람들이지요.

장자는 국가와 사회를 위해 봉사하는 삶 자체를 반대하는 것이 결코 아닙니다. 비단옷만 입혀주면 제사상에 제 발로 올라갈 준비가 된 사람들로 득실거리는 관청에 가느니, 도랑물 속이라 하더라도 내 존엄과 독립성을 지킬 수 있다면, 그곳을 선택하겠다는 것입니다. 이것이 바로 '자쾌'입니다. 공적인 일을 하는 것은 나쁘고, 개인적인 쾌락에 집중하는 것이 좋은 것이라는 뜻이 아닙니다.

누군가는 대학을 일찍 졸업해서 좋은 직장에 들어갔지만 일찍 정리해고 되기도 하고, 어떤 사람은 취업은 늦었지만 회사에서 능력을 인정받아 늦게까지 책임 있는 자리를 맡고 오래 일하기도 합니다. 어떤 사람은 일찍 창업해서 성공하고, 어떤 사람은 늦은 나이에 창업해서 성공하기도 합니다. 젊은 나이에 반짝 빛나는 예술가도 있고, 늦게야 빛을 보는 예술가도 있습니다. 모든 사람에게는 각자의 시간이 따로 있습니다. 각자 자신의 시간을 사는 것입니다.

자신의 시간을 살지 않으면, 다른 사람과 비교에 빠지고, 남이 좀만 앞서가는 것처럼 보여도 조바심이 나거나, 다른 사람보다 자신이 조금만 앞서는 것처럼 느껴지면 바로 우쭐댑니다. 다 자신의 삶을 어렵게 하거나 망가뜨리는 태도입니다. 그들도 그들의 시간을 살고, 나도 나만의 시간을 살 뿐입니다. 집단적으로나 습관적으로 정해진 시간대에 자신의 삶을 맡기고, 그것에 평가받으며 울고 웃을 일이 아닙니다. 자신만의 시간대를 당당하게 살면서 주위에 흔들리지 않는 것이 '자쾌'와 매우 비슷해 보입니다.

주체와 존엄을 강조한 장자

〈열어구列御寇〉 편에 다음과 같은 이야기가 나옵니다. 송宋나라에 조상曹商이라는 사람이 있었습니다(장자는 송나라 사람으로, 송나라는 지금의

하남성 상구현에 해당합니다. 철학자 펑유란은 송나라가 산동 지역에 있었다고 해석합니다). 조상이 진나라에 사신으로 갔습니다. 사신으로 갈 때 수레를 두어 대 받습니다. 옛날에는 천승千乘이니 만승萬乘이니, 수레의 숫자로 나라의 크기를 나타내기도 했습니다. 당연히 수레를 몇 대 하사받느냐에 큰 의미가 있었습니다. 조상이 수레를 한두 대 받고 진나라에 사신으로 갔더니 진나라에서 또 수레를 백 대 더 주었습니다. 백 대 이상의 수레를 받고 고향인 송나라로 돌아왔습니다. 돌아와서 장자를 찾아갑니다. 장자는 냄새나는 골목에서 신을 만들어 팔면서 생계를 유지하고 있었습니다. 신을 만들어 팔아 생계를 유지하는 판이니 얼마나 가난했겠습니까. 장자는 돈을 빌리러 다니는 일도 많았습니다. 장자는 어쩐지 결혼도 안 했을 것 같은데, 결혼하여 부인도 있었습니다. 조상이 와서 보니 장자가 사는 게 형편없는 거죠. 그래서 장자에게 비아냥거립니다.

"이렇게 비좁고 지저분한 골목에 살면서, 가난에 찌들어 신이나 삼고 있고, 목덜미도 삐쩍 마르고 얼굴은 누렇게 떠 계시는데, 나는 이렇게는 못 살겠소. 만승의 천자를 한 번 깨우쳐주면 수레를 백 대나 받을 수 있는데, 나는 오히려 이런 일에 재주가 있습니다."•

말이 끝나자 장자가 말합니다.

"진나라 왕은 병이 나서 의사를 부르는데, 종기를 터뜨려 고름을 빼준 자는 수레 한 대를 얻고, 치질을 핥아서 고쳐주는 자는 수레 다섯 대

•   夫處窮閭阨巷, 困窘織屨, 槁項黃馘者, 商之所短也. 一悟萬乘之主而從車百乘者, 商之所長也.

를 얻는다고 합디다. 치료해주는 데가 더러운 곳으로 내려갈수록 얻는 수레도 더 많아진다는데, 당신도 그 치질을 치료해준 것이오? 어떻게 했길래 얻어 온 수레가 그렇게 많소? 당장 꺼지시오!"*

무릎을 조아리고 더러운 데를 핥아주면 돈도 주고 자리도 주는 것이 현재 이 나라에서 벌어지는 일이 아니냐는 말을 장자가 하는 것입니다. 비단옷만 입혀주면 제사상에도 기꺼이 오르겠다고 하는 너희는 도 대체 어디를 빨고 어디를 핥았냐는 것이지요. 그것을 핥는 동안에 너 희가 본래 가지고 태어났던 너의 존엄이라는 것, 너의 독립이라는 것, 너의 자유라는 것, 너의 자율성이라는 것은 도대체 어디로 갔느냐는 것이지요. 여기서 자유나 독립이 원래 있던 것이라서 좋거나 중요하다 기보다는, 그 독립과 자존과 자유와 자발성이 발휘되어야 창의도 있고 진보도 있고 확장도 있고 발전도 있기 때문에 좋거나 중요한 것이 되 는 것이죠.

장자는 인간이 근본적으로 지켜야 할 자존과 독립과 주체와 존엄이 라는 것이 지켜지지 않으면, 사회 발전이나 진보도 있을 수 없다고 말 하는 것입니다. 존엄이나 자유나 독립적 주체성 등을 지키는 것이 가 장 근본적이기 때문에, 어떤 일도 그것들을 지키는 일에서부터 시작해 야 제대로 된다는 말입니다. 모든 일은 그것들이 지켜지는 곳에서 시 작! 차라리 더러운 도랑이라도 그것들이 지켜지기만 한다면, 더러운 곳이라도 기꺼이 선택한다는 것이지요.

- 秦王有病召醫, 破癰潰痤者得車一乘, 舐痔者得車五乘, 所治愈下, 得車愈多. 子 豈治其痔邪? 何得車之多也? 子行矣!

여기서 말하는 더러운 도랑물은 하나의 은유적 표현입니다.《도덕경》 제8장은 '상선약수上善若水'로 시작합니다. '선善'에는 '착하다'라는 의미보다는 '탁월하다', '훌륭하다'는 의미가 더 강합니다. '상선약수'는 '가장 탁월한 것은 물과 같다'는 뜻입니다. 이어서 '수선리만물이부쟁水善利萬物而不爭'이라는 문장이 나오는데, '물은 만물을 아주 이롭게 해주지만 다른 것들과 다투거나 경쟁하지 않는다'는 뜻이죠. 또 이어서 '처중인지소오處衆人之所惡'라는 문장이 나옵니다. '물은 사람들이 나쁘다고 하는 데나 더럽다고 하는 데에 처한다'는 뜻입니다. 그러므로 물은 '기어도幾於道', 즉 '도에 가장 가까운' 모습을 가지고서 가장 높은 수준을 대변하게 된 것이라고 노자는 말합니다.

노자는 사람들이 싫어하고 나쁘다고 하는 곳에 처하는 것이 도를 가장 잘 실현하는 방식이 된다고 말합니다. 독립과 자존, 주체성은 기본적으로 자신을 단단히 하면서 사람들과 차별성을 만들어내는 것들입니다. 지금 우리 사회는 각성하지 않은 언어들의 지배를 너무 쉽게 받습니다. 그냥 자신을 소홀히 하더라도 '우리'를 강조하는 말이면 맹목적으로 좋게 받아들입니다. '함께', '더불어' 등과 같은 유사 휴머니즘적인 공허한 말들입니다. 이런 말들 속에서는 '나'의 주체성이나 독립성이 희미해지더라도, 그것을 아름답고 선하게 받아들인다는 거죠. 이런 '각성'되지 않은 말들이 먼저 마음을 차지해버리면, 자기 자신의 주체성은 '우리' 속에서 용해되어 사라져버려요. 그러면 작고 용해된 자신을 가지고, '우리'를 채우고, 더불어, 함께 가는 일을 해야 하는데, 아주 버거울 수밖에 없죠. 억지로 사명감을 호출하여 서로 격려하거나 감독하면서 나아갈 수밖에 없어요. 이런 분위기에서는 자신의 존재에 대한 각성이 일어나지 못합니다. 그러면 삶에 자발성이나 자율성이 피어나지 못하죠. '나'의 자발성으로 '우리'나 '함께'나 '더불어'가 수행되어야 하는데, '우리', '더불어', '함께'로 나의 자발성을 통제하는 구조가 되면 삶은 버겁고 사회 발전은 더뎌집니다.

여러분은 어떤 종류가 되었든 집단으로 공유하는 확신과 믿음이 있을 겁니다. 그런 확신과 믿음에 맹목적으로 자신을 맡기면, 자기 자신을 그 확신과 믿음을 공유하는 집단에 쉽게 의탁하며, 바로 폐쇄적 정치성에 갇히게 됩니다. 그런데 이런 폐쇄적 정치화는 자율성이 자유롭게 펼쳐지는 정치화가 아니라 맹목적으로 진영만을 튼튼하게 하는 정치화라는 것이 문제입니다. 우리는 지금 각자의 진영에 갇혀 진영이 다른 상대를 적으로 간주할 정도로 극단적으로 분열되어 있습니다. 그것이 모두 나쁜 것인 줄 알면서 이런 분열을 극복하지 못하는 것은 우리 삶의 실력이 진영을 넘어설 수 없기 때문입니다.

진영에 갇힌 사람들은 대부분 진위나 선악에 빠져 있죠. 진영은 모두 진위나 선악에 대한 견고한 믿음으로 유지됩니다. 진영을 수호하는 진위나 선악을 가지고는 진영을 넘어설 수 없습니다. 진영을 넘어서려면, 진영이 지키는 진위 선악의 논리보다 한 단계 위에 서야 합니다. 그것이 바로 아름다움이죠. 아름다움에 눈뜨지 않고는 진영을 넘어설 수 없습니다. 이것은 분명히 능력의 문제입니다. 도에 가까워지거나 미래를 향한다고 할 때, 우리는 진영에서 이탈하는 것이 나을까요, 아니면 권력화와 진영화의 맹목적 정치성에 계속 빠져드는 것이 나을까요?

《도덕경》이나 《장자》에서는 특히 폐쇄적인 정치성을 비판하는 내용이 많이 나옵니다. 그러나 《도덕경》이나 《장자》를 최고의 경전으로 친다는 사람들조차도 이미 빠진 폐쇄적 정치성에서 벗어나지는 못하더군요. 이것도 실력의 문제입니다. 만에 하나 누군가가 이런 폐쇄적 정치성에서 이탈한다면, 그 사람은 아마 같은 진영에 있던 사람들로부터 가장 나쁘고 더러운 사람이라는 평가를 받을 것입니다.

사람들은 입으로는 옳음을 추구한다고 하지만, 삶의 실력이 충분하지 않으면, 끼리끼리 모여서 함께 갇혀 있는 진영의 믿음을 공유하고 서로 모방하며 닮아가는 것에 더 큰 기쁨을 느낄 것입니다. 옳음이나 정의는 자신의 진부함을 정당화하는 데에 이용할 뿐이죠. 그리고 나쁘고 더러운 사람이라는 비난을 감당하지 못합니다.

더럽고 이상한 곳으로 가는 것은 썩고 굳고 권력화하고 정치화한 대오에서 과감히 이탈한다는 것입니다. 아름다움에 눈뜨는 것이죠. 과감히 이탈하면 그 사람을 좋아하겠습니까? 나쁘다고 할 것입니다. 그렇지만 그 견고한 믿음의 조직, 권력의 조직, 정치화한 조직에서 이탈하지 않고, 즉 욕먹지 않고, 이상한 놈이라는 소리 듣지 않고, 원래의 기본 정신, 혁명 정신, 자유 정신을 찾을 수 있을까요? 찾을 수 있으면 좋겠지요. 그런데 그것을 찾을 수 없다고 보는 것이 노자나 장자의 뜻입니다. 그러니 남들이 다 더럽다고 하는 데로 가고, 남들이 다 욕하는 데로 가라는 것입니다. 거기가 새로운 역사와 새로운 출발이 기약되는 곳이라는 것이지요. 함께 이념을 나눴던 곳에 머물러서 40년, 50년, 60년이 지나고도 같은 이야기를 계속 반복하고 있다면, 상호 모방만 심화할 뿐, 거기서 자유와 독립과 존엄을 찾을 수 있겠냐고 묻는 것입니다. 과거에 견고하게 갇힌 사람들과 더불어, 함께 살면서도 너의 자유와 독립과 존엄을 찾을 수 있겠냐고 묻습니다.

물이 이 세상에서 제일 탁월한 이유는 만물을 이롭게 하면서도 경쟁 구도에 빠지지 않고, 사람들이 다 더럽고 나쁘다 하는 곳에 처함으로써, 도의 모습에 가깝기 때문입니다. 도에 가까워지는 일이 현실적으로 어떻게 드러날까요? 새로워지는 일, 위대해지는 일, 높아지는 일입니다. 긴 시간 함께 나눴던 똑같은 이야기 안에서는 새로운 희망이 싹트기 어렵습니다. 긴 시간 같이한 똑같은 문법으로는 변화무쌍한 이 세계의 진실을 포착할 수 없습니다. 나는 굳어가고 세상은 변하기 때문이지요.

장자가 세상은 한순간도 변하지 않을 때가 없는데, 사람은 쉽게 '정해진 마음'에 갇힌다는 것을 강조하는 이유를 잘 이해해야 합니다. 30년, 40년 굳어 있으면 세상의 변화를 맞이할 수 없습니다. 그럼 어떻게 해야 할까요? '대오에서 이탈하라, 그러면 너는 욕을 뒈지게 먹을 것이다. 하지만 너는 도에 가까워질 것이다.' 장자가 여기서 더러운 도랑이라고 표현하는 건 노자로부터 나온 아주 중요한 비유입니다.

장자가 얼마나 성깔 있는 사람이었는지 볼 수 있었습니다. 굉장히 우화적으로 재미있게 표현했지만, 사실은 자기 존엄을 지키기 위해 목숨을 걸고 투쟁하는 모습입니다. 여기서 우리는 이렇게 물어볼 수 있습니다. '비단옷을 갈구해서 그것을 입고 제사상에 올라가는 네가 진짜냐. 아니면 제사상에 올리기 위해 입혀주는 비단옷을 거부하고 차라리 더러운 도랑을 선택하는 네가 진짜냐. 진짜 너는 어디에 있느냐? 너는 진짜로 어떻게 살다 가고 싶어?' 장자는 우리에게 이것을 묻는 것입니다.

근본을 살펴보라

장자 사상을 논할 때 자주 등장하는 얘기가 있습니다. 《장자》〈지락至樂〉편에 등장하는데, 여기서 조금 자세히 살펴보겠습니다.

莊子妻死, 惠子弔之, 장자처사 혜자조지

莊子則方箕踞鼓盆而歌. 장자즉방기거고분이가

惠子曰, 與人居, 長者.老.身死, 혜자왈 여인거 장자노신사

不哭, 亦足矣, 又鼓盆而歌, 不亦甚乎! 불곡 역족의 우고분이가 불역심호

莊子曰, 不然. 장자왈 불연

是其始死也, 我獨何能無槪然! 시기시사야 아독하능무개연

察其始而本無生, 찰기시이본무생

非徒無生也而本無形, 비도무생야이본무형

非徒無形也而本無氣. 비도무형야이본무기

"장자 부인이 죽어 혜자惠子가 문상을 갔습니다. 장자는 두 다리를 뻗고 앉아 질그릇을 두드리면서 노래를 하고 있었습니다. 그러자 혜자가 '부인과 살면서 자식을 낳아 함께 키우고, 함께 늙어간 처지에, 그런

부인의 죽음 앞에서 곡을 하지 않은 것도 무정한데, 거기다가 주검 앞에서 질그릇을 두드리면서 노래하다니, 이건 너무 심하지 않은가!'라고 말합니다. 그러자 장자가 이렇게 대꾸합니다. '그렇지 않소. 아내가 죽은 마당에 어찌 나라고 슬프지 않았겠소? 그런데 내가 그 근본, 근원을 살펴보니까 원래는 태어나는 일 자체가 없습디다. 태어나는 일 자체가 없을 뿐 아니라 본래 형체도 없습디다. 비단 형체가 없을 뿐 아니라, 본래는 기도 없습디다.'"

雜乎芒芴之間, 變而有氣, 잡호망홀지간 변이유기

氣變而有形, 形變而有生, 기변이유형 형변이유생

今又變而之死, 금우변이지사

是相與爲春秋冬夏四時行也. 시상여위춘추동하사시행야

人且偃然寢於巨室, 인차언연침어거실

而我嗷嗷然隨而哭之, 이아교교연수이곡지

自以爲不通乎命, 자이위불통호명

故止也. 고지야

"어둡고 흐릿한 상태에 섞여 있다가 변해서 기가 있게 되었고, 기가 변하여 형체가 있게 되었고, 형체가 변하여 생명이 태어나는 일이 있게 된 것입디다. 이제 또다시 변해서 죽음에 이른 것이오. 이것은 춘하추동 사계절이 변하는 것과 같소. 내 아내는 지금 천지라고 하는 커다란 방에 편안히 누워 있소. 그런데 내가 곡소리를 내면서 울고불고한다면 나 자신이 우주의 원리를 모르는 것이 되겠지요. 그래서 울음을 멈춘 것이오."

《장자》를 잘못 익히면, 장자가 부인의 주검을 두고 노래 부르는 특이한 행동을 특별하게 받아들인 후에, 각자의 부인이 죽었을 때 다 노래하려 들 것입니다. 장자가 부인이 사망하면, 누구나 노래해야 한다고 말하는 것이 아님은 알겠지요? 장자는 노래하는 이유를 설명하는 데에 비중을 두고 있습니다. 왜 노래하느냐? 여러 가지 곤경과 어려움과 희로애락 속에서 함께 살던 한 인간이 우주의 본래 모습으로 풀어졌으니 이건 축하해줄 일이 아니냐는 것이지요.

여기서부터는 비유고 은유겠지요. 핵심은 우주의 원래 모습으로 돌아가는 것이니 그렇게 슬퍼할 일이 아니라는 것입니다. 이것은 전형적으로 인문적 해석, 인문적 통찰이 빚어낸 행위입니다. 어떤 사건을 그 사건에 대해 갖는 여러 공통된 의견과 공통된 대처법과 공통된 태도 그대로 받아들이는 것이 아니라, 자기만의 독립적 해석을 할 수 있는 능력, 이것이 인문적 통찰의 시작입니다. 장자는 그것을 해낸 것이지요. 바로 '찰기시察其始', 즉 근원이나 본바탕을 자세히 살펴본 것입니다.

제가 왜 자세히 살피는 걸 강조하느냐면, 자세히 살피는 능력이라는 것이 극소수에게만 허용된 것이기 때문입니다. 대부분은 사람들과 함께 공유하는 인식의 틀, 그리고 자기가 오래전부터 가지고 있다고 믿었던 인식의 틀을 작동시켜 '판단'합니다. 자세히 살피는 것을 '본다' 혹은 '살핀다'라고 표현하는 것입니다. 세계를 볼 수 있는 사람은 매우 드물고, 판단하는 사람은 넘쳐납니다. '판단'은 대개 기준을 적용하는 일이고, '본다'는 어떠한 선험적 기준도 없이 대상에 접촉하는 일입니다.

다시 말하면, '본다'는 내 시선을 대상 혹은 사건에 도달시켜 갖다 붙이는 일이고, '판단'은 시선이 대상에 닿기 전에 이미 있는 인식의 틀을 사용해서 '저것은 무엇이다', '저것은 어떻다'라고 결정하는 일입니다. 판단할 때는 시선이 대상까지 도달하지 못하고 중간에 돌아와버립니다. 거의 모든 시시비비와 선악은 이처럼 판단의 형식으로 결정됩니다. 이치가 이러하다면, 사람이 자기 시선을 대상이나 사건에 갖다 붙이는 것만 해도 얼마나 대단한 일입니까? 그런데 어떤 사람들은 여기에 더해서 집요함까지 발동하여 시선을 그 대상에 오래 머무르게까지 하니 얼마나 더 대단합니까?

시선을 오래 머무르게 하면서 계속 살피는 일을 '관찰' 혹은 '자세히 보기'라고 합니다. '찰察'은 자세히 쪼개서 보는 것입니다. 과학적 사고의 핵심은 쪼개서 자세히 보는 겁니다. 보지 않으면 관찰이 시작되지 않고, 관찰이 시작되지 않으면 과학적 인식, 철학적 인식, 인문적 인식이 불가능합니다. 아편전쟁 이후 동양이 굴욕을 당한 것은 과학과 철학이 없거나, 있더라도 미약했기 때문입니다. 서양은 과학과 철학이 있었지요. 과학과 철학이 있었다는 말은 구체적인 생산 활동에 과학과 철학을 적용한다는 뜻입니다.

근대 시기에 중국과 일본은 과학과 철학을 배우기에 적극적으로 나섰지만, 한국은 그러지 못했습니다. 그래서 한국 사람 대부분은 여전히 과학과 기술을 구분해서 인식하기 어려워합니다. 대부분 과학과 기술을 '과학기술'이라는 하나의 개념으로 사용합니다. 이렇게 되면, '기술'이 주인 자리를 차지하고, '과학'은 '기술'을 수식하는 꼴이 되어버립니다. 그래서 어떤 정치인들이 '과학기술'을 강조해서 말하는데, 내용을 들어보면 기술과 과학을 구별하지 못하고, 기술을 과학으로 간주하는 것으로 보입니다. 과학이라고 하지만, 사실은 기술인 것이죠. 이러면 나라의 수준이나 생산력이 과학적인 높이로 올라가기 어렵습니다. 우리의 시선을 높이려면, 우선 과학과 기술을 분리해서 각각 다른 영역임을 이해하는 것부터 출발해야 할 것입니다. 과학기술이 아니라 '과학과 기술'이어야 합니다.

이런 문제들은 다 우리가 국가 차원에서 과학과 철학을 배워야 한다는 운동을 해본 적이 없었던 것에서 기인합니다. 그래서 우리 사회는 과학적이지 않은 면이 많습니다. 과학적이지 않으면 감정적이고 도덕적이기 쉽죠. 그런데 도덕적 판단을 하는 습관으로는 삶을 지배하는 시선의 높이를 가장 높은 곳까지 올리기 어렵습니다. 정치와 도덕도 사실은 분리되어야 합니다. 그러지 않으면 사고방식이 쉽게 종교화되고, 정책이나 국가 경영 능력보다는 잡다한 일상의 문제들을 서로 비난하고 방어하는 정치 행위 이상을 하기 어렵습니다. 자세히 살피고, 자세히 보고, 자세히 관찰하는 능력이 배양되어야 다 가능한 일입니다.

그럼, 보는 일이 판단하는 일보다 더 생산적인데, 왜 자세히 보지 못하고 가볍게 판단할까요? 그것은 지적 수양이 덜 되어 있기 때문입니다. 보는 일에는 에너지가 들어가고, 판단하는 일은 스스로 생각하기보다는 이미 자기 안에 자리 잡고 있는 기준을 적용하기만 하기 때문에 에너지가 들어가지 않습니다. 그래서 보는 일은 어렵고, 판단하는 일은 쉽습니다. 지적 수양이 부족하면, 에너지가 들어가는 일보다는 에너지가 들어가지 않는 쉬운 일만 하려고 합니다. 왜 생각을 하려 들지 않느냐? 간단합니다. 생각하는 일은 에너지를 써야 하는 일이기 때문입니다. 에너지를 써야만 하는 일을 할 때 '힘들다'고 표현합니다. 그래서 모든 수양과 수련은 필요한 수고를 일부러 찾아서 하는 일들입니다. 합당한 수고를 하지 않고, 나아지는 일은 없습니다.

관념에 갇히지 않아야 한다

여기서 어떤 독자들은 '장자가 부인 죽었을 때 질그릇 두드리며 노래 불렀다더라, 왜 노래를 불렀을까'만 따질 수 있는데, 그건 조금만 따져도 될 일입니다. 진짜 따질 것은 노래하게 된 배후에 장자가 수준 높은 관찰 능력, 그 인문적 태도를 가지고 있었다는 사실입니다. 인문적 인식을 가능하게 하는 태도가 바로 '찰기시'인 것입니다. 장자 같은 수준의 사람이 되고 싶으면, 장자의 행위를 그대로 따라 해보는 것이 아니라, 장자가 가졌던 자세와 시선의 높이를 보는 것이 더 좋습니다. 그것이 근원이나 근본을 자세히 들여다보는 겁니다. 더 줄여서 말하면, 자세히 들여다보고, 자세히 살피고, 깊이 생각해보는 태도를 배양하는 것입니다.

장자 정도의 사람이 되고 싶으면 '무소불규無所不窺'라는 평가를 받을 수 있는 단계까지 공부해야 합니다. 도가 철학을 잘못 배우면, 공부도 열심히 안 하고 근면 성실하지 않아야 하는 줄 압니다. 규칙도 잘 안 지키고, 계획도 세우지 않고, 그냥 되는대로 해야 도가인 줄 압니다. 그런 거짓말에 속지 마시길 바랍니다. 장자는 '무소불규', 즉 모르는 것이 없을 정도로 자신을 단련했습니다. 그 정도까지 단련하면서 과학적 사고의 습관, 즉 자세히 들여다보는 훈련을 했습니다. 그래서 부인이 죽었을 때도 다른 사람들이 느끼는 것과 같이 자신도 슬픔을 느꼈지만, 자세히 생각한 다음에 어떻게 할 것인지를 결정해서 그렇게 한 것이지요. 물론 자세히 생각한 다음에 우는 태도로 결정했을 수도 있습니다. 여기서 중요한 것은 울었는지 아닌지보다는, '찰기시'했다는 것입니다.

장자의 '자쾌'는 고유함에 대한 매우 강력한 강조입니다. '찰기시', 그 근원을 자세히 보는 것도 자신만의 고유함으로 무장한 사람한테만 가능합니다. 주위의 집단과 공유하는 인식 방식에 매몰된 사람, 수십 년간 변함없이 유지되는 관념의 틀에 갇힌 사람은 고유함을 포기한 사람입니다. 거기서는 어떤 새로운 빛, 위대한 빛도 나올 수 없습니다.

장자는 자기 자신의 존엄과 자발성에 집중한 사람입니다. 이런 집중을 통해서 장자는 이기적인 사람이 됐을까요? 그렇지 않습니다. 모든 인류에게 빛이 되는 사람이 됐습니다. 정해진 집단적 관념이나 오래된 관념에 갇힌 자기는 폐쇄적입니다. 굳어 있습니다. 여기에는 어떤 개방성도 작동할 수 없습니다. 그래서 이기적인 삶을 살죠.

반면, 내 존엄과 자유와 독립에 집중한 고유함은 개방적입니다. 우리를 생각해야 우리를 위하는 따뜻한 사람이 될 것 같지만, 우리에 갇혀 있을수록 집단의 관념에 제한됨으로써 폐쇄적으로 되어, 우리를 위할 수 없게 될 뿐 아니라 오히려 우리를 더 딱딱하게 만들 뿐입니다. 우리로부터 이탈해야 합니다. 우리는 '나'를 가둡니다. 우리에서 이탈하여 '찰기시'할 수 있는 사람만 우리에게 도움을 줄 수 있습니다. '함께'라는 이념에 갇혀 있는 사람은 '함께'의 외형을 확장할 수 없습니다. 새로워질 수가 없습니다. 단독자로서 우뚝 섰을 때 진정한 '함께'가 시작됩니다. 장자가 차라리 더러운 도랑에서 '자쾌'하겠다고 한 말의 의미를 잘 이해해야 합니다.

이야기, 빈틈과 허용의 공간

《장자》의 서술 방식

■

　이제는 '이야기'에 대해서 이야기해봅시다. 보통 《장자》를 읽을 때 〈소요유逍遙遊〉를 제일 먼저 읽습니다. 제일 앞에 나오는 편이기도 하고, 장자 철학에서 '소요'가 가장 중요한 개념이기 때문이기도 합니다. 그런데 《장자》의 가장 큰 특징 가운데 하나가 서술 방식입니다. 이야기하는 방식으로 서술하는 기법이 장자 철학의 풍격을 알려주는 가장 중요한 장치라는 점을 저는 중요하게 여깁니다. 다음 장에서 〈우언寓言〉 편을 살펴볼 텐데, '우언'이 바로 이야기라는 뜻입니다.

　앞에서 사마천의 《사기》를 언급했습니다. 《사기》에 이렇게 나와 있습니다. "《장자》의 10여만 자는 대체로 우언의 형식을 띠고 있다."• 《장자》는 우리에게 익숙한 철학자들의 책, 스피노자나 플라톤이나 퇴계나 율곡 등이 쓴 책들과는 글쓰기 형식이 전혀 다릅니다. 그들이 논변이나 논술 형식으로 자신의 철학을 표현했다면, 장자는 이야기 형식으로 자신의 철학을 표현합니다. 사마천도 《장자》의 가장 분명한 특징으로 '이야기'를 듭니다. '이야기'라는 형식에는 어떤 의미가 있을까요?

•　　故其著書十餘萬言, 大抵率寓言也(《사기》〈노장신한열전〉).

개념의 의미

사랑은 누구나 중시하고 좋아하는 주제입니다. 저는 진정한 사랑은 사랑한다고 서로 합의하기 전까지가 아닐까 합니다. 사랑을 약속한 순간부터는 쉽게 권력 투쟁으로 넘어갑니다. 사랑한다는 합의는 대개 각자의 관념 속에서의 합의입니다. 똑같이 "사랑해"라고 말해도 상대방의 '사랑해'와 나의 '사랑해'가 전혀 다른 내용일 가능성이 큽니다. 사랑한다고 합의한 다음에는 각자 자기에게 학습된 '사랑'이라는 관념을 실천하려고 합니다. 사랑한다면 생각까지도 공유해야 한달지, 적어도 하루에 문자를 20통 이상은 나눠야 한달지, 언제나 같은 곳을 바라봐야 한달지 등등. 자신이 가진 사랑이라는 관념에 맞게 행동하면 사랑하는 것으로 믿어주고, 거기에 안 맞게 행동하면 사랑을 의심하죠. 사랑을 의심하는 이유는 사랑에 대한 관념이 서로 다르고, 자신만의 관념으로 상대방을 평가하기 때문입니다. 사랑한다고 합의하는 순간 전혀 다른 관념의 구조를 가지고 만나는데, 사람들은 관념의 구조가 다름을 알면, 자신의 관념 구조를 상대방의 그것에 맞게 바꿉니까? 아니면 상대방의 관념 구조를 평가하거나 바꾸려고 합니까? 대부분은 상대방의 관념 구조를 평가하고, 자신의 관념 구조에 맞게 바꾸려고 합니다. 이렇게 되면 이것이 사랑일까요, 폭력일까요?

사랑을 예로 들어서 설명했지만, 갈등이 시작될 때 마음속에는 대부분 '너는 왜 그렇게 생각해?'나 '어떻게 그렇게 생각할 수 있지?'라는 의문문이 등장합니다. 이런 의문문은 사실 '왜 나처럼 생각하지 않아?'

라는 하나의 의문문으로 귀결될 수 있습니다. 이 말은 내가 생각하는 것이 옳고, 상대방이 생각하는 것은 옳지 않다는 것이지요. 둘 중 하나는 틀리고 다른 하나가 옳으면 문제는 쉽게 해결됩니다. 한 사람은 자신의 옳음을 고집하고, 다른 한 사람도 자신의 옳음을 고집하기 때문에 문제가 쉽게 풀리지 않는 것이지요. 보통은 스스로 옳다고 하는 확신끼리의 충돌입니다. 그래서 각자 자신을 진리의 전사로 확신하고, 이런 확신에 빠져서 쉽게 상대방을 배제하거나 억압하는 폭력을 행사합니다. 자신을 진리의 수호자라고 확신하는 순간, 인간은 쉽게 폭력적으로 바뀝니다.

'개념'을 한자로 쓰면 '槪念'입니다. 개념은 매우 현대적인 용어입니다. 과거에 한자 문화권에서는 요즘 사용하는 '개념'과 유사한 용처에 '언言'이나 '명名'을 썼습니다. 개념이란 무엇일까요? '념念' 자는 생각이나 의식과 관련되겠지요? 여기서는 '개槪'를 더 자세히 보겠습니다.

이전의 쌀집 풍경을 기억하는 분이 계실지 모르겠습니다. 쌀 한 되 사러 쌀집에 가면, 주인은 한 되의 쌀을 담기 위해 한 되 용량의 그릇, 되를 가져옵니다. 한 번에 쌀 한 되를 정확히 부어 담기는 쉽지 않습니다. 우선은 쌀을 넉넉하게 부어 담게 되지요. 되에 쌀이 봉긋하게 쌓입니다. 소위 고봉이라고 하지 않습니까? 고봉으로 쌓아 담으면 한 되가 넘죠. 그대로 팔면 손해가 나는 쌀집 주인은 정확히 한 되를 맞추기 위해 기둥 나무에 걸어둔 평평하고 가는 나무판 하나를 가져와 고봉으로 담긴 쌀을 평평하게 밀어냅니다. 고봉 쌀을 평평하게 깎아내는 작은 나무판을 '평미레'라고 합니다. 이 평미레를 한자로는 '개槪'라고 하죠.

영어로는 '스트리클strickle'이라고 합니다.

평미레가 하는 역할은 사적인 것, 여분의 것을 제거하고 공통의 틀 안에 들어가는 것만 남게 하는 것입니다. 평미레는 고봉으로 쌓은 쌀을 깎아 공통으로 사용하는 한 되의 양을 정확히 맞춰주죠. '공통의 것'을 '보편'이라고도 표현합니다. 보편과 반대되는 것을 '특수'라고 부르죠. 고봉으로 쌓인 쌀의 봉우리 부분은 특수이고 여분이고 사적인 것으로 간주합니다. 이것이 왜 사적인 걸까요? 되는 쌀집 어디에서나 다 똑같지만, 고봉으로 쌓인 봉우리 부분의 양이나 모양은 쌀집 주인에 따라 다르기 때문입니다. 그래서 '개념槪念'은 특수한 것, 사적인 것, 여분의 것을 제거하고 공통의 틀 안에 들어가는 것만을 생각의 형태[念]로 저장한 것이라고 할 수 있습니다.

고유명사로 산다는 것

우리는 왜 개념을 사용합니까? 의사소통을 위해서는 개념을 사용할 수밖에 없습니다. 지식의 축적도 소통의 한 형태입니다. 개념이 없으면 지식의 축적이나 의사소통을 할 수가 없죠. 여러분 꽃을 본 적 있습니까? 여러분은 꽃을 본 적이 없습니다. 고양이 본 적 있습니까? 누구도 고양이를 본 적이 없습니다. 아버지를 가진 적이 있습니까? 누구도 아버지를 가진 적은 없습니다. 좀 이상하죠? 어리둥절할 것입니다. 여러분은 꽃을 본 적이 한 번도 없습니다. 여러분은 꽃을 산 적도 없습니다. 꽃은 시장에 나올 수 없지요. 여러분은 꽃을 본 것이 아니라 꽃이라고 불리는 '그것'을 본 것입니다. 여러분은 꽃을 산 것이 아닙니다. 꽃이라고 하는 범주에 들어가는 바로 '그것'을 산 것이죠. 여러분은 아버지를 가진 적이 없습니다. 아버지라는 개념에 포함되는 '김철수 씨'를 가진 것입니다.

자, 이제 이해되시죠? 꽃, 고양이, 아버지 등은 전부 다 '개념'입니다. 이것을 우리는 일반명사라고 합니다. 세상에 실제 존재하기로는 김철수, 최진석, 김경희, 박영희라는 이름을 단 고유명사들이죠. 일반명사는 세상에 실재하지 않습니다. 일반명사는 모두 우리 머릿속에 관념의 형태로만 있습니다. 구체적으로 있는 것은 일반명사가 아니라 고유명사입니다. 그럼 고유명사와 일반명사 중, 어떻게 살아야 진짜 사는 게 될까요? 당연히 고유명사로 살아야겠지요. '자쾌自快'는 고유명사로 산다는 뜻에 가깝기도 합니다. 불교에서 말하는 '수처작주隨處作主'와 '입처개진立處皆眞'도 고유명사로 산다는 뜻에 가깝습니다.

제가 어머니께 해드릴 선물이 별로 없었습니다. 그런데 저는 인간은 고유명사로 살아야 한다고 생각했습니다. 그래서 '어머니'라고도 부르고, '엄마'라고도 불렀지만, 가끔 그분을 그분 자신으로 살려드려야겠다는 생각이 들면 어머니 성함에 따라 '봉숙 씨'라고 불러드리기도 했습니다. 가끔 어머니가 철학적으로 느껴져서 '소유'가 아니라 '존재'적 상태로 대접해드리고 싶어지면, 저는 '봉숙 씨'라고 불러드렸습니다. 버릇은 좀 없게 보일 수도 있습니다. 하지만 우리 둘 사이의 일이라 크게 상관하지 않았습니다. 그분을 다른 여러 사람과 똑같은 틀 안에 넣어서 '어머니'라는 일반명사로 대하는 것이 아니라, 그분을 그분으로만 존재하게 해드리는 저만의 방식이었습니다. 그런데 그분도 좋아하셨습니다. 제가 "봉숙 씨" 하면 "어이 왜 그러신가?" 하셨지요. 그리고 우리는 서로 마주 보면서 활짝 웃었습니다.

"어제 나 산에 다녀왔어"라고 하면 이건 진실인가요, 거짓인가요? 거짓이지요. 산이라는 것은 일반명사로서 관념으로만 존재하니 사람이 오를 수 있는 것이 아닙니다. "지리산에 다녀왔어"나 "고산봉에 다녀왔어"라고 하면 진실이죠. 만일 산이라는 개념을 가지고 지리산을 본다면, 지리산을 지리산으로 볼 수 없습니다. 내가 가진 산이라는 개념으로 지리산을 가두게 됩니다. 지리산을 지리산이게 하려면, 내가 가지고 있는 산이라는 개념을 최소한 약화해야 합니다. '김봉숙 씨'를 '김봉숙 씨'이게 하는 방법도 내가 가지고 있는 '어머니'라는 개념의 구속을 최소한으로 약화해야 할 것입니다. 나에게 이미 있는 어머니라는 관념의 틀, 즉 개념을 매개로 어머니를 대하는 것보다는 '김봉숙 씨'라는 고유명사를 가지고 어머니를 대하는 것이 '내 어머니'에 가장 가까울 것입니다. 나한테 이미 있는 산의 개념으로 무등산을 해석하거나 설명하면, 무등산을 무등산이게 하기는 쉽지 않을 것입니다. 무등산 그대로의 무등산을 만나기는 쉽지 않겠죠. 나한테 이미 있는 산의 개념을 가지고 무등산을 대하는 것은 소유적 태도에 가깝고, 산의 개념을 약화하여 무등산을 무등산으로 대하는 것은 존재적 태도에 가깝습니다.

일반명사가 실재하는 것은 아니지만, 그것을 사용할 수밖에 없는 이유는 효율성 때문입니다. 또 지식이나 전통을 전승하고 축적하는 효과도 있기 때문입니다. 우리는 보통 "봄이 왔다"고 말합니다. 편하고 효율적이죠. 그러나 자세히 따져보면, 거짓말입니다. '봄'은 실재하지 않죠. 그냥 개념일 뿐입니다. 실재하지 않는 것은 오고 갈 수가 없죠. 그런데 우리는 거짓이 아니라고 서로 합의하고 사는 거지요. 봄은 실재하지 않지만, 얼음이 풀리고, 땅이 풀리고, 따뜻한 기운이 샘솟고, 나무가 싹을 틔우고 하는 사건들은 실재하죠. 실재하는 사건들 하나하나를 다 말하기 곤란하니까 그런 사건들이 다 함께 일어나는 시기를 우리는 '봄'이라고 개념화해서 부르는 것입니다. 실제로 일어나는 많은 사건을 하나로 묶어서 '봄'이라고 하니 얼마나 편합니까? 모호한 일정 기간을 봄이라고 하면, 그것은 나의 봄이 아니라 우리의 봄입니다. 개념은 우리의 것입니다. 거기에서는 '나'보다는 '우리'가 주체입니다.

개념을 영어로는 'concept(콘셉트)'라고 합니다. 이 단어는 동사 'conceive(컨시브)'에서 왔습니다. 두 단어에 있는 어근 'cept'와 'ceive'에는 모두 '잡다', '쥐다', '받아들이다'라는 의미가 있습니다. 세계를 자신의 마음에 쥐거나 잡아서 의미화한다는 뜻입니다. 영어의 'concept'도 세계를 손으로 잡거나 쥐어서 손가락 사이로 빠져나가는 건 포기하고 손에 남긴 것만 생각의 형태로 저장한 것을 말합니다. 'concept'에서 'cept'에는 앞서 말했듯이 '받아들이다'는 뜻이 있고, 'con'에는 '함께'라는 뜻이 있고, 있습니다. 그래서 'concept'는 '함께 받아들이다'는 의미가 되죠. 개념이 '우리'의 것인 이유가 단어의 구성에서도 보이네요.

그럼 영어에서도 개념은 세계를 우리 뜻대로 소지하겠다는 의지를 표현한 것일까요, 아니면 세계를 그냥 세계 자체로 두겠다는 의지를 표현한 것일까요? '갖겠다', '소지하겠다'는 의지를 표현하죠. 이런 태도는 존재보다 소유에 더 가깝습니다. 모든 개념화 활동은 소유의 의지를 드러냅니다. 우리는 흔히 '무소유無所有'라고 하면 재산을 갖지 않는 것으로 착각하는데, 그것이 아닙니다. 무소유는 이 세계를 자신의 의지대로 정하지 않는 것을 말합니다. 재산을 갖는 것, 혹은 안 갖는 것의 문제가 아니라, 이 세계를 내 뜻대로 정해서 관계하려는 소유적 태도를 부정하는 것이죠.

독일어로 개념은 'Begriff(베그리프)'입니다. 동사는 begreifen(베그라이펜)인데, 여기에도 '잡다', '쥐다'라는 의미가 있습니다. 동양이든 서양이든 '개념'이라는 말은 세계를 혹은 무엇인가를 '우리의 뜻대로 붙잡아서 공통으로 함께 지닌다'는 의미를 갖습니다. '지닌다'는 말을 '소유한다'라고 쓰는 것이죠. 동양이 됐든 서양이 됐든, '베그리프'가 됐든 '콘셉트'가 됐든 '개념'이 됐든 다 똑같습니다. 세계를 인간 자신의 의도에 맞춰 소유하려는 거지요.

진실을 추구하고 표현하는 방식

개념에 대해서 분명해졌지요? 도가 철학에서 '개념'과 가장 가까이 쓸 수 있는 단어가 '언言'이나 '명名'입니다. 개념은 세계의 진실을 전면적으로 보여주지 못합니다. 전면적으로 보여줄 수 없는 한계가 있습니다. '산'이라는 개념은 여러 산의 공통적인 속성을 담아서 만들어진 관념이죠. 그러다 보니 무등산에만 있는 특수성은 배제될 수밖에 없습니다. 개념은 기본적인 한계를 가지고 고효율을 내는 이상한 장치입니다.

하지만 인간은 언제나 생존의 질과 양을 증가시키기 위해서 세계의 진실을 만나려 합니다. 세계의 진실을 드러내려 하고, 또 접촉하려 합니다. 개념은 이 세계의 진실을 다 표현하지 못하는 한계가 있지만, 인간은 생존의 질과 양을 증가시키기 위해 진실을 향한 부단한 추구를 멈추지 못합니다.

그러면 개념을 사용하지 않을 수 없도록 태어난 인간은 어떻게 해야 할까요? 한계를 가진 개념의 사용법을 다르게 가져가는 수밖에 없습니다. 진실을 드러내고 창조하는 방식 가운데 '시詩'가 있습니다. 시는 드러나지 않은 진실을 드러나게 해주는 것이지, 허위와 환상을 강요하는 것이 아닙니다. 일반적으로 사람들은 개념을 사용하는 데에 급급하지만, 시인들은 개념을 지배하고 조정하고 재배치하는 능력을 발휘합니다. 써야 할 개념을 안 써버린다든지, 안 써도 되는 개념을 쓴다든지, 이 개념을 저 개념으로 대체한다거나, 아니면 일반적인 개념 사용 습관을 거꾸로 뒤집는다거나, 개념과 개념 사이의 거리를 늘리거나 좁히는 등의 다양한 방식들을 통해서 개념을 조정하는 것이죠. 이렇게 하면 개념과 개념 사이에 소리가 심어지고, 일반적인 사용법으로는 형성되지 않는 탄성을 창조해서 진실이 툭 하고 드러나게 됩니다. 진실에 접촉하는 새로운 길을 열어주거나 새로운 진실을 드러나게도 하죠.

이런 역할을 하는 또 하나의 장치가 바로 '이야기'입니다. 물론 영향력의 원천인 '감동'이라는 점에서는 시가 이야기보다 더 지적이고 강력하지만요.

개념들로만 치밀하게 짜놓은 것, 개념들의 치밀한 구성으로 무엇인가를 주장하려고 하는 태도를 논증 혹은 논변이라고 합니다. 그럼 감동을 생산하는 면에서 보면, 논증과 이야기 가운데 어느 것이 셀까요? 이야기가 훨씬 셉니다. 그래서 논증이나 논변에 빠진 사람보다는 이야기할 수 있는 사람이 더 세죠. 그래서 사람이 수가 높아지면, 세세하게 따지지 않고 서로 나눌 수 있는 이야기를 편하게 펼쳐 보이는 것입니다. 여기서 세다는 말은 영향력과 통제력이 더 세다는 뜻입니다.

논변(논증)과 이야기, 그리고 시에는 개념이 들어갑니다. 개념을 벗어나서 개념을 이리저리 다루는 것이 아니라, 아예 개념이 없는 혹은 개념이 태어나기 이전의 신호로 돌아가 인간에게 진실을 보여주려고 하는 시도가 있습니다. 바로 음악이지요. 음악은 문자가 아니라 소리를 어루만진 결과입니다. 문자는 인간적인 차원의 것입니다. 소리는 신神적인 차원의 것이죠. 소리는 문화적 활동 이전부터 존재하던 것이지만, 문자는 문화적 활동으로 만들어진 것이기 때문입니다. 당연히 소리의 세계에서 쾌락을 얻을 수 있는 능력은 문자의 세계에서 쾌락을 얻는 그것보다 높은 수준의 영혼을 가져야 가능합니다.

소리는 신의 것이고, 문자는 인간의 것이라 했죠? 신으로부터 이탈한 인간이 문자를 만들어 사용하지만, 어떤 사람들은 영혼을 아직 인간 세상까지 다 끌고 내려오지 못해 매일매일을 신의 세계를 향한 간절한 그리움으로 채우는데, 그런 사람들이 결국은 시인으로 살죠. 인간 세상에 적응하지 못하고, 매일매일 인간 세상에서 사는 것을 힘들어하면서 말이죠. 그래서 그들은 겨우 드문드문 몇 개의 문자를 배치하면서 그 틈새에 남몰래 고향의 기억이자 신의 기억이 담긴 소리를 박아 두는 것입니다. 시로는 소리(운율)를 경험할 수 있지만, 이야기나 논증에는 개념만 있어서 소리를 경험할 수 없습니다. 영혼의 높이는 논증에서 이야기로, 이야기에서 시로, 시에서 음악으로 상승합니다. 원래 신전에는 문자가 없고 음악만 있었습니다.

문자를 매개로 자신을 만나는 사람보다 소리를 매개로 자신을 만날 수 있는 사람은 자신에게 들어있는 신성을 경험하기가 쉽습니다. 자신에게 있는 신성이 바로 자기 자신입니다. 문자의 구성물들로부터 쉽게 좌우되지 않는 자신만의 고유한 바탕이죠. 당연히 음악에서 쾌락을 얻고 감동받을 줄 아는 사람은 자신의 고유함을 더 쉽게 만납니다. 그럼 소설가가 자신이 쓴 소설을 닮을 가능성이 더 클까요, 시인이 자신이 쓴 시를 닮을 가능성이 더 클까요? 신의 세계에 있던 소리를 포기하지 못하는 시인이 자기가 쓴 시를 닮을 가능성이 더 큽니다. 소설을 읽고 나서 그 소설을 쓴 소설가를 만나보면, 소설가와 소설 사이의 거리가 크게 느껴질 때도 있습니다. 그러나 시를 읽고 나서 그 시를 쓴 시인을 만나보면 시인은 꼭 자기 시같이 생겼습니다. 왜 그럴까요? 소설은 쓰는 거지만, 시는 토해지는 것이기 때문입니다. 당연히 자기가 진실하게 드러날 가능성은 소설보다 시에 더 있습니다.

우리가 '이야기'를 하는 이유는 가장 치밀하게 조직된 개념의 한계를 넘어서기 위해서입니다. 개념을 이겨낼 것을 포기하고 그냥 개념의 세계에 빠져서 개념들을 정해진 기준에 따라 어떻게 더 치밀하게 다룰 것인지에만 집중하는 것이 논변이나 논문입니다. 이야기는 개념과 논증이 가진 한계를 극복하고 세계의 진실을 다른 방식으로 드러나게 하여 생존의 질과 양을 증가시킬 수 있는 수단이거나 중요한 통로인 것이죠. '거짓말의 함의에 관한 도덕적 고찰'이라는 제목의 논문이 있다고 합시다. 또 거짓말을 못 하게 하려고 "거짓말하지 말라!"고 말하기도 합니다. 한번 솔직하게 얘기해봅시다. 이런 논문을 읽거나 "거짓말하지 말라!"는 말을 듣고 거짓말을 바로 안 하게 될까요? 거짓말하지 말라는 명령이나 거짓말을 자세히 연구해서 도덕적 의미를 밝혀낸 논문으로는 거짓말하지 않게 하기가 쉽지 않습니다.

그런데 《피노키오》를 한번 읽게 하면 어떨까요? 거짓말할 때마다 코가 자라난다는 이야기를 읽고는 거짓말하지 않을 가능성이 훨씬 더 커질 것입니다. 제 첫째 아들이 서너 살 때쯤의 일입니다. 어느 날 아들이 자기 전에 울고 있었습니다. 왜 우는지 물었더니 "내일 아침에 또 먹어야 하잖아"라고 하는 겁니다. 내일 아침에 일어나 밥 먹을 일이 걱정돼서 울었던 것입니다. 그런데 이런 아들한테 제가 '밥 먹어라'나 '밥을 먹어야 튼튼해지고, 튼튼해져야 생존의 질과 양이 증가한다'고 아무리 말해봐야 밥을 먹게 하기는 어려울 것입니다. 게다가 '밥의 존재론적 고찰'이라는 논문을 아무리 써서 발표하고 또 읽힌다고 해서 밥을 먹게 하기는 어려울 것입니다. 아들에게 밥을 먹이는 방법이 없는 것은 아니었습니다.

애를 앉혀놓고 이야기를 했습니다. 밥이 담긴 숟가락을 들고 거기에 고기를 조금 썰어 올려놓고 얘기를 한 것입니다. 밥은 독수리고, 고기는 독수리 머리입니다. 멀리 놀러 갔던 독수리가 아빠가 보고 싶어서

서둘러 집에 돌아오는 내용이었습니다. 나는 밥숟가락을 들고 독수리가 날아서 집으로 오는 시늉을 했습니다. 그리고 "쉬잉! 쉬잉!" 소리를 내면서 입에다 갖다 댑니다. 그리고 "독수리다" 소리를 지르면 제 아들이 숟가락에 담긴 밥을 독수리처럼 채 먹고는 했습니다. 아침에 먹을 일이 걱정돼서 저녁에 우는 애한테 '밥 먹어라, 밥 안 먹으면 머리털이 다 빠진다, 밥 안 먹으면 너는 바보가 될 거야'라고 아무리 말해도 밥을 안 먹었을 것입니다. 그런데 독수리 이야기를 해주면 정신이 혼몽해져서 자기도 모르게 받아먹지요. 이야기하면서 먹이면 거의 한 공기를 다 먹일 수 있었습니다.

이야기가 가진 힘

그럼 이야기는 왜 논증보다 더 강한 설득력을 발휘할까요? 논문 심사를 '디펜스defense'라고도 합니다. 변론이나 변호도 '디펜스'라고 하죠. 여기에는 공격과 방어가 작동합니다. 한쪽이 공격하면, 다른 한쪽은 방어하죠. 공격과 방어는 승부를 다루는 일입니다. 이기는 자와 지는 자가 발생하죠. 지지 않고 이기기 위해서는 공격하는 쪽이나 방어하는 쪽이나 모두 조금이라도 더 빈틈없이 치밀하고 배타적이어야 합니다. 빈틈없이 치밀하면 할수록 더욱 배타적이 되고, 배타성이 강하면 강할수록 상대에게 지지 않을 수 있죠.

이야기는 좀 다릅니다. 이야기는 그렇게 치밀하지 않습니다. 빈틈이 많습니다. 치밀하지 않게 허용된 빈틈들은 상대가 찾아들 수 있는 공간이 됩니다. 이야기에 허용된 빈틈은 환대의 공간이자, 겸손의 공간이자, 허용의 공간입니다. 상대방은 배타적 공격이나 방어와는 전혀 다른 방식으로 그 빈 공간에 초대되어 거기서 대접을 받습니다. 이야기하는 자와 이야기를 듣는 자는 서로 밀어내지 않고 이 빈틈에서 만나 교류합니다. 환대하고 환대를 받는 교류 속에서 공감이 발생합니다. 이 공감은 감동으로 증폭되고, 증폭된 감동은 서로를 움직이게 할 수 있죠. 그래서 이야기가 논증이나 논변보다 더 강한 설득력을 발휘하게 되는 것입니다.

아무리 치밀하고 빈틈없는 논문이라도 제 아들에게 밥을 먹게 할 수는 없습니다. 그러나 짧고 유치하기까지 한 이야기를 가지고는 제 아들에게 밥을 먹일 수 있었습니다. 정치도 삶도 논증보다 이야기로 채우면 훨씬 더 효과가 클 것입니다. 자기 자신을 대할 때도, 논증하는 방식보다는 이야기하는 방식으로 대하면 훨씬 더 큰 변화를 일으킬 수 있을 것입니다.

앞에서 장자가 부인의 주검을 앞에 두고 질그릇 두드리며 노래 부른 이야기 했지요? 이 모습을 본 혜자(혜시)가 말하죠. "아내의 죽음 앞에서 곡도 하지 않으니 무정하다 할 수 있겠는데, 거기다가 주검 앞에서 질그릇을 두드리면서 노래를 하다니, 이건 너무 심하지 않은가!" 그러자 장자가 우주의 원리를 잘 알고 보니 아내의 죽음도 우주가 움직이는 한 모습일 뿐이라서 울지 않았다고 말하죠.

논증에 빠진 보통 사람들은 이제 갈라져서 말들을 시작합니다. 부인이 죽었을 때 우는 것이 바른 태도냐, 노래를 부르는 것이 바른 태도냐.

두 태도 가운데 어느 쪽을 취해야 더 정의로운지를 놓고 다투다 결국에는 죽어라 싸우게 됩니다. 우는 것을 바른 태도라고 믿는 사람은 노래 부르는 것이 바른 태도라고 믿는 사람을 사람으로 보지도 않을 것입니다. 그 반대도 마찬가지고요. 지금 대한민국의 정치가 이렇지요. 논증하는 태도로 하는 정치와 이야기하는 태도로 하는 정치는 이렇게 다릅니다. 여러분 가슴속에는 어떤 믿음이 있는지요? 그 믿음이 이야기의 날개를 달고 훨훨 날지 않고 논증에 빠진 채 멈춰 있는 한 삶이 나아지기는 쉽지 않습니다.

아내의 주검을 앞에 두고 질그릇을 두드리면서 노래를 부르는 일은 매우 생소합니다. 보통 사람들은 주검 앞에서 모두 울죠. 그러면서 어떻게 우는 것이 옳은지, 언제 우는 것이 옳은지, 크게 울어야 하는지, 작게 울어야 하는지 등을 정하고, 그것을 기준으로 해서 예의가 있는지 없는지를 따지며 싸우고 칭찬해가며 사는 것이죠.

그런데 장자는 전혀 다른 방식을 취했습니다. 노래를 부른 것입니다. 장자는 어찌하다가 노래를 부르게 되었을까요? '찰기시察其始'한 것입니다. 우주의 근원을 본 것이지요. 근원이나 근본을 본 사람들과 그렇지 않은 사람들 사이에는 큰 차이가 납니다. 근본이나 근원에 가까이 가는 노력을 하지 않은 사람들은 언제나 현상적이고 기능적인 것을 붙들고 늘어집니다. 근원을 접촉하려 애쓰는 사람이라면, 자신만의 삶을 누리는 일에 두려움이 없습니다. '자쾌'합니다. 독립적이고, 주체적이며, 자유롭고, 창의적입니다.

근원을 접촉하는 일보다는 현상적으로 정해져 있는 기능적인 삶에 빠진 사람들은 우느냐 마느냐, 이렇게 우느냐 저렇게 우느냐 등과 같은 현상적인 구분과 논증을 벗어나지 못합니다. 결국, 삶은 종속의 늪을 빠져나오지 못합니다. 우리는 이런 문제를 이해하기 매우 쉬운 환경을 가지고 있습니다. 바로 정치판입니다. 우리나라에서는 종속의 늪을 빠져나오지 못하는 대표적인 사람들이 국회의원입니다. 근원을 향하는 태도보다는 기능에 갇힌 태도를 견지하고 있습니다. 기능은 자기 당선이고, 근원은 국가 발전 혹은 국가 이익입니다. 근원을 보지 않으면 기능을 벗어날 수 없습니다. 그런데 학습과 수양을 하지 않으면, 자신의 기능적인 믿음을 진리로 믿게 됩니다. 이것을 소위 '완장'이라고 하지요. 완장들의 싸움판이 현재의 대한민국 정치판입니다.

이야기하는 심성을 가지지 못하고, 논증에만 빠지면 자신을 쉽게 상실합니다. 자신을 지킨다는 말은 자신을 궁금해하고, 자신을 어루만지며, 자신을 설명할 수 있다는 뜻입니다. 자신을 이야기할 수 있다는 뜻이죠. 자신마저도 논증하는 방식으로 대하는 사람은 밖에 돌아다니는 기준과 가치를 가지고 자신을 판단하지요. 밖에 있는 가치와 기준에 자신을 맞추려고 합니다. 이렇게 되면, 자기 안에서 자기가 자기의 주인이 되지 못하고 개념이 주인 노릇을 합니다.

뉴턴의 만유인력만 봐도 그렇습니다. 뉴턴의 만유인력 이론은 어떻게 나왔을까요? 뉴턴은 물건이 어떤 자리에 한번 두면 '왜 항상 그 자리에 있을까, 다른 데 있지 않고 왜 거기에 있을까' 하는 것에 강한 궁금증을 가지고 있었습니다. 어느 날 사과나무 밑을 지나는데 사과가 뚝 떨어졌습니다. 그런데 사과가 사선으로 떨어지지 않고 직선으로 떨어졌습니다. 가장 짧은 거리로 떨어진 것이지요. 그걸 보고 무언가가 끌어당긴다는 것을 알아챘습니다. 그래야만 가장 짧은 거리로 떨어지니까요. 무엇인가가 끌어당기는 힘이 작용한다는 이 이론은 논변이나 논증으로 태어나지 않았습니다. 호기심으로 태어났습니다.

그런데 궁금증이나 호기심은 누구하고도 공유되지 않습니다. 오직 자신에게만 있습니다. 이렇게 본다면, 자기에게만 있는 궁금증과 호기심 때문에 뉴턴의 만유인력이 나왔다고 말할 수 있습니다. 이론의 수입자들은 논변이나 논증만 보지만, 이론의 생산자들은 이 궁금증과 호기심을 직접 발휘할 줄 압니다.

궁금증이 집요하게 작용하는 활동은 절대 착실한 논변이 아닙니다. 구멍이 숭숭 뚫린 이야기입니다. '왜 물건은 어디론가 가버리지 않고 한 자리에 오랫동안 있을까'라는 궁금증에서 사과가 떨어지는 것을 보고, 또 거기서 만유인력의 발견까지 가는 그 과정은 절대 개념이 작용하는 착실한 논변의 과정이 아닙니다.

뉴턴의 만유인력은 논증이 아니라 이야기를 통해 생산됐습니다. 논증은 모든 사람이 공유하는 개념의 활동입니다. 이야기는 개념을 지키는 일이 아닙니다. 오히려 개념에 구멍을 내고 허점을 만드는 일입니다. 이야기에는 궁금증과 호기심이 작용합니다. 상대를 환대하려고 준비해놓은 빈틈과 구멍들은 상대방의 궁금증을 유발합니다. 궁금증이 없다면, 아무리 구멍과 빈틈을 잘 마련해 두어도 찾아들지 않습니다. 궁금증과 호기심은 자신에게만 있습니다. 자신에게만 있는 것이 작동할 때, 인간은 비로소 자기 자신이 됩니다. 그래서 이야기에는 자기 자신이 존재하게 되는 것입니다. 이야기가 풀어질 때는 이야기 하는 사람도 자기 자신, 듣는 사람도 자기 자신입니다.

미완의 미학

과학 이론의 생산자들은 사실상 이야기꾼입니다. 과학 이론의 수입자들은 논변가나 논증가죠. 이야기와 논증은 이렇게 과학자들의 격을 갈라놓습니다. 과학이라는 영역에서 가장 중요한 것은 무엇일까요? '가설假說'을 세우는 용기입니다. 과학은 가설로 시작하지, 논증으로 시작하지 않습니다. 가설이 주인이고 논증이 종업원입니다. 가설은 말 그대로 임시로 해놓은 '이야기'입니다. 심지어는 증명되지 않은 '가짜 이야기'일 수도 있습니다. 과학의 승패는 '가짜 이야기'를 하는 무모함이나 용기의 유무에 있지, 치밀한 논증 실력에 있지 않습니다. 과학만 그런 게 아니라, 문명의 모든 영역이 다 그렇습니다. 생산자의 입장에 서려는 자는 이야기하는 자이고, 수입자의 입장에 서도 아무렇지 않은 사람은 논증이나 논변에만 빠져 살 것입니다.

자이가르닉 효과를 들어보셨을 것입니다. 자이가르닉은 레스토랑에 앉아서 식사하면서 웨이터들이 주문받은 것을 헷갈리지 않고 어떻게 저렇게 잘 가져오는지 궁금했다고 합니다. 그래서 연구를 해보니까 사람들은 완결되지 않은 것을 더 궁금해하더랍니다. 밥을 다 먹고 나서 퇴근하는 웨이터에게 나에게 서빙한 음식을 기억하냐고 물어보면 자세히 기억하는 웨이터가 없었다는 것입니다. 그러니까 주문을 받은 후 그 음식을 손님에게 가져다주기 전까지는 그것을 계속 기억하고 있는데, 그 일이 완결되고 나면 잊어버린다는 것이지요. 더이상 궁금증을 발휘할 필요가 없어진 겁니다. 재미있는 실험이지요? 이것을 자이가르닉 효과라고 한답니다.

사람은 완결되지 않은 것에 더 심한 궁금증을 갖습니다. 마무리되지 않은 것을 더 궁금해한다는 뜻입니다. 그래서 그런지 연속극을 보다 보면 꼭 끝나면 안 될 곳에서 끝나지요? 이야기가 종결되지 않은 상태에서 끝납니다. 그렇게 궁금증을 유발하는 장치를 마련해 놓으면 시청자들을 묶어놓을 수 있습니다. 다음 회를 기다리게 만드는 것입니다.

논문, 논변, 논증은 작은 것이든 큰 것이든 완결되어야 합니다. 그런데 이야기는 끝이 흐리멍덩해도 됩니다. 또 대개는 논문처럼 결론을 직접 노출하는 법이 별로 없습니다. 《노인과 바다》를 떠올려보지요. 오랫동안 고기를 못 잡던 할아버지가 큰 청새치를 잡아서 배에 묶고 오면서 상어들한테 살점을 다 뜯기고 나서 항구에 도착한 후 집에 가서 푹 잤다. 이것이 다입니다. 무언가 완결되지 않은 것 같습니다. 이야기는 완결을 지향하는 것이 아니라 차라리 미완결 상태로 손을 놓는 것입니다. 그러면 독자가 거기에 초대되어 참여하게 됩니다. 이야기의 완결을 독자와 함께 하는 것이죠. 그러면 감동이 배가될 수 있습니다.

어떤 이야기에도 디펜스라는 장치는 없습니다. 독자들의 공격으로부터 내 이야기, 내 소설을 방어하려는 마음이 일어날 필요도 없습니다. 이야기는 우리를 진실의 세계로 끌고 갑니다. 그렇게 해서 감동을 만들어내 진실한 삶을 살게 해줍니다. 장자가 왜 책 전체를 이야기로 썼을까요? 왜 논증하지 않고, 심지어는 논증에 부정적인 태도를 취했을까요? 그리고 왜 구멍이 듬성듬성한 이야기로 채웠을까요?

관념에 갇히지 않은 사고

〈우언〉편

《장자》의 〈우언〉 편 가운데 첫 문단만 자세히 보겠습니다. 첫 문단을 제대로 이해하면, 〈우언〉 편 전체의 윤곽을 이해하는 데 아무런 문제가 없을 것입니다. 우선 첫 대목을 읽어보겠습니다.

寓言十九, 重言十七. 우언십구 중언십칠
巵言日出, 和以天倪. 치언일출 화이천예

'우언십구'에서 '십구'라는 건 '열에 아홉'이란 말입니다. 이는 "우언은 열에 아홉이고, 중언重言이 열에 일곱이며, 치언巵言은 순간순간 날마다 나타나는데, 우주와 조화를 이룬다"는 뜻입니다. 《장자》 전체가 우언으로 되어 있는데, 우언이 90퍼센트이고, 중언이 또 70퍼센트라니 계산이 안 맞습니다. 이 두 개만 갖고도 160퍼센트가 되어버립니다. 장자가 자세히 설명하지는 않았지만 아마 이런 뜻일 겁니다.

"《장자》는 전체가 우언으로 되어 있는데, 우언이 90퍼센트이고, 우언 가운데 중언이 70퍼센트를 차지하며, 나머지는 순간순간 나타나는 치언으로 되어 있다."

앞의 장에서 말했듯, 우언은 이야기입니다. '중언'의 '중重'에는 두 가지 의미가 있습니다. 하나는 '무겁다'는 뜻, 다른 하나는 '중복하다', '거듭'이라는 뜻입니다. 이 책 안에서는 동시에 두 개를 다 사용해도 괜찮겠습니다. 그럼 중언은 무엇일까요?

여러분이 가끔 제 이야기를 주의 깊게 듣지 않을 때도 있습니다. 서운합니다만, 이때는 여러분이 주의를 기울일 수 있는 유명한 철학자의 이름을 끄집어냅니다. 예를 들어 "니체도 이렇게 말했습니다"라고요. 그럼 여러분 눈이 더 커지면서 제 말을 쉽게 믿어주십니다. 저는 니체의 권위에 기대어 제 말에 힘을 실어주려 합니다. 제가 아들들에게 어떤 교훈적인 이야기를 할 때, 아들들이 듣는 척은 하지만 별로 듣고 싶어 하지 않는 것 같습니다. 그러면 제가 "옛날에 공자라는 현인이 있었는데"라고 말하면 조금이나마 더 주의를 기울입니다. 이건 무슨 뜻인가요? 저는 안 믿어도 공자는 믿는다는 것이지요. 그러면 공자가 이미 한 말을 제가 다시 사용하는 것입니다.

중언은 무게감 있는 권위에 기댄다는 의미도 되고, 그 권위에 기대어 그 사람이 한 그 말을 중복해서 다시 사용한다는 말도 됩니다. 그러니까 '중'의 두 가지 의미를 함께 써도 괜찮겠다는 것입니다. 《장자》 안에는 심지어 학술 유파가 다른 공자의 권위를 빌려 하는 말들도 나오고, 요순우탕堯舜禹湯의 이야기도 많이 나오며, 옛날에 죽은 사람들이나 유명한 사람들 이야기도 많습니다. 이것이 바로 중언입니다.

'치언'의 '치卮'는 '술잔'을 뜻합니다. 그때그때 상황에 맞게 하는 말입니다. 불교에서 말하는 '방편方便'과 비슷하죠. 제 큰아들이 어려서 밥을 안 먹었다는 이야기를 앞서 했습니다. 밥에 고기 하나 얹어서 '독수리다, 독수리 잡아라' 하면 얼른 먹었다는 것이지요. 독수리가 아니라 밥이지만 그때 그 상황에서는 그렇게 하는 것이 제일 효율적입니다. 이런 말들을 '치언'이라고 합니다. 네모난 술잔에는 술이 네모난 모양을 갖추게 되지요. 원뿔 모양 술잔에는 술이 원뿔이 되겠지요? 술잔을 세계의 모습 혹은 사태, 상황이라고 생각하고 술을 나라고 생각하면 됩니다. 상황에 맞추어 즉각적으로 사용하는 언어, 그렇게 구사하는 문장, 대화, 화법을 치언이라고 하는 것입니다.

치언은 그때그때 상황에 맞게 튀어나오는 말이라서 이것은 '일출日出', 즉 매일매일 새롭게 나타납니다. 그럼 이미 있는 말이 아니라 새로 생산된 말이 되겠지요. 중언은 이미 있는 말인 반면, 치언은 그때그때 상황에 따라서 새로운 모양으로 출현합니다. 정도를 살피는 능력이 발휘되어, 날마다 상황에 맞게 새로이 나타나는 것이지요. '화이천예和以天倪'에서 '천天'은 하늘 혹은 자연이고, '예倪'는 끝 혹은 가장자리입니다. '천예'는 사태의 진실 혹은 우주의 본래 모습, 우주의 운행 모습입니다. 즉 치언은 날마다 새롭게 나타나는데, 그렇게 등장한 치언이 우주의 진실에 가깝다, 우주의 진실과 조화를 이룬다는 말입니다. 치언의 형식이 세계의 진실에 가깝다는 말이지요? 이 부분은 번역본마다 조금씩 다른데, 저는 이렇게 봅니다.

《장자》를 구성하는 이야기들

寓言十九, 藉外論之. 우언십구 자외론지

"우언은 열에 아홉인데, 그것은 정면으로 직접 하는 말이 아니라, 다른 것에 기대서 하는 말이다."

이야기는 거짓말하지 말라고 정면으로 직접 말하는 것이 아니라, 피노키오를 빌려 와서 말하는 것이죠. 말하고 싶은 것을 정면으로 직접 하는 것이 논증이나 논변이라면, 다른 것을 빌려오거나 다른 것에 기대서 비스듬하게 하는 것이 이야기라는 뜻입니다.

親父不爲其子媒. 친부불위기자매

親父譽之, 不若非其父者也. 친부예지 불약비기부자야

"아버지는 아들을 중매 서지 않는다. 아버지가 아들을 칭찬하는 것은 아버지가 아닌 자보다 못하기 때문이다."

아버지가 자기 자식을 결혼시키려 할 때, 자식을 위해서 직접 중매 서지 않습니다. 중매를 서려면 아무래도 칭찬해야 하는데, 자기가 직접 칭찬하는 것보다 다른 사람이 하는 것이 더 효과적이기 때문입니다. 내가 내 아들을 자랑하는 것보다 다른 사람이 내 아들을 자랑하는 것이 훨씬 더 설득력이 있다는 것이지요. 아버지가 자기 아들을 직접 칭찬하지 않고 제삼자로 하여금 칭찬하게 하는 것은 사태를 정면으로 다루는 게 아니라, 비스듬하게 다루는 것입니다. 이야기는 세계를 비스듬하게 다루는 것으로 비유할 수도 있겠습니다.

우리는 자주 세계의 진실은 원이라고 생각합니다. 완벽함을 기하학적 원으로 비유하는 일은 아주 자주 있습니다. 그런데 원은 기하학의 세계나 관념의 세계에만 있는 것이 아닐까요? 행성이 태양을 중심에 놓고 도는 궤도도 원이 아니라 타원입니다. 행성이 그리는 궤도를 놓고 보면, 우주의 진실은 원이 아니라 타원이 아닐까 하는 생각이 들곤 합니다.

장자가 보는 우주는 '유동적 전체성'입니다. 장자 철학의 핵심 개념 가운데 하나가 '기氣'입니다. 기는 세계가 가만히 있지 않고 운동한다는 것을 말해줍니다. 힘이 개입되어 있으면, 힘이 작동하는 모습을 찾을 수 있는데, 힘이 작동하는 모습에는 사실 비스듬하게 기우는 상태, 불균형한 상태 등등이 반드시 포함되어 있습니다.

자객이 어떤 목표 대상을 기다리고 있습니다. 몸을 숨기고 있다가 목표 대상이 나타나면 자객은 어떻게 하나요? 똑바로 서 있는 자세로 칼을 휘두를까요? 그렇지 않습니다. 일단 몸을 비틀어야 합니다. 자기 균형을 무너뜨려야 합니다. 그래야 힘을 쓸 수 있죠. 움직이는 목표를 적중시키기란 매우 어렵습니다. 안정적으로 똑바로 서 있는 자세로 움직이는 대상을 적중시킬 수 없습니다. 사자나 호랑이가 목표물을 보면 어떻게 합니까? 안정적인 균형을 스스로 무너뜨립니다. 정면으로 보지 않고 비스듬하게 봅니다. 이것이 세계의 진실입니다. 세계에는 힘이 개입되어 있기 때문입니다.

그러니까 세계의 진실한 모습도 기하학적으로 존재하는 건 없습니다. 운동하는 것은 전부 비스듬한 동작을 내재한 채로 존재합니다. 비스듬하게 존재한다는 건 불안정하다는 것이지요. 불안정해야 운동이 일어납니다. 그러니까 설명하는 것도 정면으로 놓고 설명하는 것보다 비스듬하게 설명하는 것이 훨씬 설득력 있습니다. 내 아들을 내가 자랑하는 것보다 제삼자를 개입시켜서 비스듬하게 설명해야 효과가 크듯이, 우언은 다른 것을 개입시켜서 설명하는 방식입니다. 이어서 왜 우언을 쓰는지 설명합니다.

非吾罪也, 人之罪也. 비오죄야 인지죄야

與己同則應, 不與己同則反. 여기동즉응 불여기동즉반

同於己爲是之, 異於己爲非之. 동어기위시지 이어기위비지

"내 죄가 아니다. 사람들의 죄다. 사람들은 입장이 같으면 긍정적으로 반응하고, 입장이 서로 다르면 반대한다. 생각이 같으면 옳다 하고, 생각이 다르면 틀렸다고 한다."

사람들은 옳은 소리를 듣고 싶어 하지 않습니다. 대개는 듣고 싶어 하는 말만 들으려 하죠. 옳은 소리라 하더라도, 자신이 가지고 있는 생각과 같을 때만 긍정적으로 동조하거나 옳다고 해줍니다. 아무리 옳다 하더라도 자기 생각과 다르면, 믿으려 하지도 않고 틀렸다며 배척하지요. 지적으로 성숙하지 못한 사람들에게는 이런 현상이 더 심합니다. 자기 맘에 들지 않는데도 옳은 것을 옳다고 해줄 수 있는 사람은 이미

지적으로 상당히 훈련되어 있을 것입니다. 이 일이 얼마나 어려우면 〈제물론齊物論〉 편에서 장자가 '자기 살해[吾喪我]'를 말했겠습니까? 자기를 살해할 정도의 수련을 거쳐야만 가능하다는 것입니다.

소위 반성, 각성이 이런 일을 가능하게 해주는 수련의 일종입니다. '무아', '무념무상' 등도 다 이것과 관련됩니다. 사람들이 감정적으로 견고한 장벽에 갇혀 있다는 것을 장자는 알았습니다. 그래서 어떻게든 이 장벽을 뚫고 들어가야 하는데, 이 장벽을 뚫고 들어가 틈새를 벌려주는 일로 이야기의 방식을 사용하는 것입니다. 그러니까 우언을 사용하는 것은 '내 죄가 아니라 듣는 사람의 죄다', '듣는 사람들이 대부분 자기 생각에 갇혀 있다'는 것이지요. 이제 중언을 봅시다.

重言十七, 所以已言也. 중언십칠, 소이이언야

'중언십칠'은 '중언은 열에 일곱이다', 즉 70퍼센트라는 뜻이죠. '소이이언야'에 대해서는 많은 번역본이 '말을 그치게 하기 위한 것'이라고 해석하는데, 저는 좀 다르게 봅니다. 저는 '이미 한 말인 것'이라고 해석합니다. 중언은 기본적으로 이미 한 말들을 이야기의 근거로 씁니다. 말을 그치게 한다는 것도 말은 되지요. 왜냐하면 내가 하는 말은 안 믿더라도 공자나 안회 등 이미 권위를 가진 사람이 한 말이라고 하면서 내 말을 하면 쉽게 믿고 말을 그치게 할 수 있기 때문이지요. 하지만 저는 권위를 갖춘 누군가가 이미 해놓은 말을 사용한다는 중언의 의미에 중점을 둬서 '이미 해놓은 말을 가지고 하는 것이다'라고 해석합니다.

是爲耆艾, 年先矣, 시위기애 년선의

而無經緯本末以期年耆者, 是非先也. 이무경위본말이기년기자 시비선야

 '이미 한 말'이나 '이미 해놓은 말'은 누구의 것이겠습니까? 아이의 것이겠습니까, 어른의 것이겠습니까? 어른의 것이지요. 어른들이 한 말은 대개 옳다고 합니다. 지금은 그렇지 않아도 옛날에는 그랬습니다. 옛날에는 노인들의 말은 일단 옳은 것으로 받아들여졌죠. 그런데 '년선의年先矣', 즉 '나이가 앞서면서도', '무경위본말無經緯本末', 즉 말이나 태도에 '질서가 없고 앞뒤가 안 맞으면서' 나이가 많은 것 가지고 대접을 받으려고 한다면, '시비선야是非先也', 즉 '앞선 사람이라고 할 수 없다', '어른이라고 할 수가 없다'는 말입니다. 장자는 어른이라면 나이만 앞세우지 말라는 것이지요. 진짜 어른 대접을 받으려면 나이만 가지고는 안 된다는 말입니다. 그럼 뭘 가지고 해야 할까요?

人而無以先人, 無人道也. 인이무이선인 무인도야

 "어른이면서 어떤 것도 다른 사람보다 앞서는 것이 없다면, 사람의 도를 잃은 것이다."
 다른 사람들보다 앞서야 하는 것 중에서 장자가 중요하게 본 것이 '덕德'입니다. 가끔 보면 어른이 나이만 믿고 함부로 하는 경우가 너무 많습니다. 어른 대접을 받을 수 있는 가장 좋은 방법은 모범을 보이는 것입니다. 더 나아야 합니다. 모범을 보이더라도, 말로만 하면 꼰대가

되니까 행동으로 보여야 합니다. 가령 어른이니까, 나이가 들었으니까 기차나 지하철에서 큰 소리로 전화를 받아도 괜찮다고 생각하는 사람이 많습니다. 어른들이 지하철에서 큰 소리로 전화 받는 일을 안 하는 것으로, 큰 소리로 전화를 받는 젊은 사람들한테 모범을 보여야 합니다. 다른 사람들보다 더 나은 점이 없으면 어른일 수가 없습니다.

장자는 어른이 어른으로서 대접을 받으려면 젊은 사람들보다 나은 점이 있어야 한다고 봤습니다. 그 대표적인 게 젊은 사람들보다 공공 질서를 더 잘 지키는 것입니다. 젊은 사람들보다 독서를 더 하는 것입니다. 젊은 사람들보다 더 신용을 지키는 것입니다. 젊은 사람들보다 더 예의를 지키는 것이지요. 행동거지에서 젊은 사람들보다 더 나아야 합니다. 더 단정하고 더 의연해야 합니다. 왜냐면 더 많이 반성하고 더 많이 경험하고 더 많이 살았으니까요.

말로만 하지 않고 삶으로, 행동으로 모범을 보이려면 모범을 보일 수 있게 하는 활동력, 즉 내면의 힘을 가지고 있어야 합니다. 장자는 이 것을 '덕'이라고 합니다. 덕이 갖춰져 있지 않으면, 더 나은 모습을 행동으로 보이기가 매우 어렵습니다. 이 구절을 이렇게 번역하면 더 이해하고 쉬울지도 모르겠습니다. "어른이면서 다른 사람들보다 더 나은 덕을 갖추고 있지 않으면, 사람으로서 갖춰야 할 도를 갖추지 못한 것이다."

人而無人道, 是之謂陳人. 인이무인도 시지위진인

"사람이면서 사람이 갖춰야 할 도를 갖추고 있지 않으면, 이런 사람을 진부한 사람이라고 한다."

이는 사람의 도를 갖추지 못한 사람은 낡은 사람, 사소한 사람, 별것 아닌 사람이라는 말입니다.

巵言日出, 和以天倪, 치언일출 화이천예
因以曼衍, 所以窮年. 인이만연 소이궁년
不言則齊. 불언즉제
齊與言不齊, 言與齊不齊也, 제여언부제 언여제부제야
故曰言無言. 고왈언무언

"치언은 술잔에 담기는 술같이 그때그때 상황에 맞게 날마다 생겨나는데, 그것은 자연의 운행 원리에 잘 맞고, 자연의 운행 원리에 따라 끝없이 변화하므로, 우주의 원리와 어그러짐이 없으니 천수를 다 누리게 된다. 특정한 의미로 고정한 말을 하지 않으면 세계의 변화에 가지런히 맞출 수 있다. 세계의 변화와 가지런히 잘 맞는 일과 특정한 의미로 고정해서 말하는 태도는 잘 맞지 않는다. 특정한 의미로 고정하여 말하는 것과 세계의 변화에 가지런히 잘 맞추는 일은 잘 맞지 않는다. 그러므로 특정한 의미로 고정되지 않는 말을 하는 것이다."

치언은 날마다, 때에 따라 그때그때 상황에 맞게 등장합니다. 그래서 우주의 본래 모습, 사태의 진실과 잘 맞습니다. '인이만연因以曼衍', 즉 사태가 이리 풀리고 저리 풀리고, 이리 가고 저리 가고 하는 것에 잘 맞춰갑니다. 술잔이 네모 술잔이면 자기도 네모 모양을 하고, 술잔이 원뿔 모양이면 자기도 원뿔 모양이 되고, 세상이 펼쳐지는 대로 거기에 자기를 맡깁니다. 이렇게 하면, 세상과 어그러짐이 없으니 우선 몸과 마음에 걸림이 없을 것이고, 걸림이 없으면 천수를 다 누릴 수밖에 없죠.

갑자기 천수라는 말이 나옵니다. 절대 자유를 추구하는 장자는 목숨도 아랑곳하지 않고 그 자유를 추구할 것 같은데, 갑자기 천수를 누리는 것으로 결론을 맺는 모습은 우리가 보통 가지고 있는 장자의 이미지와는 좀 달라 보입니다. 하지만 장자 철학에서 천수를 누리는 것은 가장 높은 경지로 제기되는데, 이는 〈양생주養生主〉 편에서 본격적으로 다뤄집니다.

'불언즉제不言則齊', 즉 '불언'하면 세상의 흐름과 가지런히 잘 맞게 된다는 것입니다. '불언'은 노자《도덕경》제1장에도 나옵니다. 거기서는 '불언지교不言之敎'로 나오지요. 여기서 '불언'은 '특정한 의미로 정해서 하는 말을 하지 않는다'는 뜻입니다. 특정한 의미를 담아 정해서 말하지 않으면, 세상이 변하는 것과 어깃장을 내지 않고 조화를 이룰 수 있지요. 이것이 소위 '치언'인 것입니다. 세상의 흐름과 조화를 이루는 일과 딱 정해서 하는 말은 일치하기가 어렵다는 것이지요.

딱 정해서 말하지 않는 것을 '무언無言'이라고 합니다. 여기서 '언言'은 특정한 의미를 담아서 하는 말입니다. 이는 세계를 봐야 하는 대로 보거나 보고 싶은 대로 보는 것과 관계되지요. 즉 소유적 태도입니다. 모든 개념적 활동이나 언어적 활동이 소유적이라는 것은 앞에서 이미 많이 설명했습니다. 그래서 '불언'이나 '무언'은 보고 싶은 대로 보거나 봐야 하는 대로 보는 의지를 최대한 약화하여, 세계를 보이는 대로 보겠다는 말과 같습니다. 소유적 태도가 아니라 존재적 태도이지요. 세계와 가지런히 잘 맞춘다는 말은 사실 보이는 대로 보고, 보이는 대로 거기에 따라 행동을 취한다는 것이겠지요. 여기에 어떤 어긋장이 나고 갈등이 생기겠습니까?

관념이 아니라 문제 자체를 보라

어떤 분의 페이스북에서 읽은 문구입니다. "인문학의 적은 자본주의다." 좀 날 선 지식인이라면 이런 문장을 아주 당연한 것으로 받아들이더군요. 굉장히 멋진 선언처럼 들리지요? 하지만 인문학의 적은 없습니다. 물리학에 적이 있을 수 있나요? 철학에 적이 있나요? 없습니다. 학문에는 대상만 있지 적은 없습니다. 이 말이 워낙 그럴듯하게 유통되고 있으니 일단은 '인문적으로 살지 못하게 하는 것이 자본주의다'라는 뜻으로 한 말일 것이라고 이해를 해봅시다.

인문적인 삶과 자본주의 사이의 거리는 인문학과 돼지의 관계가 만든 거리보다도 훨씬 멉니다. '인문적'이라고 하는 것은 인문학의 높이에서 발휘되는 시선이나 인문학의 높이로 행사되는 태도를 취한다는 뜻입니다. 자본주의를 받아들이면 비인문적이고 자본주의를 부정하면 인문적인 것이 아니라, '자본주의를 인문적인 높이의 시선이나 태도로 대하느냐 대하지 않느냐'가 인문적인지 아닌지를 결정할 뿐입니다. 자본주의를 어떤 높이의 시선으로 대하는지가 인문적인지 아닌지를 결정하지, 자본주의에 대한 부정 자체가 인문적인 것은 아니라는 뜻입니다.

우리가 어떤 '주의'를 받아들이면, 그 주의의 개념이나 정의에서 삶이 한 발짝도 벗어날 수 없습니다. 물론 생각하는 능력이나 각성하는 능력이 배양되어 있지 않은 사람들에게 더욱 그러합니다. 대화할 때나 정치할 때 자본주의니, 민주주의니, 사회주의니 하는 '주의'를 먼저 상정한 상태에서 말하는 사람을 믿지 마십시오. 할 말이 없는 사람들입니다. 자기 스스로 자기 삶을 관찰하고 방향을 정해본 경험이 없는 사람들입니다. 자기가 자신의 주인으로 '자쾌'해본 경험도 없고 그것을 추구해본 적도 없으면, 할 말이 없게 됩니다. 그래서 누군가가 이미 한 말을 수호하고 추종하는 것 이상이 없죠. '이미 한 말'이 '주의'입니다.

주의는 어떤 특정한 유형의 가치와 그 작동 시스템을 개념화해 놓은 것이지, 그것이 삶 자체이거나 우주의 진실인 것은 아닙니다. 삶에 봉사하도록 고안된 것이 주의입니다. 더 나은 삶을 위해 주의가 필요한 것이지, 주의를 위해 삶이 필요한 것은 아니죠. 각성 능력이 없는 사람들은 바로 주의로 자기 삶을 규정하고, 주의를 위해서 사는 삶을 진실한 삶으로 착각합니다.

문제는 주의에 대한 착각의 결과는 가끔 매우 참혹한 결과를 가져온다는 것이죠. 자기는 결국 주의를 수행하는 대리인으로 전락해버리고 진정한 삶을 구가하는 기회를 잃어버립니다. 이것이 어떤 주의를 부정하는 것에만 국한되는 일은 아닙니다. 긍정하는 것에서도 부정적인 결과는 똑같이 나타납니다.

인문학의 적이 자본주의라면, 인문학의 친구는 공산주의나 사회주의일까요? 우리가 이미 정해진 개념을 가지고 말하기 시작하면 할 얘기가 하나도 없어집니다. 어떤 사태와 사람을 하나의 주의로 규정하려고 들면, 어떤 것도 '다음'을 설명할 수가 없게 됩니다. 인식의 확장이 불가능해지죠. 주의 자체를 인문적인 높이에서 어루만지는 것이 인문적이지, 어떤 하나의 주의에 대하여 찬반의 태도를 굳히는 것은 인문적이지 않습니다. 인문적인 태도는 주의뿐 아니라 이 세계의 모든 일이나 존재에 대하여 인문적인 높이로 다루는 것일 뿐입니다.

자본주의여야 한다고 정해놓고 세상을 보면 세상의 흐름에 맞출 수가 없습니다. 사회주의여야만 한다고 정해놓고 세계를 보는 한 세계의 변화에 맞출 수가 없습니다. 여러분이 사고하거나 대화할 때는 민주주의니, 자본주의니, 사회주의니, 공산주의니 하는 등의 개념을 다 빼고, 우리 앞에 등장하는 문제를 놓고 대화해야 합니다. 자본주의, 민주주의, 사회주의 같은 말을 상정해놓고 대화하는 한, 그것들이 생겨날 때의 시점에 갇히거나, 그것들에 대하여 가지고 있는 서로의 관념에 갇히게 되고, 그 갇힌 관념에 상대방이 맞는지 안 맞는지만 따지게 됩니다.

이런 의미에서 우리는 대화할 때 관념화된 용어에 기대지 않고 말해보려고 노력해야 합니다. 되도록 무슨 '주의'가 들어가는 말 빼고, 진보니, 보수니, 좌파니, 우파니 하는 등등의 개념들을 사용하지 않고 대화해보십시오. 자신이 발견한 문제를 중심에 놓고 대화해보십시오. 훨씬 대화가 잘 되고 생산적일 것입니다. 덜 싸울 것입니다. 정해진 관념이나 개념을 사용하지 않고 포착된 문제를 중심으로 대화한다는 것은 자신이 그 대화에 전면적으로 열려 있으면서 그 대화를 자기 자신이 전적으로 책임진다는 뜻입니다. 대화나 사유의 주인이 되는 것이죠. 그러나 어떠한 주의나 정해진 관념들을 상정해놓고 거기에 맞춰서 하는 대화는 말만 대화지 사실은 자신이 믿는 것을 강요하거나, 그런 주의나 관념들을 최초로 생산한 자들을 위한 종속적인 대리인으로만 존재하는 꼴이 되는 것이죠.

뉴턴을 놓고는 대표적으로 두 가지를 공부합니다. 만유인력과 중력. 그런데 뉴턴으로부터 만유인력과 중력만을 공부하는 한 자신의 내면에 확고하게 정해진 자본주의, 정해진 민주주의를 지탱하려는 것과 별로 차이가 없는 태도입니다. 뉴턴을 공부한다는 것은 뉴턴이 생산해낸 만유인력과 중력에 멈추지 않고, 만유인력과 중력을 생산할 때 뉴턴이 사용했던 내면의 활동성, 그가 발휘한 지력까지 배우는 것입니다. 지력의 근원은 궁금증입니다. 우리가 만유인력이나 중력을 백날 공부하고 잘 이해해도 정작 뉴턴이 발휘했던 세계에 대한 궁금증을 배우지 못하면 이론의 생산자 역할을 하기는 어렵습니다. 지금까지 해왔듯이 이론의 수입자 역할만을 하는 것이죠.

이론을 생산할 수 없다는 것은 내가 주인이 되어 내 방식대로 살 수 없다는 뜻도 됩니다. 그래서 남들이 정해준 민주주의, 남들이 정해준 자본주의, 남들이 정해준 사회주의를 살면서 각자 자신이 믿는 것이 옳다고 주장하면서 싸움질만 하는 것이죠. 그런 '주의'를 생산한 사람들은 이미 다음으로 건너가 있는데 말이죠. 내 민주주의, 내 자본주의,

내 사회주의를 살지 못하는 것입니다. 우리는 정해진 말에 종속되는 노예가 될 것이냐, 아니면 정해진 말을 밟고 서서 내 말을 할 것이냐를 결정하는 수밖에 없습니다. 이어서 볼 〈추수秋水〉 편에서 이런 내용을 더 접하게 될 것입니다.

우물 안
개구리임을 깨닫는 함량

〈추수〉편 1

특별한 철학자들은 특별한 문투를 가지고 있습니다. 그 문투가 많은 것을 보여주죠. 노자는 자연과 인간을 '시이是以'라는 표현법으로 연결합니다. 이것은 자연의 운행 원칙을 인간사의 원칙으로 응용하려는 노자의 의도를 잘 알 수 있게 해줍니다.

장자는 이야기하는 방식으로 자신의 철학을 설합니다. 이야기가 장자에게서는 자신의 철학을 설하는 주된 표현법이면서 또 철학 자체의 특성을 알게 해줍니다. 그래서 저는《장자》를 읽을 때 우선 〈우언〉 편부터 읽습니다. 이야기가 무엇인지를 이해해야 하고, 또 이야기하는 사람이 되어야 하기 때문입니다. 이야기하는 사람과 이야기를 하지 않는 사람, 이야기하는 사람과 논변하는 사람 사이에는 차이가 있습니다. 이야기하는 사람은 논변하는 사람보다는 크고 굵은 사람입니다. 크기나 굵기를 보통 '함량'이라고 합니다. 보통 말하는 '덕'과도 매우 가깝습니다.

예를 들어보죠. 항우와 유방 중 누가 더 덕이 있을까요? 유비하고 조조 가운데 누가 더 덕이 있을까요? 저는 유방과 조조라고 봅니다. 그렇다면 왜 저는 유방을 항우보다 더 덕이 있는 사람으로 평가할까요? 항우는 그래도 귀족 교육을 받은 사람이고, 유방은 교육을 못 받은 사람입니다. 그런데도 왜 유방이 덕이 있다고 생각하냐면, 유방은 새로운 역사 진행을 정확히 이해하고, 거기에 과감히 올라탄 사람이기 때문입니다. 항우는 시대가 나아가는 방향의 핵심을 파악하지 못하고, 자기한테 익숙한 과거의 프레임으로 흐르는 시대를 제어하려고 했습니다. 당시 시대의 흐름은 지방분권제 격인 봉건제 사회에서 중앙집권제 격인 군현제 사회로 이행되고 있었습니다. 항우는 전쟁하다 이기기만 하면 승리한 땅에 과거 형태의 제후를 세우곤 했습니다. 유방은 시대의 진행 방향에 맞게 군현제 체제를 안착시키려고 노력하였죠. 그러다가 그 절충으로 군국제를 실시한 것입니다.

유방과 조조의 공통점

조조와 유비 사이도 그렇습니다. 당시 해결해야 했던 공통의 문제가 황건적이었는데, 유비는 황건적을 이용하거나 제거하려고 했습니다. 조조는 처음에 그렇게 하다가, 나중에 이 황건적이 그냥 날뛰는 도적들이 아니라 시대의 흐름을 반영하는 어떤 현상이라는 것을 알아채고 황건적을 품습니다. 황건적을 군대로 편입시키고, 정상적인 납세자로 만들어냅니다. 그렇게 해서 세력이 커지자 천하통일이라는 대업을 이룬 것입니다.

항우에 비해 유방은, 유비에 비해 조조는 자신에게 익숙한 프레임을 세상에 적용하려는 사람이 아니었고, 세상의 흐름을 있는 그대로 받아들일 내면의 힘이 있었습니다. 그 힘을 우리가 덕이라고 하는 것입니다. 항우와 유비는 세계를 봐야 하는 대로 본 사람들이고, 유방과 조조는 세계를 보이는 대로 보고 거기에 맞춰 반응한 사람들입니다.

봐야 하는 대로 보는 사람은 자신의 눈으로 보는 것이 아니라, 이미 정해졌거나 익숙해진 기준을 근거로 판단하죠. 여기서는 자신만의 고유한 내면은 빛을 보지 못합니다. 보이는 대로 보려는 사람은 이미 정해졌거나 익숙해진 기준을 최대한 약화시킬 수 있죠. 이때 진실한 자신이 등장하는데, 이 진실한 자신이 작동할 때 사용하는 힘을 '덕'이라고 하는 것입니다. 그래서 항우보다는 유방에게, 유비보다는 조조에게 더 덕이 있다고 했죠. 덕이 없는 사람은 큰 성취를 이루기 어렵고, 덕이 있는 사람은 큰 성취를 이룰 수 있습니다.

질문과 대답에 관해서 여러 번 얘기했죠? 대답은 기능이지만, 질문은 인격입니다. 대답은 이미 있는 이론과 지식을 먹었다가 누가 요구할 때 그대로 뱉어내는 일이죠. 이때 자기 자신은 지식과 이론이 지나가는 통로로만 존재합니다. 질문은 자기 내면에 있는 궁금증과 호기심이 밖으로 튀어나오는 일입니다. 그런데 이 궁금증과 호기심은 자기에게만 있는 것으로서, 자신을 자신이게 하는 내면의 어떤 힘이거나 그 힘과 매우 밀접한 것입니다. 자신을 자신이게 하는 힘, 그것을 '덕'이라고 합니다.

함량의 크기도 덕의 크기와 관련됩니다. 이렇게 보면, 질문하는 사람이 대답하는 사람보다 함량이 크죠. 같은 맥락에서, 이야기하는 사람이 논쟁하는 사람보다 함량이 큽니다. 이야기하는 사람보다 시를 읊을 수 있는 사람이 함량이 더 큽니다. 시를 읊는 사람보다 소리를 다루는 사람이 함량이 더 큽니다. 소리를 다루는 사람보다 몸을 다루어서 춤을 추는 사람이 더 함량이 큽니다. 이것이 덕의 크기이고, 함량의 크기이고, 시선의 높이입니다. 우리는 〈우언〉 편을 먼저 보면서 이런 점들을 이해하였습니다.

우물 안 개구리

〈추수〉 편을 보겠습니다. '추수'라는 제목은 이 편의 첫 두 글자에서 왔습니다. '추수秋水'는 가을에 장마가 들어서 물이 불어난 상황입니다. 가을에 홍수가 나서 온갖 물줄기가 황하로 쏟아져 들어옵니다. 물이 불어나니 강이 넓어져서 건너편 저쪽에 있는 것이 소인지 말인지도 구분이 안 될 정도입니다. 하백河伯은 황하에 사는 신입니다. 가을에 물이 불어나서 그토록 넓어져 천하의 좋은 것이 모두 다 자기에게 모인 것 같았을 테니 하백이 얼마나 의기양양하겠습니까? 넘치는 물을 타고 둥실둥실 동쪽으로 흘러가서 봅니다.

그런데 웬일입니까? 동쪽 끝에 다다라 보니 거기에 끝도 안 보이는 물이 보입니다. 바다입니다. 그것을 보고는 감탄으로도 부족하여 아예 한숨을 쉬며 말합니다. 그때 하백이 본 바다는 북해北海입니다. 북해에는 '약若'이라고 하는 신이 살고 있었습니다. 북해약이지요. 하백과 북해약의 이야기가 펼쳐집니다. 바다에 사는 북해약을 보고 강에 사는 하백이 깜짝 놀라서 이렇게 말합니다.

野語有之曰, 야어유지왈

聞道百以爲莫己若者, 我之謂也. 문도백이위막기약자 아지위야

'야어野語'는 '들판에 돌아다니는 말'이라는 뜻인데, 여기서는 사람들 사이에서 전해져 오는 속담 같은 성격의 말을 뜻합니다. 야어에 '백 정도의 도를 들으면 자기보다 더 나은 사람이 없다고 생각한다'는 말이 있답니다. 백 정도의 도를 들으면 자기 스스로 최고가 된 것처럼 우쭐댄다는 것이죠. 사실 십 정도 알고도 스스로 최고인 줄 아는 사람도 적지 않습니다. 그런데 하백도 스스로 그런 사람이었다고 생각하게 된 것이죠. 물론 북해약을 보고 감탄하면서 하게 된 생각입니다.

且夫我嘗聞少仲尼之聞而輕伯夷之義者, 차부아상문소중니지문이경백이
　　지의자
始吾弗信. 시오불신

보통 도가 계열에서는 백이숙제나 공자도 그렇게 높게 보지 않습니다. 하백이 말합니다.

"공자의 견문도 별것이 아니고 백이숙제의 의리도 센 것이 아니라고 하는 말들을 들은 적이 있긴 한데, 지금까지는 그런 말들을 믿지 않았습니다."

여기서 '믿는다'는 말을 먼저 살펴볼까요? 믿는 것은 어떤 말을 이해하고 깊이 받아들인다는 뜻이 되겠죠? 그런데 자기 맘에 들지 않는 것

을 이해하여 마음 깊이 받아들이지는 않습니다. 사람에게는 그런 면이 강하죠. 사람은 옳은 소리를 들으려는 속성보다 자기 맘에 드는 소리를 듣고 싶어 하는 속성이 더 강합니다. 우리가 무엇을 객관적으로 받아들이는 것 같아도 근본을 따져보면 사실은 내 맘에 들기 때문에 받아들였을 가능성이 큽니다. 그러니까 우리가 수양하는 이유는 옳은 것이더라도 맘에 들지 않으면 받아들이지 않을 정도로 망가지지 않기 위해서입니다. 내 마음에 안 들어도 이 세계에 있는 것이나, 내 마음에 안 들어도 진실일 수도 있는 것들을 받아들일 수 있기 위해서입니다.

하백도 백 정도의 도는 들은 사람입니다. 백이숙제도 우습게 알고 공자도 우습게 아는 말을 들었을 때 처음에는 믿지 않았다는 것이지요. 공자나 백이숙제는 누구나 최고로 여기고 있으니까요. 그런데 북해약을 보고서는 자기가 믿고 있던 것이 최고가 아니라는 것을 알게된 것입니다. 비로소 공자나 백이숙제를 넘어서는 경지, 즉 공자나 백이숙제도 우습게 아는 경지가 있을 수도 있겠다 싶은 거지요. 북해약을 보고 나서 자기가 얼마나 작은지를 깨닫고 나서 하는 말입니다.

今我睹者之難窮也, 금아도자지난궁야
吾非至於子之門, 則殆矣, 오비지어자지문 즉태의
吾長見笑於大方之家. 오장견소어대방지가

"지금 나는 당신의 끝이 안 보이는 크기를 직접 목격했습니다. 내가 당신의 문전에 이르지 않았다면 큰일 날 뻔했습니다. 나는 도를 터득해서 아주 뛰어나게 된 사람들한테 오랫동안 비웃음거리가 될 뻔했습니다."

아무리 강 중에 제일 큰 강이라고 해도 끝없이 넓은 바다를 봤으니 얼마나 깜짝 놀랐겠습니까. 하백의 말을 받아 북해약이 이렇게 말합니다.

井鼃不可以語於海者, 拘於虛也. 정와불가이어어해자 구어허야
夏蟲不可以語於氷者, 篤於時也. 하충불가이어어빙자 독어시야
曲士不可以語於道者, 束於敎也. 곡사불가이어어도자 속어교야
今爾出於崖涘, 觀於大海. 금이출어애사 관어대해
乃知爾醜, 爾將可與語大理矣. 내지이추 이장가여어어대리의

"우물 안의 개구리에게는 바다를 말해줄 수 없소. 공간의 한계에 갇혀 있기 때문이오. 여름 한철 사는 벌레에게는 얼음을 말해줄 수 없소. 시간의 한계에 갇혀 있기 때문이오. 자잘한 선비에게는 도를 말해줄 수 없소. 교육받은 내용의 한계에 갇혀 있기 때문이오. 그런데 하백 당신은 양쪽 강변을 벗어나 큰 바다를 보고, 자신이 얼마나 형편없는 지경에 있었는지를 알게 되었소. 이제 비로소 당신과 더불어 대도의 이치를 말할 수 있게 되었소."

장자는 북해약의 입을 빌어, 사람들이 대개 어디서 사는지, 어떤 시대를 사는지, 어떤 교육을 받았는지에 따라서 기준과 관점과 한계를 갖게 되고, 그것들에 갇힌다고 말합니다. 여기서 '양쪽 강변'은 하백을

가두던 한계죠. 하백은 자신을 가두던 한계를 벗어남으로써, 비로소 한계 너머의 큰 이치를 들을 수 있게 됩니다. 인식의 확장은 인식의 한계를 자각한 자에게만 허용된다는 것을 북해약은 말해줍니다.

자신의 부족함이나 자신의 한계를 아는 것이 가장 큰 앎입니다. 자신의 부족함을 아는 사람은 절대 망가지지 않습니다. 자신의 부족함을 모르는 사람은 실수를 연발하다가 실패의 길로 들어설 것입니다. 하백의 위대한 점은 바다를 보고 자신의 부족함을 알았다는 이 사실입니다. 통치자도 권력을 차지한 다음에 부족함을 절감하고 걱정이 깊어져야 통치를 잘할 수 있습니다. 부족함을 느낀다는 것 자체가 그 사람의 함량의 크기가 어느 정도는 된다는 것을 나타냅니다. 함량이 작은 사람은 나라의 크기와 자신의 크기를 견줄 줄도 모르기 때문에, 나라 다스리는 일을 지방 도시 다스리는 일이나 정부의 부처 하나를 관장하는 일과 크게 다르지 않다고 느껴서 자신감이 충만해집니다. 그러다 실패한 통치자가 됩니다.

북해약이 이어 말합니다.

天下之水, 莫大於海, 천하지수 막대어해

萬川歸之, 不知何時止而不盈, 만천귀지 부지하시지이불영

眉閭泄之, 不知何時已而不虛. 미려설지 부지하시이이불허

春秋不變, 水旱不知. 춘추불변 수한부지

此其過江河之流, 不可爲量數. 차기과강하지류 불가위량수

而吾未嘗以此自多者, 이오미상이차자다자

自以比形於天地而受氣於陰陽, 자이비형어천지이수기어음양

吾在天地之間, 오재천지지간

猶小石小木之在大山也, 유소석소목지재대산야

方存乎見少, 又奚以自多! 방존호견소 우해이자다

"천하의 물 가운데 바다보다 큰 것은 없습니다. 한시도 멈추지 않고 온갖 강물이 다 모여듭니다. 그래도 넘치지 않습니다. 한시도 멈추지 않고 미려를 통해 물이 빠집니다. 그래도 마르지 않습니다. 봄이나 가을 같은 계절에 따라 달라지지 않고, 홍수나 가뭄도 모릅니다. 양자강이나 황하의 흐름보다 얼마나 더 큰지를 따지지도 못할 지경입니다. 그래도 나는 아직 스스로 대단하다고 여겨본 적이 없습니다. 스스로 몸을 천지에 비교해보고 음양에서 기를 받았다고 생각합니다. 내가 천지 사이에 있는 것은 작은 돌멩이나 작은 나무가 큰 산에 있는 격입니다. 그야말로 별 볼 일 없이 존재하는데, 어찌 스스로 대단하다고 할 수 있겠습니까?"

바다가 얼마나 큰지 알 수 있습니다. 그러니 그 바다의 신인 북해약은 스스로 대단한 존재로 여길 만도 한데 그렇지 않습니다. 천지 사이에서는 바다도 작습니다. 북해약은 천지 우주의 크기만큼 자신의 함량을 키워놨기 때문에 바다의 신이라는 신분임에도 불구하고 스스로 대단한 존재로 여기지 않을 수 있습니다.

여기서 하백과 북해약 사이에는 큰 차이가 있습니다. 하백은 자기가 대단하다는 것을 느껴본 적이 있고, 북해약은 자기가 대단하다는 것을 한 번도 느껴본 적이 없습니다. 왜 이런 차이가 날까요? 하백은 그릇이 작기 때문입니다. 그래서 자기가 한 일, 자기가 터득한 진리, 자기가 경험에서 얻은 통찰이 자신의 그릇을 금방 채우기 때문에, 자신을 스스로 대단하다고 생각합니다. 반면 북해약은 한량없는 크기의 양을 가지고 있음에도 불구하고, 자기 스스로 대단하다고 느껴본 적이 없습니다. 이 차이는 그릇의 차이에서 나옵니다. 함량의 차이입니다. 하백은 자신을 들여다보는 거울을 자신보다 큰 것으로 갖지 못했습니다. 북해약은 하백보다 훨씬 큼에도 불구하고, 자신을 들여다보는 거울로 천지 자연과 음양의 기운을 채택하였습니다.

누가 덕의 파괴자인가

공자가 말한 향원鄕原이 생각납니다. 향원은 작은 깨달음, 작은 양의 지식, 작은 지혜를 가지고 스스로 대단하다고 여기면서 작은 진영이나 작은 동네에서 작은 명성과 박수에 만족하며 지도자 행세를 하는 사람입니다. 자신의 부족함을 느끼기 이전의 하백과 같습니다. 향원은 우선 그릇이 작은 사람인데, 자신의 그릇이 작은 줄을 모르고, 알려고도 하지 않습니다. 사실은 자신보다 훨씬 큰 것을 보고도 자신의 부족함을 알아채지 못할 정도로 망가져버린 상태에 빠져 있습니다. 그래서 공자는 향원을 "덕의 파괴자"라고 했던 것입니다.

• 鄕原, 德之賊也《논어》〈양화陽貨〉.

이렇게 북해약과 하백을 놓고 보면, 하백은 좀 수준이 낮고 북해약은 대단하며, 하백은 종속적이고 북해약은 자유롭다고 해서 하백을 우습게 보는 경향이 있습니다. 하지만 하백도 북해약에 비해서 그런 것이지, 하백만 놓고 보면 대단한 축에 들지요. 여기서 중요한 것은 하백이 북해약을 보고 자기가 부족하다는 것을 스스로 알았다는 점입니다. 이것이 위대한 점입니다.

북해약이 하백한테 도를 더불어 말할 수 있다고 우호적으로 허용한 이유는 하백 스스로 자기가 얼마나 부족한지를 알았다는 이 사실 때문입니다. 이것을 '반성력'이라고 합시다. 북해약이 하백을 긍정하게 된 계기는 바로 이 반성력 때문입니다. 이것을 각성 능력이나 자각 능력이라고 해도 되겠습니다. 자기보다 더 넓고 큰 것을 보고 거기에 견주어서 자기를 작다고 볼 수 있는 반성력이 모든 사람에게 갖춰져 있는 것은 아닙니다. 향원에게는 이 반성력이 없는 것이죠.

반성력이 있으면 반드시 자신의 한계를 알게 됩니다. 자신의 한계를 아는 것이 무한 확장의 필수 조건입니다. 탄성이 있는 지성은 현 상태에서도 자신 너머를 궁금해할 수 있어서 현 상태가 주는 한계를 인식하고, 그 한계 너머의 세계로 건너가려는 꿈을 가질 수 있습니다. 푹 퍼진 지성은 현 상태에 만족하거나 현 상태를 정당화하는 일만 할 수 있습니다. 하백은 탄성이 있는 지성을 가졌죠. 그래서 자신을 넘어서는 북해약을 만날 수 있었고, 북해약도 자신의 한계를 넘어서는 천지자연에 자신을 견주어 볼 수 있었습니다.

원론적으로 이야기하면 한계는 탄성 있는 지성에는 수시로 제기됩니다. 또 수시로 제기되어야 합니다. 제기되는 한계를 보고 그것을 자기 생각과 활동을 찌르는 송곳으로 쓰는 것이 반성력입니다. 수학 공식처럼 어느 정도의 지식에는 어느 정도의 한계가 있는 것이 아니라, 한계는 수시로 제기됩니다. 세계는 유동체이기 때문에, 그리고 전체적이기 때문에, 이 세계를 유동적 전체성이라고 했습니다. 지식이나 앎은 항상 쉽게 고정되고 부분적입니다. 그러므로 유동적 전체성 안에서의 자신이 깨어 있다면 항상 한계와 직면할 수밖에 없습니다. 반성력은 한계에 스스로 직면하는 태도라고 할 수 있습니다.

그런데 한계를 대면하는 능력도 없고, 자신의 한계를 자신을 자극하는 송곳으로 쓸 정도의 함량이 준비되지 않으면 어떻게 될까요? 작은 지식으로 일정량의 칭송과 존경을 받으면서 '동네 현자'로 행세하는 향원이 되기 십상입니다. 향원은 좁은 식견에 갇혀 푹 퍼진 지성을 가진 사람입니다. 진영에 갇혀 당파 싸움 이외에는 할 줄 모르는 사람들이 다 이렇습니다. 더 큰 것을 보려 하지 않거나 보지 못해서 그렇습니다. 요즘 말로 하면 하백은 진영의 크고 작은 지도자라고 할 수 있을 것입니다. 하지만 하백은 향원이 아닙니다. 자신의 한계를 알고 반성력을 발휘하였기 때문입니다. 향원은 함량이 작습니다. 앎의 범위가 좁고 깊이가 얕습니다. 그런데 그런 사람들끼리 모여 사는 동네에서 인정을 받고 존경을 받습니다. 그런 구조에 갇혀 있는 한 자기 한계를 볼 수 없고, 자기 한계를 볼 수 없으면, 다음으로 건너갈 수 있는 동력을 가질 수가 없겠죠.

이 동력은 힘입니다. 그것을 덕이라고 하는 것이지요. 덕은 정해진 가치나 관념에 갇히지 않고 자신을 자신으로 살게 하는 힘입니다. 이 힘은 지금 있는 나를 벗어나서 다른 곳으로 건너가게 하는 의지로도 나타납니다. 여기에 있는 나를 다른 곳으로 건너가게 하는 이 힘을 우리는 질문하는 힘이라고도 하고, 욕망이라고도 하고, 의지라고도 하고, 배짱이라고도 하고, 모험심이라고도 하는 것입니다. 향원 혹은 그릇이 작은 사람들은 한계를 넘어서는 덕을 발휘하기가 매우 어렵습니다. 향원을 왜 '덕의 파괴자'라고 하는지 아시겠죠?

가치보다는 사실에 집중할 것

진리와 선의 옷을 입은 한계들 가운데 인간의 의식과 삶을 규제하는 가장 강력한 것들이 정치적 신념과 종교적 믿음과 도덕적 확신입니다. 여기서 우리는 북해약이 자신의 한계를 의식하며 견주는 대상이 정치적이거나 종교적이거나 도덕적인 확신이 아니라 바로 자연임을 알아야 합니다. 북해약은 '스스로 몸을 천지에 비교해보고 음양에서 기를 받았다'고 생각합니다. 자신을 견주는 대상은 가치론적이고 주관적인 판단 기준이 아니라 가치와 주관성이 철저히 배제된 자연입니다. 정치적이고 도덕적이고 종교적인 확신을 강화하는 것보다는 자연적인 사실을 관찰하고, 자연적인 법칙을 수용하는 것으로서 인간은 자신의 크기를 더 잘 키울 수 있습니다.

장자는 가치를 확장하는 방식보다는 객관적인 사실을 수용하는 방식으로 인간이 더 잘 성숙할 수 있다고 보았습니다. 장자뿐 아니라 노자도 그렇습니다. 도가의 일관된 인식은 깨달음이나 인간적인 성숙을 이루는 과정에서 중심축을 가치의 세계가 아니라 사실의 세계에 두는 것이 훨씬 더 효과적이라고 믿습니다. 유가는 가치의 확대와 축적으로 인간은 더 잘 성숙할 수 있다고 믿습니다. 그래서 유가는 도덕성을 인간의 근본 지향으로 삼게 되는 것이지요. 이런 의미에서 철학을 전문적으로 공부하고 싶은 사람들은 반드시 과학 공부를 중요하게 생각하며 열심히 해야 합니다.

철학을 공부하고 싶으면, 우선 과학을 공부하십시오. 과학적 지식이 부족한 채로 철학만 공부하면, 답답한 사람이 되기 쉽습니다. 특히 요즘처럼 과학 발전의 속도가 심하게 빨라진 시대에는 더 그렇죠. 우선은 과학입니다. 과학에 흥미를 가지십시오. 사실에 대한 인식을 깊고 넓게 가져가는 것이 먼저입니다.

코페르니쿠스가 지동설을 주장하고, 갈릴레이가 망원경을 만들어 실측을 통해 지동설이 사실임을 증명하고, 또 케플러는 철저한 수학적 계산을 통해 지동설을 증명하였습니다. 이렇게 하여, 케플러는 모든 운동이 수학적 법칙에 의한다고 믿게 되었고, 이 믿음을 바탕으로 '케플러의 법칙'을 발표했죠. 이런 사람들의 노력이 없었다면 인간은 기껏해야 여전히 르네상스를 살았을 것입니다. 우리가 지금 말하는 과학의 시대는 천문학이 열었습니다. 망원경이 결정적인 역할을 하였죠. 천문학에서 비롯된 근대는 수학을 중심 학문으로 삼게 됩니다.

이렇게 과학은 데카르트 시대에 문을 열었습니다. 데카르트는 새로 시작되는 과학에 빠져 있었고요. 이것은 이전 시대와 전혀 다른 진리(과학)였습니다. 그는 개별 과학에 관심을 가졌지만, 그 개별 과학 지식의 근거를 물음으로써 철학자가 되었습니다. 데카르트에 대해 말하자면 '방법적 회의', '나는 생각한다, 고로 존재한다', '본유관념', '이성', '실체', '물질', '정신', '송과선', '자신보다 집단 이익을 위하기', '심신이원론', '자유의지' 등등을 떠올립니다. 이런 개념들이 당시 새로 열린 과학적인 내용을 바탕으로 하여 이해되지 않으면, 교조주의적 신념을 쌓는 데나 봉사할 수 있을 뿐입니다.

어떤 철학자가 쉽게 교조주의적 신념가나 완고한 서생으로 빠져버렸다면, 그는 분명히 세계를 과학적으로 알려는 노력을 게을리하였기 때문입니다. 사실보다는 이념이나 가치나 신념에 쉽게 경도되기 때문입니다. 과학을 모르는 철학은 답답하고 숨 막힙니다. 철학은 원래 새 시대를 알리는 신호이자 깃발인데, 잘못하면 새 시대의 장벽으로 전락할 가능성이 큽니다. 특히 철학을 생산해본 적 없이 수입해서 쓰는 우리는 특히 더 경계해야 합니다. 다시 강조합니다. 과학입니다! 도덕이나 가치보다는 사실 우선입니다! 저는 지금 철학의 가치와 높이와 중요성을 낮추는 것이 아닙니다. 공부의 순서와 토대를 말하고 있습니다.

사람을 일정한 틀 안에서 옴짝달싹 못 하게 하는 정치적 신념, 도덕적 확신, 종교적 믿음과 관련된 지식을 계속 섭취하면 이미 가지고 있는 틀이 더 강화될 뿐입니다. 장자는 가치보다는 사실에 집중하는 능력이 있었습니다. 그래서 정치나 도덕이나 종교적 확신에 맹목적으로 빠지지 않고, 그것들에 대한 넓은 통찰을 보여주면서 유연하게 다룰 수 있었던 것입니다. 장자는 가치에 매몰되지 않거나 가치를 지배하는 태도를 견지하면서 사실의 세계로 나가자고 했던 사상가입니다. 우리의 내면을 일정한 가치론적 확신에 맡기는 것보다는 사실의 세계가 보여주는 흐름과 원칙을 따르도록 하는 것이 우리가 덕이라고 부르는 내적인 동력을 배양하는 데에는 훨씬 더 효과적이라고 봤습니다.

무심無心, 무아無我, 무념無念 등은 다 가치론적 확신을 벗어난 내면의 상태입니다. 가치론적 확신을 벗어난 상태를 '무아'라고 하고, 그 무아는 가치론적 확신에 좌우되거나 지배받는 자아가 아니라는 의미에서 참된 자아로 받아들여집니다. 그래서 무아는 진아眞我와 매우 가까워집니다. 참된 나, 즉 진아를 드러나게 하려면 자기가 가지고 있는 주관적 경향의 확신을 최대한 줄이고 객관적 사실에 대한 인식 지평을 넓혀가야 합니다. 그래서 지금 우리나라 정도의 발전 단계에서 시급히 해야 할 것은 무엇일까요? 철학이나 인문학을 많이 읽는 것도 중요하지만, 더 중요한 것은 과학을 읽는 일입니다. 사실에 대한 인식이 넓어지지 않으면, 주관적 확신끼리 대결하는 수준에 불과한 정치 블랙홀에서 빠져나오기 힘듭니다.

여러분도 눈치채셨겠지만, 최신 과학적 성취에 대한 인식이 없는 철학적 주장들 가운데 많은 내용이 헛소리일 가능성이 큽니다. 정치적 주장들도 마찬가지입니다. 과학을 공부하고, 과학을 이해해야 합니다. 과학을 읽지 않으면 자기 안에 있는 주관적 확신이 더욱 강화되기만 해서 넓어지기보다는 좁아지기 쉽습니다. 세계의 사실적 진실과 친해져야 합니다. 그렇지 않으면 삶에 대한 주관적 확신을 가지는 일을 철학으로 오해하고, 특정한 정치적 확신에 오랫동안 자신을 바치는 일을 철학적 삶의 태도라고 오해하며 살게 됩니다. 부끄러워해야 할 일을 자부심으로 착각하는 향원의 삶에서 벗어나야 합니다.

마음의 크기에 따라 달라지는 것

지금까지 인간사 많은 문제가 덕이나 함량에 의해서 좌우된다는 것을 보았습니다. 이 세상은 정확성을 세밀하게 따져서 도움이 되기도 하지만, 그보다는 함량의 크기가 도움이 되는 경우가 더 많습니다. 함량의 작으면 진위나 선악 판단에 갇히죠. 아름다움의 차원에서라야 진위나 선악 판단을 넘어설 수 있습니다. 미-선-진에서 미의 차원에서라야 효과 있는 성숙한 행위가 나오는 것입니다. 아름다움에 눈떠야죠. 우선 사람은 내면이 깊고 커야 합니다. 대부분은 '마음의 크기'가 결정하지요.

우리는 흔히 옳고 그름을 제일 앞세우는 경향이 있는데, 이것들은 입장에 따라 전혀 달라지기도 합니다. 새 물건이나 새 제도도 옳아서 나오고, 옳지 않아서 안 나오고 하지는 않습니다. 스마트폰이 옳거나 정의롭거나 참되다는 이유로 나온 것은 아니죠. 세상사 많은 일은 옳고 그름보다는 그 일을 내는 사람이 가진 함량의 크기가 좌우하는 경우가 더 많습니다. 어떤 창의적인 결과물도 그것이 옳다는 이유로 나오는 경우는 거의 없습니다. 옳고 그름은 창의적 결과물이 출현하고 난 후의 평가일 뿐입니다.

창의적 결과물의 출현에는 옳음이나 그름보다는 문제점이나 불편한 점을 발견해서 그것을 해결하려고 덤비는 욕망의 크기나 절실함이 오히려 더 좌우합니다. 어떤 문제점을 발견해서 그것을 해결하려고 덤비는 욕망의 크기는 마음의 크기나 함량의 크기에 더 가깝지, 정의감이나 옳고 그름을 따지는 능력에는 그렇게 가깝지 않습니다. 참된 삶을 지향한다고 해서 되는 일도 아닙니다. 참된 삶을 지향하는 간절함보다도 함량의 크기가 창의적인 삶을 사는 데에는 훨씬 더 큰 역할을 합니다. 결국은 삶의 효율성과 가치는 미학적 차원에서 결정되는 것이지요. 함량을 키워서, 아름다움에 눈떠야 하는 이유입니다.

운전하고 가다가 누가 갑자기 끼어들기를 하면 깜짝 놀라서 경적을 울리고 화를 내기도 합니다. 왜 그럴까요? 갑자기 끼어드는 사람이 무례하기 때문에 화를 내는 것 같지만 사실은 자신의 함량이 그 사건을 사소한 일로 받아들일 정도로 크지 않아서입니다. 갑자기 끼어들어서 자신을 놀라게 한 사건이 자신의 함량으로 받아들이기에는 너무 크고, 너무 무례한 일인 것입니다. 자기 크기의 전체를 차지할 정도로 말입니다. 그래서 급한 끼어들기가 자신의 전체를 뒤흔들 정도로 느껴지기 때문에 자신이 무시당하는 기분이 들고, 자신의 존엄이 훼손당한 기분까지 드는 것이죠. 그러니까 못 참고 빵빵대는 것입니다. 심지어는 상대방을 폭행하기도 합니다. 사실 가속기에서 발만 살짝 들어 속도를 줄여주기만 하면 되는 일입니다. 그것은 그 상황 자체가 발생시킨 의미 때문이 아니라, 자기 함량이 꼭 그만하거나 작기 때문입니다.

자기가 더 커져야 합니다. 자기 마음이 크면 클수록 작은 일들은 가볍게 다루고 아등바등하지 않게 됩니다. 마음이 작은 사람은 신경질이 많습니다. 세상이 자기 뜻대로 안 되는 것 같기 때문입니다. 그런데 자기 뜻이 커버리면 작은 일들에 쉽게 좌우되지 않고 크게 상관하지 않습니다.

자신의 함량을 키우는 법

여러분께 함량을 키우는 방법을 말씀드리겠습니다. 함량을 키우는 방법은 여러 가지가 있겠는데, 오늘은 그중 세 개만 말씀드리겠습니다. 첫째는 인간으로 태어났으면 인간으로 완성되기를 꿈꿔야 합니다. 인간으로 완성되려는 꿈보다 큰 꿈이 있을 수는 없습니다. 어떤 행동도 인간으로 완성되는 길에 도움이 되면 하고, 도움이 안 되면 안 합니다. 포부를 크게 가져야 합니다. 인간은 자잘해지면 안 됩니다. 자잘한 삶까지 살아보기에는 인생이 너무 짧습니다.

둘째는 좋은 습관을 갖는 일입니다. 좋은 습관을 갖지 않고 인간으로 완성되는 일은 있을 수가 없습니다. 좋은 습관을 '규율'이라고도 합니다. 무라카미 하루키는 '루틴'이라고 하지요. 자기만의 루틴을 가져야 합니다. 글 쓰는 것이 꿈인 사람은 전쟁이 나도 원고지 몇 장은 꼭 쓰고 자야 한다는 루틴을 가져야 하죠. 자고 일어나면 이부자리는 꼭 정리하는 것도 루틴이 될 수 있습니다. 자기 루틴을 수양의 규율로 정했다면 평생 지켜야 합니다. 평생 지킬 한 가지를 스스로 정해야 합니다. 엄청나게 큰 포부를 가져야 합니다. 엄청나게 큰 포부를 가지면 눈을 뜨는 것부터 달라집니다. 그리고 방정맞지 않습니다. 소소한 것 하나하나 지적하지 않습니다. 생활이 여유 있게 됩니다. 좌우지간 큰 포부를 가져야 합니다. 그런데 이 포부는 좋은 습관으로만 이뤄집니다.

셋째는 엄청나게 강한 지식욕을 가져야 합니다. 일단 아는 것이 많아야 합니다. 도가 철학을 즐기는 사람 가운데 지식을 소홀히 대하는 것을 멋진 것으로 보는 사람들이 있습니다. 노자는 '주나라 왕립 도서관 관장'이었습니다. 지식이 엄청나게 많은 사람이었습니다. 장자는 앞에서 말했듯이 왕이 재상으로 모셔 가려 할 정도로 지식이 많은 사람이었습니다. 지식이 많아야 합니다. 지식이 없이는 성숙할 수 없습니다. 지식이 없으면 성숙한 척할 수만 있고, 자기가 한번 가진 확신을 평생 끌고 가려고 합니다.

자, 함량을 키우고 싶으신 분은 지금부터라도 포부를 크게 가지십시오. 혹여 이 말을 듣자마자 '이 나이에' 하는 생각을 하거나 '나는 너무 늦어버렸어' 하는 생각을 한 번이라도 했다면 그것은 여름벌레가 가을을 말할 수 없는 것과 같이 시간 관념에 갇혀 있기 때문입니다. 예를 들어 '내가 돈이 조금만 더 있으면 인문학이 확산하는 데 어떤 역할을 하고 싶은데'라고 말하는 사람은 평생 안 합니다. '내가 조금만 젊었으면'이라는 생각을 하는 사람은 할 생각이 없는 사람입니다. 자식을 제대로 키우고 싶은데 교육 제도가 잘못되어 어렵다고 말하는 사람은 자식을 제대로 키우고 싶은 생각이 없는 사람입니다.

시간에 갇히면 안 됩니다. 지금부터 당장 하느냐 안 하느냐가 중요합니다. 속으로는 하기 싫으면서, 입으로만 하고 싶다고 말하는 사람들은 핑계가 많습니다. 자기가 늙었다고 생각하지 않는 사람들은 마음이 바쁘지 않습니다. 그런데 늙었다는 생각이 들면 마음이 바쁘지요. 그럼 서두르면 됩니다. 그러면 스스로 늙었다고 생각하지 않는 사람들을 이길 수 있습니다. '이 나이에' 같은 생각을 하는 사람은 할 생각이 없는 사람입니다. 간절하면 됩니다. '자쾌'하면 간절함이 저절로 따라옵니다. '자쾌'하지 않으면 핑계가 많습니다. 핑계 대다 인생을 다 보내버리죠. 지금부터 해야 합니다. 포부를 크게 가져야 합니다.

그리고 루틴, 즉 좋은 습관을 가져야 합니다. 좋은 습관을 갖지 않으면 방만해집니다. 루틴을 갖지 않고도 방만해지지 않을 수 있는 인간은 매우 귀합니다. 좋은 습관을 가져야 하고 포부가 커야 합니다.

그다음에 근면하게 지식을 부단히 섭취해야 합니다. 인간이 이 세상에 만든 가장 위대하고 찬란한 업적이 지식입니다. 그것을 부단히 섭취해야 합니다. 골프 줄이고, '소맥' 줄이고, 잡념과 잡담 줄이면 다 가능합니다. 이렇게 해서 함량이 커져야 합니다.

함량이 커지면 자기 한계를 자기가 관찰할 수 있습니다. 함량이 작으면 자기 한계를 볼 수가 없습니다. 함량이 커서 자기를 제삼자처럼 놓고 볼 수 있는 사람만 자기 한계를 인식하고 그 한계를 벗어나서 더 큰 세계에 대해 말할 수 있습니다. 함량을 키우는 것이 핵심입니다. 진영에 갇혀서 아직도 40년 전의 정치적 확신을 진리로 알고 있는 사람은 함량이 작기 때문입니다. 마음의 크기를 키우지 못한 것입니다. 그래서 자신의 이념적 확신을 종교화하고, 다른 생각을 적대시하는 일 이외에는 할 줄 아는 게 없는 것입니다. 자신도 성장을 멈추고, 사회까지도 성장을 멈추게 하죠.

선과 덕의 관계

그런 함량과 관련해서 《도덕경》 제49장을 잠시 보겠습니다.

聖人常無心, 以百姓心爲心. 성인상무심 이백성심위심

善者, 吾善之, 不善者, 吾亦善之. 德善. 선자 오선지 불선자 오역선지 덕선

信者, 吾信之, 不信者, 吾亦信之. 德信. 신자 오신지 불신자 오역신지 덕신

"성인은 항상 무심하다. 백성들의 마음을 자신의 마음으로 삼는다. 선한 사람을 선하게 대하고, 불선不善한 사람도 선하게 대한다. 그러면 덕이 선해진다. 미더운 사람을 미덥게 대하고, 미덥지 않은 사람도 미덥게 대한다. 그러면 덕이 미덥게 된다."

'성인은 항상 무심하다'는 '자기 마음이 없다'는 것이고, 이는 '자신의 마음을 갖지 않는다' 혹은 '정해진 마음이 없다'는 뜻입니다. 정해진 마음이 없으면 세계를 봐야 하는 대로 보는 것이 아니라 보이는 대로 볼 수 있죠. 오히려 백성의 마음을 자기 마음으로 삼습니다. 백성은 이론이 아니라 세상 속에 있습니다. 세계나 세상을 있는 그대로 보려 하지, 정해진 내 마음을 거기에 부과하거나 적용하지 않습니다.

내 마음을 세계에 적용하려 한다는 것은 세계를 봐야 하는 대로 보는 꼴이 됩니다. 세상의 흐름에 더 비중을 두면 보이는 대로 보는 것이

됩니다. 다르게 표현하면, 성인은 봐야 하는 대로 보지 않고, 보이는 대로 본다는 것이지요. 그런 태도를 가진 사람은 선한 사람에게 선하게 대하고, 선하지 않은 사람에게도 역시 선하게 대합니다. 선한 사람을 선하게 대할 뿐 아니라 선하지 않은 사람에게도 선하게 대하면, 설령 윤리적 이득이나 정치적 이득이나 현실적인 이득이 없더라도 너의 덕이 선을 완수한다, 너의 덕이 선해진다는 것입니다.

세상이 선한 사람과 악한 사람의 싸움이면 간단합니다. 그런데 스스로 선하다고 하는 사람들끼리의 싸움이기 때문에 어려운 것이지요. 선한 사람을 선하게 대하듯이 불선한 사람에게도 역시 선하게 대하면 자신의 덕이 선해집니다. 그 말은 자신의 함량이 커진다는 것이지요. 함량이 커지면 현실을 더 잘 운용할 수 있게 됩니다.

차를 몰고 길을 달리는데, 방향 표시등을 켜서 미리 알리지도 않은 채 급히 끼어든 사람이 있습니다. 당연히 놀랄 수밖에 없지요. 분명히 급하게 끼어든 이 운전자는 적어도 이 경우에는 '나쁜 사람'입니다. 즉 '불선자'입니다. 불선한 이 사람을 대하는 태도는 사람에 따라 다를 수 있습니다. 어떤 사람은 빙긋이 웃으며 편하게 끼어들 수 있도록 살짝 가속기에서 발을 떼어 간격을 벌려줄 것이고, 어떤 사람은 놀라서 급브레이크를 밟으며 욕을 하기도 할 것이며, 어떤 사람은 그 차를 앞질러 가서 막고 주먹질을 해대는 사람도 있을 것입니다.

욕을 하거나 주먹질을 해대는 사람은 마음이 크지 않습니다. 마음이 커야 각성도 하고 절제도 할 수 있죠. 각성이나 절제는 특정한 관점을 발현한 것이 아니라 내면의 덕이 표현된 것입니다. 노자가 불선한 사람에게도 선하게 대한다고 말한 의미는 갑작스레 끼어든 사람에게도 가속기에서 발을 살짝 떼어 간격을 벌려주라는 것이다. 그러면 그 행위를 통해 자신의 덕이 선해지는 결과를 얻는다는 것이죠. 덕을 선하게 정립해야 마음이 커지고, 마음이 커져야 함량이 커집니다.

《화호경化胡經》이라는 논쟁이 많은 책이 있습니다. 불교와 도교 사이에 세력 투쟁이 심할 때 나온 책입니다. 도교 측에서 도교가 불교 우위에 있다고 주장하기 위해 쓴 책이며, 심지어는 위작이라는 설도 있습니다. 여기서 '화化'는 '교화시킨다'는 말이고, '호胡'는 보통 오랑캐라고 새기는데, 여기서는 불교의 땅 인도를 가리킵니다. 노자가 말년에 함곡관을 넘어서 어디론가 갔는데, 그 이후의 행적은 잘 알려지지 않았습니다. 도교 측에서는 인도로 가서 부처를 교화시켰다, 가르쳤다고도 하고 스스로 부처가 되었다고도 합니다(《화호경》은 서진西晉 시기에 나온 책인데, 우리나라에는 번역이 안 됐다가 브라이언 워커Brian Walker라는 미국 학자가 번역한 것을 이현주 목사가 한국어로 재번역한 것이 있습니다).

《화호경》 두 번째 장에 이런 대목이 나옵니다. "돌봄 받을 자격이 있는 이들을 돌보고 그럴 자격이 없는 이들도 돌본다." 돌봄을 받을 자격이 있는 사람도 돌보고, 돌봄을 받을 자격이 없는 사람도 돌봐주는 것이 수련의 첫 번째 항목이라는 것입니다. 이것이 왜 수련의 첫 번째 항목을 차지하는지 여러분은 이제 아시겠죠? '선한 사람을 선하게 대하고, 선하지 않은 사람도 선하게' 대하는 것이 수련이 효과를 내서 자신의 덕이 선하게 되고 탁월해지기 때문이죠. 수련의 결과로 수련자가 받을 수 있는 선물은 선해지고 탁월해지고 신실해진 자신의 '덕'입니다. 믿음을 주는 사람도 믿고, 믿음을 주지 않는 사람도 믿음으로 대해야 하는 이유는 그렇게 함으로써 자신의 덕이 더 신실해질 수 있기 때문입니다.

덕이 실현되고 덕이 커지면 그것이 일상생활에서 어떤 태도로 드러날까요? 우선 함량이 커지고, 내면의 자발성이 힘을 받기 때문에, 자신의 외부에서 들어온 이념적인 확신을 고집하지 않습니다. 부유하다고 해서 교만하지 않고, 가난하다고 해서 비굴하거나 하늘을 원망하지 않습니다. 지위가 높다고 해서 남들을 거칠게 대하지 않고, 신분이 낮다고 해서 의기소침하지 않습니다. 낮은 신분과 가난 속에서도 의기소침해지지 않고 당당할 수 있으려면, 덕이 닦여 있어야 합니다. 부자이면서도 교만하지 않을 수 있으려면, 역시 마찬가지로 덕이 닦여 있어야 합니다.

자기를 잃지 않고
스스로 변화한다는 것

〈추수〉편 2

7장

〈추수〉편을 조금 더 이어 보겠습니다.

하백이 물어봅니다.

然則吾大天地而小毫末, 可乎? 연즉오대천지이소호말 가호

"그러면 내가 천지를 크게 보고 털끝을 작게 보면 되겠습니까?"

하늘과 땅은 얼마나 큽니까. 또 털끝은 얼마나 작습니까. 그래서 천지를 큰 것으로 여기고, 털끝을 작은 것으로 여기면 되겠느냐고 묻는 것이죠. 그러자 북해약이 대답합니다.

否, 夫物, 量無窮, 부 부물 량무궁

時無止, 分無常, 終始無故. 시무지 분무상 종시무고

是故大知觀於遠近, 시고대지관어원근

故小而不寡, 大而不多. 고소이불과 대이불다

"그러면 안 되오. 사물의 수량은 무한하고, 시간은 멈추지 않습니다.

타고난 바의 본분도 일정하게 정해진 바가 없소. 처음과 끝도 각자 이유를 가지고 따로 있는 것이 아니오. 그러므로 큰 지혜에 이른 자는 먼 것과 가까운 것을 다 봅니다. 그러므로 작다고 업신여기지 않고, 크다고 해서 대단하게 여기지도 않지요."

북해약은 그렇게 하면 안 된다고 말합니다. 사물의 수량에는 끝이 없고 경계가 없는 것이라고요. 우주에는 아무리 크다고 해도 그것보다 큰 것이 있고, 아무리 작다고 해도 그것보다 작은 것이 있다는 말입니다. 그러니까 천지를 크게 보고 털끝을 작게 보는 것도 천지를 큰 것으로 정하고 털끝을 작은 것으로 정한 것이지, 우주의 진실은 아니라는 뜻입니다.

시간도 그렇지요. 시간이 빠르다고 하는 사람도 있지만, 느리다고 하는 사람도 있습니다. 인생도 대부분이 짧다고 하지만, 너무 길어서 지루하다고 하는 사람도 있습니다. '짧다', '길다', '빠르다', '느리다' 등이 다 우주의 진실은 아닙니다. 그것들은 다 인간이 정한 것이지요. 그래서 인생이 짧다고 하는 사람은 인생이 길다고 하는 사람을 이상하게 보고, 인생이 길다고 하는 사람은 인생이 짧다고 하는 사람을 이상하게 봅니다. 심지어는 이상하게 보는 데에 그치지 않고 나쁘고 잘못된 사람이라고 하지요.

북해약처럼 득도한 사람은 인간이 정한 가치를 근거로 하는 사람일까요, 아니면 사실을 근거로 하는 사람일까요? 가치에 더 집중할까요, 아니면 사실에 더 집중할까요? 북해약은 사실을 근거로 하거나 사실에 더 집중하겠죠. 북해약은 '사물의 수량에는 끝도 없고, 경계도 없다'

거나 '사물의 수량은 무한하고, 시간은 멈추지 않는 것'이라는 것을 잘 알고 있는데, 이것은 사실에 대한 철저한 인식입니다. 가치의 규제를 벗어나 사실을 철저하게 인식하면, '먼 것과 가까운 것을 두루 다' 볼 수 있게 되죠.

그러면 정해진 가치로 세상을 규정하는 일에 빠지지 않습니다. 정해진 가치에 매몰되지 않아야 시선은 비로소 넓어지고, 깊어지고, 높아질 수 있죠. 그러므로 작다고 깔보지 않고, 크다고 뛰어나게 보지 않습니다. 또 많은 사람이 작다고 해도 깔보지 않고, 또 크다고 해도 대단하게 보지 않을 수 있습니다. 우주의 진실, 즉 사실을 놓고 봤을 때, 크고 작다는 것이 차이가 없을뿐더러, 그것이 정해진 짧은 순간만 그렇게 판단되고, 세상은 계속 돌고 돌고 변하고 변하기 때문이지요.

證曏今故, 故遙而不悶, 증향금고 고요이불민

掇而不跂. 知時無止. 철이불기 지시무지

또 득도한 사람은 "과거와 현재를 두루 통괄합니다. 그러므로 먼 옛날 일이라고 해서 어둑하거나, 가까이 있는 일이라고 해서 따로 허겁지겁하지 않습니다." 이런 성숙한 태도를 보일 수 있는 이유도 그가 "시간의 흐름은 멈추는 일이 없다는 사실을 잘 알기 때문"입니다.

득도한 사람이라고 묘사되는 매우 수준 높은 사람이 가치를 다루는 태도는 이처럼 사실에 기반을 두고 있습니다. 제가 과학을 열심히 공부해야 한다고 강조하는 이유도 여기에 있습니다. 과학 지식을 통해서 여러분의 시야는 근거를 가진 상태에서 크게 높아지거나 확장될 수 있고, 가치를 매우 적절하며 성숙하게 적용하거나 다룰 수 있습니다. 가치가 사실에서 생산되지 않고 가치의 자체 체계 안에서만 만들어지면, 현실에서 유리된 채 별로 의미도 없는 정치 갈등만 유발합니다.

察乎盈虛, 故得而不喜, 찰호영허 고득이불희

失而不憂, 知分之無常也. 실이불우 지분지무상야

明乎坦塗, 故生而不說, 명호탄도 고생이불열

死而不禍, 知終始之不可故也. 사이불화 지종시지불가고야

計人之所知, 不若其所不知. 계인지소지 불약기소부지

其生之時, 不若未生之時. 기생지시 불약미생지시

以其至小求窮其至大之域, 이기지소구궁기지대지역

是故迷亂而不能自得也. 시고미란이불능자득야

由此觀之, 유차관지

又何以知毫末之足以定至細之倪! 우하이지호말지족이정지세지예

又何以知天地之足以窮至大之域! 우하이지천지지족이궁지대지역

또 득도한 사람은 "가득 차고 텅 비는 것을 자세히 살펴서 그것들이 서로 위치를 달리하며 교대된다는 것을 잘 알기 때문에, 무엇인가를 얻었다고 해서 기뻐하거나, 잃었다고 해서 슬퍼하거나 하지 않습니다. 그것도 얻음과 잃음 사이의 한계가 영원하지 않다는 것을 잘 알기 때문입니다. 인생의 대도를 분명하게 알아서, 삶을 특별히 좋아하거나,

죽음을 특별히 혐오하지도 않습니다. 시작과 끝이 고정되지 않았다는 것을 잘 알기 때문입니다. 사람이 아는 것은 모르는 것보다 적습니다. 생존하는 시간은 생명이 없던 시간만큼 길지 않습니다. 아주 작은 것을 가지고 지극히 큰 세계를 다 규명하려고 하니 혼란이 가중될 뿐 자유롭거나 만족스럽지 못합니다. 이렇게 보면, 가느다란 털끝을 족히 가장 작은 것으로 정할 수 있다고 어떻게 알 수 있으며, 천지를 족히 가장 큰 영역이라고 규명할 수 있다고 어찌 알 수 있겠습니까.”

여기까지는 하백과 북해약 사이의 두 번째 대화입니다. 큰 것과 작은 것, 과거와 현재, 유한과 무한, 삶과 죽음을 주관적으로 다르게 보아서 나오는 차이를 해소하여 동등한 차원으로 대하는 경지를 보여줍니다.

도를 터득한 사람들 이야기가 또 나옵니다. 앞에서도 이야기했듯이, 득도한 사람을 덕이 선한 사람, 혹은 덕이 신실한 사람이라고 표현할 수 있습니다. 앞에서 했던 《도덕경》 이야기를 다시 예로 들자면, 득도한 사람은 선한 사람에게도 선하게 대하고 선하지 않은 사람에게도 선하게 대합니다. 그렇게 해서 자신의 덕을 탁월하고 선하게 만듭니다. 믿음을 주는 사람도 믿고, 믿음을 주지 않는 사람도 믿음의 태도로 대합니다. 그렇게 함으로써 내 덕을 신실하게 만듭니다.

가치 기준을 가지고 판단하면, 언제나 선한 사람과 선하지 않은 사람으로 쉽게 나눕니다. 그러다가 자신의 덕을 신실하게 만드는 기회를 잃어버립니다. 덕이 신실해지지 않으면 궁금증이 들지 않아서 세계(사실)를 궁금해할 줄 모르게 되어, 결국은 정해진 가치에 빠지는 쉬운 길을 택함으로써, 얇고 딱딱한 도덕주의자로 전락해버립니다. 어떤 사람은 이 세상을 선하게 만들고 싶다고 합니다. 그런데 조심하지 않으면, 선한 세상을 만들겠다는 마음을 먹으면서 자신의 기준에 따라 선한 세상과 선하지 않은 세상으로 쉽게 갈라버리지요.

선한 세상을 만들고 싶다는 사람을 쉽게 믿으면 안 되는 이유는 그 선이 그 사람만의 선일 가능성이 크기 때문입니다. 세상을 선하게 만들겠다고 하는 사람의 내면은 스스로 아름다움으로 가득 차 있을 수 있지만, 문제는 자신의 선만을 선으로 알고 자기가 가지고 있는 선에 조금이라도 안 맞는 것은 쉽게 악으로 배척한다는 것입니다. 도덕주의자가 도덕으로 세상을 괴롭히고, 정의를 자처하면서 오히려 세상을 부정의의 혼돈에 빠뜨리며, 선한 삶을 강조하다가 악으로 귀결되어버리는 일들을 많이 보지 않습니까? 우리는 '선한 영향력'이라는 말을 쉽게 쓰는데, 조심해야 합니다.

자신의 덕을 신실하게 하는 일이 우선되어야 합니다. 주관적 판단 기준을 빠르고 강하게 부과하지 않는 것은 사실에 대한 넓은 인식, 사실에 대한 정확한 인식이 있기 때문입니다. 정해진 가치 기준을 적용하는 쉬운 길 대신에, 사실의 세계를 궁금해하며 그것을 정확히 인식하려는 수고를 할 수 있는 힘은 바로 '덕'에서 나옵니다. 자신이 가진 선의지에 대한 자의식 과잉은 위험합니다. 그래서 겸손의 덕이 요청되는 것입니다.

나만 빛나는 게 아니다

사실의 세계를 정확히 인식하고, 그것을 기반으로 하여 '덕'을 잘 기른 사람은 남을 해치는 짓을 하지 않으나, 그렇다고 해서 누가 은혜를 베풀고 따뜻하게 대하여도 그것을 특별히 대단한 것으로 치켜세우지 않습니다. 이익을 추구하지도 않고, 이익을 위해 움직이지도 않지만, 그렇다고 이익을 추구하는 문지기나 노예들을 천하게 여기지도 않습니다. 자신의 관점으로만 세계를 보는 소유적 태도가 아니라, 존재적 태도를 함양했기 때문입니다. 장자가 말합니다.

是故大人之行, 不出乎害人, 不多仁恩. 시고대인지행 불출호해인 불다인은

動不爲利, 不賤門隸. 동불위리 불천문에

貨財弗爭, 不多辭讓. 화재불쟁 부다사양

事焉不借人, 不多食乎力, 不賤貪汚. 사언불차인 부다식호력 불천탐오

行殊乎俗, 不多辟異. 행수호속 부다벽이

爲在從衆, 不賤佞諂. 위재종중 불천녕첨

世之爵祿不足以爲勸, 세지작록부족이위권

戮恥不足以爲辱. 륙치부족이위욕

知是非之不可爲分, 細大之不可爲倪. 지시비지불가위분 세대지불가위예

"이런 까닭에, 큰사람은 남을 해치는 일을 하지는 않지만, 그렇다고 하여 인은仁恩을 베푸는 것을 대단하게 여기지도 않습니다. 이익을 추

구하지는 않지만, 그렇다고 하여 자잘한 이익에 목을 매는 노예나 문지기들을 천하게 여기지도 않습니다. 재물을 다투지는 않지만, 그렇다고 하여 사양하고 양보하는 것을 특별히 대단하게 여기지도 않습니다. 다른 사람의 힘을 빌려서 일하지는 않지만, 그렇다고 하여 자신만의 힘으로 살아가는 것을 대단하게 여기지도 않습니다. 탐욕을 천하게 여기지도 않습니다. 행동이 보통 사람들과 매우 다르지만, 그렇다고 하여 괴팍한 일을 대단한 것으로 대하지도 않습니다. 보통 사람들과 잘 섞이지만, 그렇다고 하여 아첨하며 사는 사람들을 특별히 천하게 여기지도 않습니다. 세속의 벼슬이나 녹봉으로 그를 움직이게 할 수도 없지만, 형벌이나 치욕으로 그를 욕보일 수도 없습니다. 시비를 나눌 수 없고, 크고 작은 것도 구별할 수 없다는 것을 잘 알기 때문입니다."

자기가 이익을 추구하지 않는 삶을 살더라도, 다른 사람들에게 굳이 "이익을 추구하는 것보다 더 나은 삶이 있지 않아요?" 혹은 "이익만 추구하며 살아요?"라고 비판하지 않는 것입니다. 나는 이익을 추구하지 않지만, 이익을 추구하며 사는 사람을 감히 비난하지 않습니다. 재물을 다투며 살지 않지만, 그렇다고 재물을 사양하거나 양보하는 행위를 특별하게 훌륭한 일이라고 치켜세우지도 않습니다. 모름지기 사람은 남의 힘을 빌려서 살면 안 된다고 말하면서도, 그렇다고 해서 남의 힘을 빌려서 사는 사람을 비난하지 않을 뿐 아니라, 남의 힘을 빌리지 않고 자신의 힘으로만 살아가는 사람을 대단하게 보면서 따로 드높이는 일도 하지 않습니다. 이것은 옳고 그름이나 크고 작은 것을 절대적으로 구분할 수 없다는 사실을 잘 아는 사람만 취할 수 있는 태도입니다.

이런 태도는 노자가 말하는 '화광동진和光同塵'과 비슷하겠습니다. 즉 자기가 내는 빛을 조화롭게 만들고, 성숙시키고, 잘 단련시켜서 세상 보통의 일들과 잘 어우러진다는 뜻입니다. 그렇게 되면, 자기 관점과 가치관을 빛나게 드러내 우뚝 세우려 하지 않겠죠. 세상의 일반적인 일들에 크게 다른 티를 내지도 않고 튀지도 않는 모습이죠. 자신의 특별함으로 세상을 압도하려는 사람을 믿지 말라는 경고로 들리기도 합니다. 선한 영향력을 끼치겠다고 하면서 자신의 관점을 강요하는 폭력을 행하지 말자는 경고이기도 합니다. 자신의 관점이나 특별함을 드러내려 하는 사람은 덜 성숙해 있기 때문입니다. 즉 사실 세계에 대한 인식이 약하기 때문입니다.

《도덕경》에는 '화광동진'에 이어서 '광이불요光而不耀'라는 말이 나옵니다. '빛이 나지만 눈을 부시게 하지는 않는다'는 뜻입니다. 자기가 내는 빛을 세상과 조화되도록 성숙시켜서 속세와 어깃장을 내지 않고 함께 한다는 말이죠. 세계의 실상이나 흐름과 다른 빛은 그 빛 자체로 도드라져서 눈부시기 쉽습니다.

결과로 이르는 과정의 중요성

그런데 이 정도의 행위는 최고도의 성숙에 이른 사람들이 할 수 있습니다. 세상의 일반성과 어깃장이 나지 않도록 매우 조화로운 태도를 취하지만, 여전히 고도로 성숙시킨 빛은 기어이 발산됩니다. 빛을 발산하는 수준이 세상의 일반성과 어깃장을 내지 않고 잘 어우러지는 정도로 높습니다. 일반성과 잘 어울리는 결과만을 보고, 성숙한 빛을 발산할 정도로 단련한 수고를 보지 못하면, 성인의 그런 태도에서 배우는 것이 없을 것입니다. 성인의 수준을 향해 부단히 나아가야 하는 우리는 우선 자신의 빛을 발산할 수 있는 능력을 갖추도록 노력해야 합니다. 부단한 축적으로 형성한 빛이 다른 사람들의 눈을 부시게 하지 않을 정도까지 수련하는 것이지, 처음부터 그냥 평범함에 갇히려고 하거나 일반성에 섞여버리려고 하는 것은 아닙니다.

〈소요유〉편 제일 앞에 곤鯤이라고 하는 작은 물고기가 거대한 바다에서 몇천 리나 되는 크기로 자라서 회오리바람을 타고 튀어 올라 대붕大鵬으로 바뀌는 이야기가 나옵니다. 이는 우리에게 부단한 축적의 공을 잊지 말라고 말해줍니다. 그야말로 '적후지공積厚之功'입니다.

중국 남북조 시기의 시인인 도연명(365~427)은 관직에 올라 사회를 위해 할 만큼 일한 다음에, 뜻이 안 맞자 고향으로 돌아갔습니다. 그런데 이것을 헛들은 사람은 도연명이 귀향한 것만을 멋있게 보고, 자신도 하던 일 멈추고 그냥 고향으로 돌아가려 합니다. 귀향이라는 결과 자체만 좋게 보는 것입니다. 도연명이 고향으로 돌아간 것은 세상 속에서 살고, 공부하고, 수양하고, 부대끼면서 도달한 높은 수준의 시선을 가지고 한 결정입니다. 우리가 화광동진이나 광이불요를 접할 때, 특별함을 추구하는 것을 멈추거나, 탁월한 성숙의 단계를 이루려고 하는 야망을 접거나, 위대해지려는 포부를 접는 오류를 범할 수 있습니다. 우리는 화광동진이 부단한 축적의 결과임을 잘 알고, 그것이 자연스럽게 구현될 수 있는 단계까지 성장하는 것을 목표로 두고 부단히 노력해야 합니다.

요가에 목을 뒤로 젖히는 동작이 있습니다. 이 동작을 목만 가지고 하다가는 다칠 수도 있습니다. 목을 뒤로 젖히는 동작은 발바닥에서부터 시작합니다. 발바닥에서부터 신경과 인대와 정신이 근육을 쭉 타고 올라와서 목을 젖히는 것입니다. 발바닥에서 출발하는 과정을 생략하고 목만 젖히면 다칠 수도 있습니다. 근본에서부터 축적된 수련의 과정과 탁월함에 이르려는 병적인 집착과 위대해지려는 거대한 포부가 차근차근 집요하게 쌓여서 화광동진에 이릅니다. 축적의 고단함이 없이 당장 화광동진에 이르려고 그 겉모습만을 따라 하면, 요가에서 발끝부터 출발하는 동작을 생략하고 갑자기 목만 젖혀서 다치게 되는 일과 똑같습니다.

우리가 성인들의 이야기를 듣고 배울 때, 잘못하면 성인들이 도달한 최종 결과만 취하려 하지, 제일 밑바닥에서부터 그 결과에 이르는 동안 성인이 겪었던 고단함은 겪지 않으려고 합니다. 하지만 그 고단함과 수고를 빼고서는 어떤 결과도 얻을 수 없습니다. 고단함을 스스로 받아들여 겪으면, 굳이 화광동진에 이르려고 하지 않아도 종내에는 이르게 됩니다. 화광동진이나 광이불요는 고단한 수련을 장기간 한 사람한테 주어지는 선물 같은 것입니다. 근면하고 성실한 수련 과정이 없이 그냥 흉내 낸다고 되는 일이 아닙니다.

성인들은 어떻게 해서 이런 경지에 이를 수 있을까요? 앞에서 이야기했듯이, 자신의 한계를 인식하는 것에서 시작합니다. 한계를 마주하거나 인정하거나 인식하는 일 없이 발전하고 성장할 수는 없습니다.

한계를 인정하는 일은 죽기보다 더 싫은 일일 수 있습니다. 간혹 자기가 평생을 선이라고 믿었던 것과 결별해야 할 수도 있습니다. 한계를 안다는 것은 천형天刑을 받는 일과도 같습니다. 하지만 이 한계에 대한 인식이 있어야 비로소 그 한계를 넘어선 높은 경지와 원리를 이야기할 수 있게 됩니다. 북해약도 하백이 자신의 한계를 인정하는 모습을 보이자 비로소 열린 마음으로 대화를 시작했던 것입니다. 한계를 인식하지 않으면 자기가 가졌던 생각을 계속 강화하기만 하지, 새로운 세계의 전개 방향과 내용에 보조를 맞출 수가 없습니다.

저는 〈추수〉 편에서 하백과 북해약 사이의 대화를 읽으면서 자기 한계에 대한 하백의 인식을 중요하게 여깁니다. 자기 한계에 대한 인식은 참회나 회개에 가깝고, 각성이나 자각으로 볼 수도 있습니다. 자신의 한계를 벗어나면서 자기가 믿었던 것, 자기가 근거했던 것이 다가 아니라는 것을 안 것입니다. 그렇게 하여 시야가 확장되고, 좌우를 넘나들고, 상하를 왕래하는 위대한 활동을 할 수 있습니다.

저를 포함해서 우리는 대개 마음에 드는 것은 받아들이고, 마음에 안 드는 것은 잘 안 받아들입니다. 마음에 드는 것을 옳다 하고, 마음에 안 드는 것은 그르다 합니다. 어떻게 보면, 우리는 이 세계와 관계하는 것이 아니라 세계에 자신이 정한 판단 기준을 강요하고 있을 뿐이죠. 물론 그렇게 살아도 되긴 합니다. 안 될 일은 없죠. 또 그렇게 살고 있기도 하고요. 하지만 그렇게 살면 현실적인 성취가 작아지고 효율성이 떨어집니다. 그렇게 되면 사회는 극심한 분열에 빠지고, 정치는 극심한 갈등에 휩싸이게 되니까 문제가 되는 거지요.

이어서 보겠습니다.

河伯曰, 若物之外, 若物之内, 하백왈 약물지외 약물지내
惡至而倪貴賤? 惡至而倪小大? 오지이예귀천 오지이예소대
北海若曰, 以道觀之, 物無貴賤. 북해약왈 이도관지 물무귀천
以物觀之, 自貴而相賤. 이물관지 자귀이상천
以俗觀之, 貴賤不在己. 이속관지 귀천부재기
以差觀之, 因其所大而大之, 이차관지 인기소대이대지
則萬物莫不大. 즉만물막부대
因其所小而小之, 則萬物莫不小. 인기소소이소지 즉만물막불소

"하백이 말합니다. '사물의 밖입니까? 아니면 사물의 안입니까? 도대체 어디에서 귀천이 구별되고, 도대체 어디에서 대소가 구분됩니까?' 북해약이 말합니다. '도의 관점으로 보면, 사물에는 귀천이 없죠. 사물의 수준에서 보면, 자신은 귀하고 상대방은 천하다고 하지요. 세속의 입장으로 보면, 귀천을 구별하는 기준이 (대중들에게 있으므로) 자기에게 없는 꼴입니다. 차이를 긍정하는 입장에서 보면, 크다고 볼 수 있는 것을 근거로 크다고 하기 때문에, 크지 않은 것이 없고, 작다고 할 수 있는 점을 가지고 작다고 하기 때문에, 세상에 작지 않은 것이 없게 되오.'"

知天地之爲稊米也, 지천지지위제미야

知毫末之爲丘山也, 則差數覩矣. 지호말지위구산야 즉차수도의

以功觀之, 因其所有而有之, 이공관지 인기소유이유지

則萬物莫不有. 즉만물막불유

因其所無而無之, 則萬物莫不無. 인기소무이무지 즉만물막불무

知東西之相反而不可以相無, 지동서지상반이불가이상무

則功分定矣. 즉공분정의

以趣觀之, 因其所然而然之, 이취관지 인기소연이연지

則萬物莫不然. 즉만물막불연

因其所非而非之, 則萬物莫不非. 인기소비이비지 즉만물막불비

知堯桀之自然而相非, 則趣操覩矣. 지요걸지자연이상비 즉취조도의

"천지도 좁쌀처럼 작은 것으로 간주할 수 있고, 털끝도 산처럼 크게 간주할 수 있다는 것을 알면, 차이의 이치가 보일 것이오. 기능(소용)을 놓고 보면, 소용이 있다고 할 만한 점을 가지고 소용 있다고 하면, 만물에 소용없는 것이 없고, 소용이 없다고 할 만한 점을 놓고 소용이 없다고 하면, 만물에 소용없지 않은 것이 없소. 동쪽과 서쪽이 반대되지만, 서로 없어서는 안 된다는 것을 알면, 기능(소용)의 이치를 알 것이오. 방향성을 놓고 볼 때, 옳을 만한 것을 가지고 옳다고 하면, 옳지 않은 것이 없고, 잘못이라고 할 만한 것을 근거로 잘못이라고 하면, 세상에 잘못 아닌 것이 없죠. 요 임금과 걸 임금도 자신은 옳고 상대방은 잘못이라고 하니 방향성의 이치가 보일 것이오."

무엇을 근거로 어떻게 보느냐에 따라 평가가 달라지는 것이니, 구분

된 가치 평가의 모든 것이 상대적이라는 것을 밝히고 있죠(이런 내용은 〈제물론〉 편의 중심 내용이기도 합니다). 그렇기 때문에 왕위를 선양하는 것은 무조건 좋다고 하고, 선양하지 않는 것은 무조건 안 좋은 것으로 보는 것이 얼마나 부질없으며 사회를 혼란에 빠뜨리는지를 알 수 있죠. 북해약의 말을 좀 더 들어보죠.

昔者堯舜讓而帝, 之噲讓而絶. 석자요순양이제 지쾌양이절

湯武爭而王, 白工爭而滅. 탕무쟁이왕 백공쟁이멸

由此觀之, 爭讓之禮, 堯桀之行, 유차관지 쟁양지례 요걸지행

貴賤有時, 未可以爲常也. 귀천유시 미가이위상야

梁麗可以衝城, 而不可以窒穴, 양려가이충성 이불가이질혈

言殊器也. 언수기야

騏驥驊騮, 一日而馳千里, 기기화류 일일이치천리

捕鼠不如狸狌, 言殊技也. 포서불여리성 언수기야

鴟鵂夜撮蚤, 察毫末, 치휴야촬조 찰호말

晝出瞋目而不見丘山, 言殊性也. 주출진목이불견구산 언수성야

"옛날에 요 임금과 순 임금은 선양하여 제왕의 자리가 이어졌지만, 자지子之와 쾌噲는 선양을 해서 나라가 망했소. 탕왕과 무왕은 전쟁을 통해 왕이 되었지만, 백공은 전쟁을 해서 망했소. 이렇게 보면, 전쟁과 선양의 예나 요 임금과 걸 임금의 행위는 귀하다거나 천하다거나 하는 것에 때가 있고, 일정하게 정해진 기준이 없음을 알 수 있소. 마룻대와

들보는 성벽을 쳐부술 수는 있지만, 작은 구멍을 막을 수는 없소. 역할이 다름을 말하는 것이오. 기기화류는 하루에 천 리를 달릴 수 있는 말들이지만, 쥐를 잡는 데에는 너구리나 살쾡이만 못하오. 재주가 다름을 말하는 것입니다. 부엉이는 야밤에 벼룩도 잡고 털끝까지도 살펴볼 수 있지만, 낮에 나오면 눈을 아무리 부릅떠도 언덕도 산도 보지 못합니다. 이는 타고난 것이 다름을 말합니다."

故曰, 蓋師是而無非, 師治而無亂乎? 고왈 개사시이무비 사치이무란호
是未明天地之理 萬物之情者也. 시미명천지지리 만물지정자야
是猶師天而無地, 師陰而無陽, 시유사천이무지 사음이무양
其不可行明矣. 기불가행명의
然且語而不舍, 非愚則誣也. 연차어이불사 비우즉무야
帝王殊禪, 三代殊繼. 제왕수선 삼대수계
差其時, 逆其俗者, 謂之簒夫. 차기시 역기속자 위지찬부
當其時, 順其俗者, 謂之義之徒. 당기시 순기속자 위지의지도
黙黙乎河伯! 묵묵호하백
女惡知貴賤之門, 小大之家! 여오지귀천지문 소대지가

"그러므로 '옳음을 따라 그름을 배격하고, 질서를 따라 무질서를 배격한다'고 말하는 것은 자연의 이치와 만물의 실정을 잘 모르는 자이기 때문이죠. 이는 마치 하늘을 따르느라 땅을 무시하거나, 음을 따르느라 양을 무시하는 것이니, 제대로 될 수 없다는 것은 매우 분명합니

다. 그런데도 계속 주장하며 버리지 않으니 바보가 아니라면 속이는 것이 분명하죠. 제왕들은 왕위를 넘겨주는 방식이 다 달랐고, 하·은·주 삼대의 계승 방법도 다 달랐소. 그 시대 의식에 맞추지 않고, 사회의 흐름에 거역하면, 그를 찬탈자라 하고, 시대 의식에 맞추고, 사회 흐름에 따르면, 그를 정의로운 사람이라고 하는 것이죠. 잠자코 있으시오, 하백! 그대는 귀천이 나오는 문이나 대소가 깃드는 곳을 어찌 알겠소."

우리는 보통 선양을 좋은 것으로만 생각합니다. 그런데 역사 속에서는 누구는 그렇게 해서 잘 됐고, 누구는 그렇게 해서 못 됐습니다. 누구는 전쟁해서 왕이 되고, 누구는 전쟁을 발동해서 망합니다. 큰 들보를 가지고 성벽을 깰 수는 있습니다. 그런데 그것으로 조그만 구멍은 막을 수 없습니다. 천리마는 하루에 천 리를 달리지만, 쥐나 너구리를 잡는 데는 젬병입니다. 살쾡이만도 못하지요. 부엉이는 밤에 벼룩도 잡지만, 낮에는 산인지 언덕인지 구분도 못 합니다. 이 세상 이치는 어떤 고정된 하나로 돌아가지 않습니다. 어느 정해진 하나에 의존할 수 없습니다.

河伯曰, 然則我何爲乎, 何不爲乎? 하백왈 연즉아하위호 하불위호
吾辭受趣舍, 吾終奈何? 오사수취사 오종내하

그러자 하백이 그러면 뭘 어떻게 해야 하는 것이냐 하며 북해약에게 물어봅니다. "그렇다면 도대체 나는 무엇을 해야 하고, 무엇을 하면 안 되는 것입니까? 사양할 것인지, 받아들일 것인지, 취할 것인지, 버릴

것인지를 놓고 결국 어떻게 해야 하는지요?"

전쟁을 하라는 말이냐 말라는 말이냐, 선양을 하라는 말이냐 말라는 말이냐, 대들보가 좋다는 거냐 나쁘다는 거냐, 천리마가 좋다는 거냐 나쁘다는 거냐. 하백이 채근하며 묻는 것입니다.

北海若曰, 以道觀之, 북해약왈 이도관지

何貴何賤, 是謂反衍. 하귀하천 시위반연

無拘而志, 與道大蹇. 무구이지 여도대건

何少何多, 是謂謝施. 하소하다 시위사이

無一而行, 與道參差. 무일이행 여도참차

嚴嚴乎若國之有君, 其無私德. 엄엄호약국지유군 기무사덕

繇繇乎若祭之有社, 其無私福. 유유호약제지유사 기무사복

泛泛乎其若四方之無窮, 其無所畛域. 범범호기약사방지무궁 기무소진역

兼懷萬物, 其孰承翼? 是謂無方. 겸회만물 기숙승익 시위무방

萬物一齊, 孰短孰長? 만물일제 숙단숙장

그러자 북해약이 답을 합니다. "도를 근거로 보면, 무엇이 귀하고 무엇이 천하겠소? 이를 일러 반연反衍이라 하오. 당신의 뜻에 구속되지 마시오. 그러면 도에 어긋나게 되오. 또 무엇이 적고 무엇이 많겠소? 이를 일러 사이謝施라고 하오. 당신의 행동을 하나로 고정하지 마시오. 그러면 도와 큰 차이가 나오. 마치 나라의 군주처럼 자신에게 엄격하여 덕을 사적인 감정에 따라 베풀지 않고, 제사를 받는 신처럼 느긋하

고 태연한 태도로 사적인 감정으로 복을 내리지 않고, 사방의 끝이 없는 듯이 한없이 넓어서 어떤 경계도 없이 만물을 모두 품으니 누구를 특별히 감싸겠소? 이를 일러 무방無方이라 하오. 만물은 하나같이 가지런한데, 무엇을 짧다 하고 무엇을 길다 하겠소."

道無終始, 物有死生, 不恃其成. 도무종시 물유사생 불시기성

一虛一盈, 不位乎其形. 일허일영 불위호기형

年不可擧, 時不可止. 년불가거 시불가지

消息盈虛, 終則有始. 소식영허 종즉유시

是所以語大義之方, 論萬物之理也. 시소이어대의지방 논만물지리야

物之生也, 若驟若馳, 물지생야 약취약치

無動而不變, 無時而不移. 무동이불변 무시이불이

何爲乎, 何不爲乎? 夫固將自化. 하위호 하불위호 부고장자화

"도는 시작도 없고 끝도 없지만, 사물에는 생사가 있소. 그러니 특정한 모습으로 완성된 한 상태를 근거로 이렇다 저렇다 정해서 말할 수는 없소. 텅 비기도 하고, 가득 차기도 하는 것이니 정해진 한 형태를 가지고 그것의 위치를 정할 수 없소. 세월은 막을 수 없고, 시간은 멈추게 할 수 없소. 스러진 것이 다시 성하고, 가득 찬 것이 텅 비워지며, 끝났는가 하면 다시 시작되오. 이것이 대도의 근본을 말하고, 만물의 이치를 따지는 까닭이오. 만물의 삶이라는 것이 말이 질주하는 것처럼 움직여서 변하지 않는 것이 없고, 때에 따라 달라지지 않은 것이 없소.

무엇을 하고, 무엇을 하지 말아야 하느냐고요? 모름지기 자화自化하는 것이라오."

하백은 할 수 있는 것과 해서는 안 되는 것을 분명히 정해주기를 기대하고 북해약에게 물었지만, 북해약은 그 질문 자체가 성립할 수 없음을 지적합니다. 즉 세계가 존재하는 모습이 할 것과 하지 말 것을 분명히 정할 수 없게 되어 있다는 것이죠.

먼저 '반연反衍'을 말합니다. 반연은 사물의 변화와 가치는 항상 반대편을 향해 있고, 반대편 것과 연결되어 있다는 말입니다. 귀하고 천하다는 가치 판단도 귀했던 것이 다시 천해지고, 천했던 것이 다시 귀해질 뿐 아니라, 귀한 것은 천한 것 때문에 귀해지고, 천한 것도 귀한 것과의 관계 속에서 비로소 천해지므로 특정한 의미로 규정해서 귀하고 천한 것을 정할 수 없다는 것이죠.

다음에 '사이謝施'를 말합니다. 우리 주변에서 '사謝'는 주로 '감사하다'는 뜻으로 가장 많이 쓰이는데, 여기서는 '바뀌다'라는 의미입니다. '신진대사新陳代謝'에서 이 뜻으로 쓰였습니다. '시施'는 우리에게 '베풀다'는 의미로 익숙한데, 여기서는 '이'로 읽으면서 '기울다'는 의미로 새기는 것이 좋습니다. 기울어져 있으면, 변화 운동이 더 잘 일어나겠지요. 그러니까 이 세상의 모든 것들은 다 반대로 이어져 있고, 이 세계의 진실은 기울어져 있습니다. 행성의 운동도 원이 아니고 타원입니다. 기울어져 있습니다. 모든 것은 다 기울어져서 계속 대사합니다. 계속 교체됩니다.

그다음에 '무방無方'을 말합니다. '방方'은 모서리입니다. 모서리는 분명하게 정해진 형태와 방향을 말하는데, 그런 것은 없다는 것이 '무방'입니다. 우주는 특정한 방향을 향해서 나아가지 않습니다.

하백이 '이렇게 하는 것이 좋을지, 저렇게 하는 것이 좋을지, 똑 부러지게 말해주십시오' 하니까, 북해약은 똑 부러지게 말하는 대신에 '세상은 말이야, 우주는 말이야, 반대쪽으로 계속 이어져 있어, 기울어져서 계속 교대돼, 그리고 특정한 방향이 없어. 이것이 우주야'라고 말합니다. 분명한 답을 구하고 싶었던 입장으로 보면, 답답할 노릇이죠.

세계는 반대쪽을 향해서 계속 이동합니다. 사랑도 시작하면서 반대를 향해 나아갑니다. 이별을 향해 가는 것이지요. 태어나자마자 죽어갑니다. 그렇게 되어 있습니다. 그런데 거기서 생사 가운데 하나를 분명히 정할 수 있겠습니까? 사랑과 이별 가운데 좋은 것과 나쁜 것을 분명히 정할 수 있겠습니까? 사회적으로는 정의를 분명히 정할 수 있겠습니까? 선양은 항상 좋은 것입니까? 그렇지 않다는 것이지요.

어떤 사람은 머리가 빨라서 성공하지만, 어떤 사람은 머리가 빨라서 실패합니다. 이때는 머리가 빨라서 성공했지만, 저 때는 머리가 빨라서 실패하기도 하죠. 세상은 '반연', '사이', '무방'의 방식으로 변하고, 교대되고, 운동하는데, 우주 자연은 '자화自化', 즉 자기가 알아서 변합니다. 자연적으로 변합니다. 우리가 어떻게 정해서 판단하거나 가치를 매길 수 없습니다. 하백이 어떻게 할 수 있는 일이 아니지요. '자화' 하는 것입니다. 우주가 자화하니 우주의 일부인 인간도 자화하는 것이 좋습니다. 여기서 얼핏 앞에서 말한 '자쾌自快'가 떠오를 것입니다. 꼭 같은 말은 아니지만, 연결해서 이해하면 더 쉬울 것입니다.

스스로 변화하다

———————

헤르만 헤세는《데미안》에서 말합니다. "나는 내 속에서 스스로 솟아나는 것, 바로 그것을 살아보려 했다. 그것이 왜 그토록 어려웠을까?" 우리는 보통 우리 속에서 스스로 솟아나는 것을 살기보다는 이미 좋다고 정해진 것을 수행하는 것으로 삶을 채우는 경우가 많습니다. 그래서 노자도《도덕경》제2장에서 "모든 사람이 선하다고 하는 것을 선한 것으로 알고 살면 선하지 않은 것이고, 모든 사람이 아름답다고 하는 것을 아름다운 것으로 알고 추종하면 오히려 추한 꼴이다"고 말하는 것입니다. 노자는 사실 우리 가운데 한 명으로 살 것인지, 고유한 나로 살 것인지를 묻는 것입니다. '자화'할 것이지, 아니면 '타화他化'할 것인지를 묻는 것이지요. 노자는 '자화'라는 용어를 쓰지는 않지만, 결국은 같은 말입니다. 장자의 용어를 빌려서 말하면, 헤르만 헤세의 말도 "나는 '자화'하고 싶었다. 그런데 그것이 왜 그토록 어려웠을까?"로 바꿀 수 있을 것입니다.

장자에 의하면, 자화를 터득하고 자화 쪽으로 더 가까워질수록 성공한 삶을 살 가능성이 큽니다. 자녀 교육에서도 자화를 인정하지 않으니까, 부모들이 자식을 자신이 원하는 대로 키우려는 의지가 너무 강합니다. 자식을 자기 뜻대로 키울 수 있고, 또 그렇게 키워야 한다고 생각하는 것 자체가 자화를 받아들이지 않은 태도입니다. 부모는 사실 자식에게 자화의 토대를 제공하는 것에 그쳐야 합니다. 자식 스스로 클 수 있는 내면을 만드는 데에 도움을 주는 것입니다.

자화의 토대를 제공하는 게 무엇일까요. 제일 중요한 것이 안전을 제공하는 것입니다. 그다음에 충분히 사랑하는 것입니다. 그다음에는 모범을 보이는 것입니다. 그다음에 기능적인 것을 묻지 않고 즉, 성적이 어떤지를 묻지 않고 본질적인 것을 물어야 합니다. '너는 어떤 사람이 되고 싶냐', '무얼 할 때 너는 행복하냐' 묻고 자식의 말을 정성껏 들어주는 것이지요. 자식과 소유적 관계가 아니라 존재적 관계를 형성하는 것입니다. 이것이 자화의 이치를 아는 사람이 자식을 사랑하는 방식이 되어야 한다고 저는 생각합니다.

초등학교 다니는 어린이들에게 벌써 의대 진학을 목표로 하는 초등의대반을 여는 학원이 있고, 거기에 자녀를 보내는 부모가 있는 것이 정상은 아닙니다. 이렇게 하면서 소외되는 건 자녀의 본래 성향입니다. 자화와는 거리가 아주 멀죠. 자녀가 안에서 솟아나는 그 무엇을 찾아서 자화하게 해주는 것이 최고입니다. 그런데 부모들은 자신이 바람직하다고 생각하는 것을 옳은 것으로 정하고 자녀에게 부과하는 경우가 많죠. 그러면 자녀 스스로 바라는 것은 사라지고 그 자리를 부모가 생각하는 혹은 사회가 정해놓은 '바람직함'이 차지해버립니다. 그러면 그 자녀는 부모나 사회가 정해놓은 '바람직함'이라는 방향성과 틀 속에서만 성장하게 됩니다. 자기 자신은 점점 작아지고 좁아지고 희미해져 버리죠. 이렇게 '자화'는 '무방'에 연결됩니다. 정해진 틀이나 방향성이 없는 상태가 '무방'입니다.

나라도 똑같습니다. 나라가 반드시 따라야 할 특정한 이념을 정해놓고 모두에게 그것만 지키라고 강요하거나 국가가 정해놓은 촘촘한 계획에 따라 살게 해서 더 자유롭거나 더 풍요로워진 일은 없습니다. 안전을 제공하고, 마음껏 활동할 기회를 제공하고, 공정성을 제공하면서 자율성을 가능한 한 많이 부여할 때 자유롭고 부강해진 예가 더 많습니다. 중국에서는 모택동 때보다는 등소평 때, 진시황 때보다는 한나라 유방 때, 유비 때보다는 조조 때가 그랬습니다.

그런 시대의 공통적인 특징은 국가의 관리를 의도적으로 최소화한 것입니다. 촘촘하면 촘촘할수록 숨쉬기가 어렵고, 느슨하면 느슨할수록 숨쉬기가 편합니다. 숨쉬기 편하면 활동력이 생기고, 활동력이 생기면 경제가 살아나고, 경제가 살아나면 국가적으로 조세가 늘어나고, 조세가 늘어나면 부강하고, 부강하면 할 수 있는 일들이 더 많아집니다.

그런데 어느 한쪽에 치우쳐서 방향을 정해놓고, 그 방향으로 몰고 가려고 길을 촘촘하고 좁게 만듭니다. 길을 촘촘하고 좁게 만들면, 스스로는 열심히 일하는 것 같고 헌신하는 것 같지만, 그 안에서는 구성원들의 활동 공간이 매우 좁아집니다. 좁아지면 활동력이 떨어지고, 활동력이 떨어지면 경제가 살아나지 못하고, 경제가 살아나지 못하면, 국가적으로 조세가 줄어들고, 조세가 줄면 나라가 할 일을 제대로 할 수 없습니다. 어떤 연유에서 대한민국은 지금 나라를 점점 더 촘촘하게 관리하려는 세력이 주류가 되어가고 있습니다. 규제를 강화하고, 진영의 편의에 따라 법을 만들고, SNS를 검열하려는 시도를 해서 표현의 자유를 억압하는 등의 일이 만연해 있습니다. 이렇게 되면, 나라는 점점 위축되고 약화될 것입니다.

그래서 도가 계열에서는 대개 나라는 가능한 한 관리를 느슨하게 해야 한다고 주장합니다. 관리를 촘촘하게 강화하는 이유는 특정한 이념이나 가치를 절대선으로 간주하기 때문입니다. 그러면 사실에 근거하는 통치보다는 도덕에 집중하는 통치를 하게 되죠. 개인의 삶이나 국가의 운영이 도덕주의적 경향을 보이는 순간 그 개인이나 국가의 삶은 촘촘하고 치밀한 터널을 지나가게 됩니다. 그러면 숨쉬기가 어려워집니다. 도가의 시각으로 볼 때는 유가가 대체로 그러죠. 또 사회주의나 공산주의가 대체로 그러합니다. 중국에서는 같은 사회주의라도 모택동의 그것은 더 공자적이고, 등소평의 그것은 더 노자적이었습니다.

'자화'는 '자쾌'와 매우 가깝게 있습니다. 자화를 하면, 더 독립적이고, 더 독립적이면, 더 자유롭습니다. 바로 더 창의적이게 되죠. 자기 안에서 솟아나는 것, 그것을 살아보려고 자화, 자쾌합니다. 자율적인 태도로 창의적인 삶을 살 수 있게 되죠.

그것과 반대는 사회에서 좋다고 하는 것을 좋은 것으로 믿고 그것을 기준으로 하거나, 특정한 이념이나 정해진 가치를 기준으로 하거나, 그보다 더 심하면 자기 자신보다는 다른 사람의 생각과 가치관을 더 중시하는 삶을 살게 되죠. 그렇게 되면, 자기 외부에 있는 것을 자기 내부에서 솟아나는 어떤 것보다 더 가치 있는 것으로 대합니다. 이러면 나의 존재 가치가 나 아닌 다른 것에 견주고서야 비로소 확인되는 지경에 이르게 됩니다.

우리는 걷기 좋은 길을 만들어 놓고, 그것에 고유한 이름을 달아주려 하지 않고 바로 '한국의 산티아고'라 부릅니다. 산티아고에 의존해야만 그 길의 존재 가치가 비로소 빛날 수 있다고 보는 것입니다. 언론상을 만들어 놓고, 그것을 '한국의 퓰리처상'이라 불러야 안심이 됩니다. 연기자를 불러줄 때도 '한국의 톰 행크스', 평택도 부산도 송도도다 '한국의 베니스'라 부르려 안달입니다. 내가 하고도 그것이 외부 것에 의해 확인이 되어야만 비로소 존재 가치를 가질 수 있다는 것입니다. 그것은 내가 정해진 방향성에 맞춰져 있다는 것입니다. '무방'이 안되는 것이지요. 텔레비전 프로그램의 제목들을 한번 보십시오. 〈오 마이 베이비〉〈애니멀 레스큐〉〈모닝 와이드〉〈해피 투게더〉. 자기 언어와 자기 문자가 자기 존재를 표현할 뿐 아니라 자신을 형성하는 데에 얼마나 핵심적인 역할을 하는 것인지에 대한 인문적 인식이 부족해서 그렇습니다. 그리고 그렇게 하면서 자기가 뭘 하고 있는지 모릅니다. 그것은 '자쾌'의 경지를 경험해본 적이 없어서 그렇습니다. '자쾌', '자유'의 경지에서 나온 생산성이 가장 압도적이라는 것을 알지 못하기 때문에 그렇습니다. 창의적이고, 독립적이고, 자유로운 삶을 살아본 적이 없어서 그렇습니다.

대관령이 위대해지는 길은 딱 하나밖에 없습니다. 대관령이 대관령이기만 할 때 위대해집니다. 대관령이 한국의 산티아고일 때는 절대 위대해질 수 없습니다. 송도, 평택, 부산이 위대해지는 길은 한 길밖에 없습니다. 송도는 송도일 때만, 평택은 평택일 때만, 부산은 부산일 때만 위대해집니다. 부산, 송도, 평택이 한국의 베니스로 있는 한 아류의 위치를 벗어나지 못합니다. 왜 스스로 자신을 아류로 자리매김하는지 이해하기 어렵습니다. '무방'과 '자화'를 받아들여서 그런 변화의 상태에 자신을 두었을 때 나 자신이 진정으로 드러나서 때에 맞는 적절한 행위를 할 수가 있습니다. 나에게만 있는 고유한 호기심과 궁금증을 바탕으로 해서 살 수 있게 되는 것이죠. 내 안에서 스스로 솟아나는 바로 그것을 살 수 있게 되는 것입니다. 그런 행위가 우주적 행위이고, 가장 완벽한 행위이며, 생산성이 가장 높은 행위라고 장자는 말하고 싶었을 것입니다.

하백이 이렇게 말해도 북해약은 무엇 하나 분명하게 정해주지 않고 저렇게 말해도 북해약은 무엇 하나 분명하게 정해주지 않습니다. 북해약이 대단한 줄은 알고 있지만, 계속 모호하게만 끌고 가니까 하백이 답답해집니다. 하백이 '그럼 어째서 도를 귀하게 여깁니까?', '그럼 뭐 하려고 득도합니까?'라는 식으로 묻습니다. 이것도 아니고 저것도 아니라고 하는데, 그러면 그것을 어디에 쓰려고 득도하느냐, 도는 어디에 쓰느냐고 묻는 것이지요. 문장은 굉장히 평범하고 점잖지만, 하백이 약간 짜증이 난 건지도 모르겠습니다.

河伯曰, 然則何貴於道邪? 하백왈 연즉하귀어도야

北海若曰, 知道者必達於理, 북해약왈 지도자필달어리

達於理者必明於權, 달어리자필명어권

明於權者不以物害己. 명어권자불이물해기

"하백이 말합니다. '그렇다면, 왜 도를 귀하게 여겨야 합니까?' 북해약이 말합니다. '도를 아는 자는 반드시 이치에 통달합니다. 이치에 통달한 자는 반드시 형세에 밝습니다. 형세에 밝은 자는 해를 당하지 않습니다."

북해약은 우리가 도를 알아야 하는 이유, 즉 득도해야 하는 이유는 우선 세계의 이치에 통달하게 되기 때문이라고 말합니다. 여기서 '理(리)'라는 글자를 잘 봐봅시다. 보통 '이치'라고 새기는데, 이치는 주관적인 것이 아닙니다. 글자 앞쪽에 붙은 부수가 구슬 '옥玉'이죠? '理'에서 부수 '玉'의 오른편에 붙어 있는 '里(리)'는 '마을'이라는 뜻입니다. 마을은 지배 구조나 가옥들의 배치에도 질서나 규칙이 있죠. 대개는 성 안을 가리킵니다. 성 안은 공무를 보는 조정과 보통 사람들이 사는 여염閭閻으로 되어 있습니다. 성 밖에 인문적 질서가 없이 자연 상태로 방치되어 들판을 '야野'라 하고, 무질서와 질서가 반반씩 교차되어 있는, 리里와 야野 사이를 '교郊'라고 하죠. 질서나 규칙의 유무에 따라 리와 야는 구분됩니다.

결국 구슬이나 돌에 새겨진 질서, 즉 무늬를 '理'라고 합니다. 우리가 '이치'라고 할 때 사용하는 '理' 자가 나타내는 가장 분명한 의미는 인간의 주관성과 떨어져서 객관적으로, 즉 자연적으로 새겨진 무늬라는 뜻입니다. 돌에 새겨진 질서로서의 무늬는 인간이 아니라 자연이 새겼기 때문입니다. 그러니까 돌에 새겨진 무늬나 질서는 인간의 주관성에 의해 흔들리거나 좌우되지 않습니다. 도를 알면, '달어리達於理', 즉 사회와 자연의 질서, 규칙, 원리를 알게 됩니다. 다시 말하면, 사람들이 흔히 갖는 편견, 가치관, 이념, 신념들을 벗어나 객관적으로 존재하는 자연과 사회의 질서, 원리에 통달하게 된다는 것입니다.

그 원리에 통달하면 어떤 일이 벌어질까요? 사태를 잘 살필 수가 있습니다. 저울질을 잘할 수 있는 것이지요. 사태를 잘 살피면, 상황에 맞춰서 적절한 행동을 할 수 있게 됩니다. '명어권明於權', 즉 임기응변에 능하게 되는 것이죠. '권權'은 '권력'도 되지만 여기서는 '저울추'를 가리킵니다. 저울추가 이리저리 흔들리다가 중심을 잡는 것처럼, 형세를 잘 살펴 가장 적절한 행위를 하는 것을 가리킵니다. 저울질을 잘한다는 것은 임기응변에 능하다는 것입니다. 우리가 보통 임기응변에 능하다고 하면 잔머리 선수란 의미도 있지만, 지적인 성장이 어느 정도 충분하여 적절하게 하는 행위는 거의 다 임기응변입니다. 일이나 사물의 가장 핵심적인 부분을 파악하여 거기에 딱 맞는 행위를 하는 것이죠. 왜 임기응변에 능하지 않을까요? 이치에 통달하지 않았기 때문입니다. 이치에 통달하지 않았다는 건 좁고 얇다는 것입니다. 좁고 얇으면 어떻게 될까요? 자기가 가진 좁은 인식을 진리로 여깁니다. 과대망상이죠. 세계를 보고 싶은 대로 보거나 봐야 하는 대로 보지, 보이는 대로 볼 수 없게 됩니다. 이치에 통달하고 임기응변에 능하여 상황에 맞는 적절한 행위를 하면 해를 당할 일이 없겠지요.

이치를 모르면, 자녀 교육에서도 당장 눈앞의 성적만을 따집니다. 자녀가 자신을 궁금해하고, 자신을 자신에게 설명하는 법을 배우는 것이 가장 근본이라는 이치를 모르기 때문에 그런 근본을 알게 해주는 임기응변을 못하고 눈앞의 성적만을 따지는 것이죠. 무엇인가를 아는 것보다 알고 싶어 하는 호기심을 키우는 것이 더 근본이라는 이치를 모르면 자녀에게 무엇인가를 알게 하려고만 하는데, 이러다가는 알고 싶어 하는 욕망 자체를 거세해버리는 우를 범하게 됩니다. 소탐대실이죠. 이치를 모르면 적절한 임기응변을 못하는 우를 범하게 되는데, 장자는 이를 '해를 당하는' 것으로 봅니다. 이치를 알고 형세를 잘 살펴서 자녀를 적절하게 대하면, 자녀는 더욱 잘 자라게 되는데, 장자는 이를 '해를 입지 않는 것'으로 표현하고 있습니다.

근원을 살피고
다음으로 건너가는 주체

〈추수〉편 3

8장

〈추수〉 편을 이어서 보겠습니다.

夔憐蚿, 蚿憐蛇, 기련현 현련사

蛇憐風, 風憐目, 目憐心. 사련풍 풍련목 목련심

"기夔는 노래기를 부러워하고, 노래기는 뱀을 부러워하며, 뱀은 바람을 부러워하고, 바람은 눈을 부러워하고, 눈은 마음을 부러워한다."

기는 다리가 하나인 동물입니다. 노래기는 발이 아주 많이 달렸습니다.

夔謂蚿曰, 기위현왈

吾以一足趻踔而行, 予無如矣. 오이일족침탁이행 여무여의

今子之使萬足, 獨奈何? 금자지사만족 독내하

蚿曰, 不然. 子不見夫唾者乎? 현왈 불연 자불견부타자호

噴則大者如珠, 小者如霧, 분즉대자여주 소자여무

雜而下者不可勝數也. 잡이하자불가승수야

今予動吾天機, 而不知其所以然. 금여동오천기 이부지기소이연

기가 말합니다. "나는 발 하나로 뒤뚱거리며 다니느라 편치가 않은데, 자네는 그렇게나 많은 다리를 부리니 어떠하신가?" 노래기가 대답합니다. "그렇지 않네. 자네는 침 뱉는 것을 보지 못했는가? 내뱉으면 구슬같이 생긴 큰 것들과 안개같이 생긴 작은 것들이 뒤섞여서 떨어지는데 그 수를 다 셀 수가 없네. 지금 나는 타고난 바를 따라서 움직일 뿐이지 왜 그런지는 알지 못한다네."

蚿謂蛇曰, 吾以衆足行, 현위사왈 오이중족행
而不及子之無足, 何也? 이불급자지무족 하야
蛇曰, 夫天機之所動, 何可易邪? 사왈 부천기지소동 하가역야
吾安用足哉! 오안용족재

노래기가 뱀에게 묻습니다. "나는 여러 개의 발로 가는데도 다리도 없는 자네를 따르지 못하니 왜 그런가?" 뱀이 대답합니다. "타고난 바대로 움직일 뿐, 어찌 바꿀 수 있겠는가. 내가 어찌 발 따위를 쓰겠는가?"

蛇謂風曰, 予動吾脊脅而行, 則有似也. 사위풍왈 여동오척협이행 즉유사야
今子蓬蓬然起於北海, 금자봉봉연기어북해
蓬蓬然入於南海, 봉봉연입어남해

而似無有, 何也? 이사무유 하야

風曰, 然. 풍왈 연

予蓬蓬然起於北海而入於南海也, 여봉봉연기어북해이입어남해야

然而指我則勝我, 鰌我亦勝我. 연이지아즉승아 추아역승아

雖然, 夫折大木, 蜚大屋者, 唯我能也, 수연 부절대목 비대옥자 유아능야

故以衆小不勝爲大勝也. 고이중소불승위대승야

爲大勝者, 唯聖人能之. 위대승자 유성인능지

뱀은 또 바람에게 묻습니다. "나는 등뼈나 갈비뼈를 움직여서 가므로 발이 있는 거나 같네. 그런데 자네는 휙휙 북해에서 일어나 휙휙 남해로 들어가는데 발이 없지 않은가. 어떻게 이렇게 하는가?" 바람이 대답합니다. "나는 휙휙 북해에서 일어나 휙휙 남해로 들지만, 손가락을 세워서 나를 막기만 해도 나를 이기며, 나를 밟아도 역시 나를 이기네. 비록 큰 나무를 부러뜨리고 큰 집을 무너뜨리는 일을 나만 할 수 있다고 해도 말이야. 그러므로 자잘하게 이기지 않는 것을 크게 이기는 것으로 삼네. 크게 이기는 것은 성인만이 할 수 있지."

기는 노래기를, 노래기는 뱀을, 뱀은 바람을 부러워하는데, 각 단계에서 부러움을 받는 쪽은 모두 이구동성으로 '내가 왜 부러움을 사는지 모르겠다. 나는 그저 타고난 대로 할 뿐이다'라고 말합니다. 자기가 생겨 먹은 대로 할 뿐이라고 해도, 부러워하는 쪽에서는 누가 더 다리를 많이 가지고 있느냐, 빨리 가느냐 하는 등의 세속적 기준을 가지고 하는 것이지요. 바람이 잘 말하고 있습니다. 북해에서 남해로 큰 소리

를 내며 순식간에 이동하면서 큰 나무도 부러뜨리고, 큰 집도 무너뜨리는 정도로 강한 힘을 쓸 수 있지만, 누가 손가락을 곧추세워 막으면 그 손가락은 무너뜨리지 못하고 바람이 오히려 피해서 가고, 바람을 밟거나 발길질을 해도 바람은 어찌해 볼 도리가 없다는 것을 말해줍니다. 어느 기준을 쓰느냐에 따라 강약이 결정될 뿐입니다.

발 개수로만 따지면 노래기가 기한테 이긴 것이겠지요? 이것을 자잘한 승리, 즉 소승小勝이라고 합니다. 작게 이기는 것. 노래기와 뱀의 경우가 되면 발 개수로 승부를 가리는 것이 아니지요. 이번에는 누가 더 빨리 가느냐로 비교합니다. 빨리 가기로 하면, 발도 없는 뱀이 오히려 빠르지요. 이것도 자잘한 승리입니다. 상대와의 비교로 얻어진 승리는 다 작은 승리입니다. 비교할 때는 상대적으로 비교 조건이 달라집니다. 어떤 하나의 작은 기준을 가지고 비교해서 이긴 것을 자잘한 승리라고 하죠.

장자의 견해는 그런 자잘한 승리는 안 하는 것이 낫다는 것인데, 자잘한 승리가 벌어지는 그런 환경 자체에 빠지지 말라는 경고로도 읽힙니다. 자잘한 승리를 도모하거나, 자잘한 승리에 취하면 사람이 자잘해지기 때문입니다. 그보다는 큰 승리, 즉 대승大勝을 해야 합니다. 자잘한 기준에서 판단되는 작은 승리가 아니라 인간으로서 위대해지는 큰 승리를 도모해야 한다는 뜻입니다. 그런데 큰 승리는 누구만 할 수 있습니까? 성인만 할 수 있습니다. 그러면 스스로 보통 사람이라고 생각하며 사는 우리는 할 수 없을 가능성이 훨씬 크지요.

큰 승리를 꿈꾸며 살다

보통 사람과 성인 쪽에 가까운 사람 사이의 가장 큰 차이는 무엇인가? 보통 사람은 자신 외부의 타인이나 일반적으로 정해진 가치 기준에 자신을 비교하며 삽니다. 성인 쪽에 가까운 사람은 다른 무엇과도 자신을 비교하지 않고, 자기가 자신의 존재 이유이죠. 성인 쪽에 가까운 사람은 외부에 있는 것과 경쟁하지 않습니다. 경쟁한다면, 자기 자신과만 경쟁하지요. 앞에서 장자가 강조했던 '자쾌自快'의 의미를 기억해서 이 부분과 연결하여 생각해보면 좋겠습니다.

우리의 일상에서 큰 승리와 작은 승리를 비교해보죠. 앎의 문제를 한번 보겠습니다. 우리는 보통 앎을 어떤 것에 대해 지적으로 이해하는 것으로 보는데, 사실 앎이라는 것은 아는 것을 바탕으로 해서 모르는 것으로 넘어가려고 발버둥 치고 몸부림치는 일입니다. 앎은 지식을 쌓는 것보다 훨씬 더 넓은 의미이며, 그것은 의외로 몸부림이나 발버둥에 가깝습니다. 이 몸부림이나 발버둥으로 이미 알고 있는 내용 다음으로 건너갈 수 있으며, 이 건너가기를 통해 더 높아지고 더 넓어지는 것입니다. 지식 쌓기에 머무는 보통 사람들은 '누가 더 많이 아느냐', '누가 더 빨리 대답하느냐', '누가 더 원래 모습 그대로 뱉어내느냐' 등 비교에 빠지는 것으로 대부분의 지적 활동을 채우죠.

아는 것을 바탕으로 하여 모르는 것으로 넘어가려고 발버둥 치는 태도를 가진 사람은 우선 지적 활동의 출발점을 자기에게만 있는 자신만의 고유한 호기심에 근거합니다. 비교에 빠지지 않습니다. 발버둥 치는 사람들은 누군가와 비교하는 것이 아니라 자신만의 고유한 호기심을 발동하여 질문을 하죠. 비교할 때 사용하는 기준은 자신 안에서 극히 일부분을 차지하지만, 호기심은 자신의 전체입니다. 자신만 고유하게 가지고 있는 것이자 자신의 전체인 호기심이 발동하는 일이니 당연히 자쾌에 가깝습니다. 이 세계에 등장하는 물건, 제도 그리고 생각(철학) 까지도 대답의 결과로 나온 것은 단 하나도 없습니다. 모두 질문의 결과입니다. 이런 의미에서 세상의 주도권은 질문하는 자가 가집니다. 자쾌하는 자가 가지는 것입니다. 이런 길이 바로 성인의 길인 것입니다.

우리는 마음이 급한 나머지 자녀나 학생들에게 무엇을 알게 해주려고, 무엇인가를 주입하려고 노력합니다. 이렇게 하다 보면, 무엇인가를 많이 알고는 있는데, 자신이 무엇을 하려는 사람인지, 어떻게 살려고 하는 사람인지를 잊어버리게 되곤 하죠. 궁금증이나 호기심은 어디론가 사라져버리고, 수동적으로 주입된 것들을 '당연한 것'으로 믿고 그것을 사용하는 데에만 빠지다가 자아상실의 지경에 이르게 됩니다. 이런 상태에서는 행복하기도 어렵고, 창의적이기도 어렵고, 자유롭기도 어렵고, 주체적이기도 어렵습니다.

앎의 과정에서는 앎의 결과인 지식을 흡수하는 데에 집중하는 일보다도 '알고 싶어 하는 욕망'을 지키는 것이 핵심입니다. 아무리 아는 것이 많다 하더라도 알고 싶어 하는 욕망을 줄여버리면 영혼의 율동감이나 윤기는 사라집니다. 무엇이 작은 승리이고, 무엇인 큰 승리인지는 이제 우리에게 분명합니다. 작은 승리에 빠져 사는 잔챙이로 살다 갈 것인지, 큰 승리를 꿈꾸는 크고 굵은 사람으로 살다 갈 것인지 생각하게 하는 내용입니다.

사족 하나! 우리나라 정치계에서 협치를 자주 말합니다. 말만 하지 협치를 잘하지는 못합니다. 협치도 잔챙이들은 절대 할 수 없습니다. 사람이 커야 국면을 크게 볼 수 있고, 국면을 크게 볼 수 있어야 협치도 가능합니다. 자잘한 승리로 평생을 살아온 사람들이 갑자기 대승을 경험한 사람들만 할 수 있는 협치를 할 수 있겠습니까? 협치도 대답만 하도록 훈련된 사람들은 하지 못합니다. 질문을 하는 내면을 가져야 협치를 최소한 시도라도 할 수 있습니다.

개구리의 마음에서 벗어나라

──────

〈추수〉 편에서는 공손룡公孫龍의 이야기가 몇 가지 우화로 이어집니다.

公孫龍問於魏牟曰, 공손룡문어위모왈

龍少學先王之道, 長而明仁義之行. 용소학선왕지도 장이명인의지행

合同異, 離堅白然不然, 可不可. 합동이 이견백연불연 가불가

困百家之知, 窮衆口之辯. 곤백가지지 궁중구지변

吾自以爲至達已. 오자이위지달이

今吾聞莊子之言, 汒焉異之. 금오문장자지언 망언이지

不知論之不及與, 知之弗若與? 부지론지불급여 지지불약여

今吾無所開吾喙, 敢問其方. 금오무소개오훼 감문기방

"공손룡이 위모에게 물었다. '나는 어려서부터 옛 왕들의 도를 배운 까닭에, 커서 인의의 행위에 밝았습니다. 같음과 다름을 하나로 합치고, 굳은 것과 흰 것을 분리하고, 보통은 그렇지 않다고 하는 것을 그렇다 하고, 불가능하다는 것을 가능하다 함으로써 많은 학자의 앎을 곤란하게 하고, 많은 사람의 논변을 궁지에 몰아넣었죠. 나는 지극히 통달했다고 스스로 생각했습니다. 그런데 근래에 장자의 말을 듣고 나서는 멍해져서 이상하게 생각됩니다. 내 논지가 미치지 못한 것인지, 앎이 그만 못한 것인지 모르겠습니다. 지금 나는 내 입도 뻥긋할 수 없습니다. 감히 장자 그 사람의 도를 묻습니다.'"

춘추전국시대 제자백가 중에 명가名家라는 학파가 있었습니다. 공손룡은 명가의 대표 인물입니다. 서양 고대의 소피스트나 스토아학파의 창시자인 제논 같은 성격의 사상가죠. 공손룡은 개념이나 명분이나 이름을 분명히 하는 것이 윤리적으로 옳은 삶을 살 뿐 아니라, 현실적으로도 효율성을 높이는 방법이라고 보았습니다. 그래서 개념이나 명분에 실재를 맞추려고 하였죠. 예를 들어, 견백론은 '딱딱한 하얀 돌'에서 딱딱하다는 성질과 하얗다는 성질이 전혀 다르게 분리되어 있다고 주장하는 것입니다. 장자가 종합적이고 미학적이라면, 공손룡은 매우 분석적이죠. 현실 세계에서 공손룡은 장자를 매우 비판하는 사람이었을 것입니다. 두 사람 사이에 사상적으로 합의하거나 타협이 이뤄질 가능성은 전혀 없습니다.

그런데 여기서는 공손룡이 자신의 관점이나 능력은 매우 좁고 한계가 있지만, 장자의 그것은 한없이 넓고 커서 얼마나 감탄스러운지 벌어진 입을 다물지 못하겠다고 고백합니다.《장자》안에는 이런 식의 기록이 적지 않게 보입니다. 가끔은 대립적인 학파에 속한 공자를 아주 높게 평가하는 내용도 나옵니다. 그런데 이런 내용은 공자나 공손룡이 진짜로 그렇게 했다는 것보다는 장자의 독특한 글쓰기 방식으로 이해해야 할 것입니다.

〈우언〉편을 설명할 때 이미 언급했습니다만, 장자는 가끔 이미 있는 권위에 의탁해서 자기 뜻을 드러내곤 합니다. 이런 글쓰기를 그는 '중언'이라고 했죠. 저는 역사적인 현실 속에서 공손룡이 장자에게 이 정도로 납작 엎드려서 감탄했을 것 같지는 않습니다.《장자》안에 장자의 친구 혜시惠施가 등장하는데, 혜시도 명가에 가깝습니다. 명가와의 대립 구도를 이용하여 장자는 자신의 사상을 전개하는 데에 효율성을 높이고 있습니다.

공손룡의 말을 받아 공자모公子牟가 이어서 말합니다.

公子牟隱机大息, 仰天而笑曰, 공자모은궤대식 앙천이소왈

子獨不聞夫坽井之鼃乎? 자독불문부감정지와호

謂東海之鼈曰, 위동해지별왈

吾樂與! 出跳梁乎井幹之上, 오락여 출도량호정간지상

入休乎缺甃之崖. 입휴호결추지애

赴水則接腋持頤, 蹶泥則沒足滅跗. 부수즉접액지이 궐니즉몰족멸부

還虷蟹與科斗, 莫吾能若也. 선간해여과두 막오능약야

且夫擅一壑之水, 而跨跱坽井之樂, 차부천일학지수 이과치감정지락

此亦至矣, 夫子奚不時來入觀乎! 차역지의 부자해불시래입관호

"공자모가 책상에 기댄 채 큰 숨을 내쉬면서, 하늘을 쳐다보고 웃으며 말했다. '자네는 허물어져가는 우물 속의 개구리 이야기를 들어본 적이 없는가. 개구리가 동해에 사는 자라에게 '나는 가볍게 우물 난간 위에 뛰어오르고, 내려와서는 깨진 벽돌에 앉아 쉬고, 물 위에 엎드릴 때는 두 겨드랑이를 물에 찰싹 붙이고 턱을 들며, 진흙을 차면 발이 발등까지 빠지네. 장구벌레와 게와 올챙이를 두루 보아도 나처럼 할 수 있는 것이 없지. 게다가 온 구덩이의 물을 내 멋대로 첨벙대며 무너진 우물에 느긋하게 걸터앉아 즐거움을 누리니, 이것 역시 비할 바가 없다네. 자네는 왜 때때로 들어와 보지 않는가'라고 말한다네.'"

東海之鼈左足未入, 而右膝已縶矣. 동해지별좌족미입 이우슬이칩의

於是逡巡而却, 告之海曰, 어시준순이각 고지해왈

夫千里之遠, 不足以擧其大. 부천리지원 부족이거기대

千仞之高, 不足以極其深. 천인지고 부족이극기심

禹之時十年九潦, 而水弗爲加益. 우지시십년구료 이수불위가익

湯之時八年七旱, 而崖不爲加損. 탕지시팔년칠한 이애불위가손

夫不爲頃久推移, 不以多少進退者, 부불위경구추이 불이다소진퇴자

此亦東海之大樂也. 차역동해지대락야

於是埳井之鼃聞之, 어시감정지와문지

適適然驚, 規規然自失也. 적적연경 규규연자실야

"동해의 자라는 왼발도 아직 다 안 들어갔는데, 오른쪽 무릎이 이미 꽉 끼어버렸지. 그래서 뒤로 돌아 물러났다는 거야. 그리고는 바다를 말해줬지. '천 리나 되는 먼 거리로도 바다의 크기를 보이기에는 부족하고, 천 길이나 되는 높이로도 바다의 깊이에는 이르지 못하지. 우 임금 때는 10년 동안에 아홉 번이나 홍수가 났는데, 그렇다고 하여 바닷물이 더 불어나지는 않았지. 탕 임금 때는 8년 동안 일곱 번이나 가뭄이 들었는데, 그렇다고 하여 바다의 물이 줄지 않았지. 시간이 짧고 긺에 의해서 달라지지 않고, 비가 많이 오나 적게 오나 불어나지도 않고 줄어들지도 않으니, 이것 또한 동해가 누리는 큰 즐거움이지.' 허물어진 우물 안의 개구리는 이 말을 듣고 깜짝 놀라 움츠러들며 얼이 빠졌다네."

여기서 위모는 공자모로도 불립니다. 우물 안 개구리 이야기가 나오는데, 우리 자신과 얼마나 거리가 있는지 진실하게 볼 필요가 있겠습니다. 대면하기 싫은 진실입니다. 일상의 작은 즐거움이나 동네에서의 작은 명성이나 작은 집단의 박수에 빠진 사람들을 공자는 '향원'이라고 했습니다. 향원은 사실 우물 안 개구리죠. 향원은 덕의 파괴자입니다. 덕은 궁금증과 호기심 덩어리이기 때문에 개인으로서의 나를 우주적 크기까지 확장해주는 힘입니다. 향원이나 우물 안 개구리들은 자신의 덕을 근거로 살지 않고, 자잘한 기준의 소유자로 살겠죠. 기준 가까이에 작은 명성이나 박수도 있고, 타인들로부터의 인정 욕구도 있습니다.

〈추수〉 편 첫머리에서 북해약과 하백을 대비시켜서 함량의 문제를 자세히 봤습니다. 여기서도 그런 대비를 하고 있습니다. 동해의 자라와 우물 안 개구리의 관계는 북해약과 하백의 관계와 같습니다. 향원처럼 자잘한 사람들은 우물 안 개구리가 그랬듯이 자신이 작은 그릇임을 알지 못한 채, 그릇이 꽉 차면 세상에서 최고나 되는 것처럼 쉽게 만족하거나 거들먹거리죠. 심지어는 동해의 자라에게 자신의 왕국인 우물 안으로 들어와 보라고까지 말할 정도입니다. 자신의 한계나 비루함을 스스로 알아채지 못하는 것이죠.

다음으로 건너가 큰 사람이 되는 법

지금을 흔히 개인주의 시대라고 합니다. 개인주의라는 것은 존재적 존엄의 근거가 개인에게 있다는 것입니다. 내 가치와 존엄이 집단에서 보장해주는 것으로 출발하지 않고, 개인으로서의 나 자신이 스스로 지키고 보장한다는 것이지요. 개인주의에서는 개인이 자신의 존엄과 자신의 존재적 확장을 스스로 노력하고 해결하는 것을 기본으로 합니다. 그런데 자기 존엄이 자신에게서 지켜지지 않고, 자기 확장이 자기 자신에게서 일어나지 않는 사람들은 대개 일상의 작은 즐거움에 쉽게 빠져서 그것이 마치 자신의 존재 전체가 만족하는 것처럼 착각하거나 의미를 과대평가합니다. 마치 우물 안 개구리가 동해의 자라에게 우물 안에서 누리는 즐거움이 어디 비할 바 없이 최고로 크다 하거나 허물어진 우물 안을 마치 전 우주나 되는 것처럼 자랑하는 것과 같습니다. 그렇다고 일상의 작은 즐거움이 의미가 없는 것은 아니지만, 당장 누리는 작은 즐거움의 다음을 말할 능력은 없이 그것에만 빠져 있거나 그것을 최고나 전부로 여기는 점이 문제죠.

누군가는 유명한 골프장 어디를 다 가봤다느니, 유명한 스키장 어디를 다 가봤다느니, 무엇을 가지고 있다느니 하는 것들로 자기 존엄과 가치를 확인하는지도 모르겠습니다. 그럴 수도 있습니다. 하지만 그런 것들이 그 사람이 무엇을 위해서 공헌했는지는 빠져 있고, 그것이 자랑거리의 전부라면, 좁은 범위에 만족하는 소유적 태도를 증명하는 것 이상이 아닐 것입니다. 결국 향원과 다를 바 없죠. 텃밭을 가꾸거나 자고 싶을 때 자고, 눕고 싶을 때 눕는다면 얼마나 좋겠습니까? 하지만 그것이 전부고, 그것들이 그것들 다음의 무언가를 위한 것이 아니라고 하면, 즉 어떤 맥락이나 가치를 생산하려는 것이 아니라면, 그것은 우물 안 개구리의 그것과 별반 차이가 없을 것입니다.

그래서 우리는 무엇을 가지거나 뭔가를 한 다음에 그것들을 통해서 '다음'으로 건너가기 위해서 '쏘 왓(so what)? 그래서?' 혹은 '그래서 어떻다는 거야?'와 같은 질문을 자신에게 할 필요가 있습니다. 스스로 돈이 많다고 느끼는 사람들은 '그래서? 돈이 많아서 어떻다는 거야?'라고, 권력이 있는 사람들은 '그래서? 권력이 커서 어떻다는 거야?'라고, 지식이 많은 사람은 '그래서? 지식이 많아서 어떻다는 거야? 그것이 나에게 진정으로 무엇이지?'라고 묻는 것이죠. 그러면 부유함 다음이나, 지식 다음, 권력 다음으로 자기를 건너가게 할 수 있는 계기가 만들어질지도 모릅니다.

덧붙이자면, 이런 까닭에 우리가 자신에게 '나는 누구인가?', '나는 어떻게 살다 가고 싶은가?', '나는 어떤 사람이 되고 싶은가?', '나는 무엇을 원하는가?'와 같은 근원적인 질문을 해보는 것이 좋습니다. 그래야 건너갈 수 있기 때문입니다. 소유적으로 살지 않고, 존재적으로 살수 있기 때문입니다. 그렇지 않으면 좁고 자잘하게 살다 갈 수밖에 없습니다.

우물 안 개구리가 지금 다 헐어서 무너져가는 우물 안에서 만족해하는 것이 바로 그런 모습입니다. 작은 사람은 큰 사람을 이해하지 못합니다. 작은 사람은 자기가 가진 굳건한 기준으로 판단을 합니다. 그러므로 작은 사람은 큰 사람을 이해할 수가 없습니다. 그런데 또 큰 사람이 가끔 작은 사람의 즐거움을 따라 해보려고 하지만, 동해의 자라처럼 한번 해보려고 하다가 왼발을 넣자마자 엉덩이가 껴서 옴짝달싹 못하게 됩니다. 큰 사람이 작은 사람을 만났을 때 작은 사람 비위를 맞춰주고 같이 놀아주다가 어느 순간에는 잘 안 되는 것을 알 것입니다. 그래서 이제는 자라가 바다에 대해서 말을 해주게 됩니다.

우물과는 전혀 다른 크기의 세계가 자라의 입을 통해 펼쳐집니다. 바다는 천 리의 거리나 천 길의 깊이로도 다 표현할 수 없을 정도로 넓고 깊죠. 아무리 큰 홍수가 나도 바닷물이 붇지를 않고, 아무리 큰 가뭄이 들어도 바닷물은 줄지 않습니다. 여기에 우물은 갖다 댈 수도 없을 정도입니다. 자라가 살던 공간은 이렇게나 큽니다. 장자는 크기와 깊이의 대비를 통해 우리에게 함량을 말해줍니다. 개구리와 자라의 대비는 우물과 바다의 대비로 비유됩니다. 이는 하백과 북해약의 대비로 시작된 〈추수〉 편의 큰 흐름입니다. 함량이 작은 사람도 함량이 큰 사람이 될 수 있다는 희망이 있어야 합니다. 이는 수양론의 핵심입니다.

작은 사람이 큰 사람이 될 가능성은 각성, 자각, 반성 등에서 보입니다. 각성, 자각, 반성이 없는 존재는 더 나은 사람이 될 수 없습니다. 헤르만 헤세도《데미안》에서 "모든 인간은 자기 자신 이상"이라고 말합니다. 마치《반야심경》에서 최고의 지혜, 즉 '반야'는 '바라밀다' 즉 여기서 저기로 건너가는 일이라고 말하는 것과 같죠.

　대답과 질문 가운데, 더 지혜로운 것은 질문입니다. 세상에 출현한 것 가운데 대답의 결과로 나온 것은 단 하나도 없고, 모두 질문의 결과라는 것만 보아도 알 수 있습니다. 헤세도 '자기 자신 이상'이 되기 위해서 필수적인 것은 자각 내지는 각성임을 암시합니다. 바로 다음의 문장 같은 것이죠. "난 진정, 내 안에서 솟아 나오려는 것. 그것을 살아보려 했다." 이런 반성이 없이는 자기 자신 이상으로 성장하는 길에 들어설 수 없습니다. 예수님처럼 되기 위해서도, 부처님처럼 되기 위해서도 우선은 가장 먼저 참회와 회개의 과정을 통과해야 합니다. 반성이 성장의 출발점입니다. 반성의 내용은 자신을 아는 것입니다. 자기 자신의 수준을 아는 것이죠. 이것을 모르면, 성장은 시작하지도 못합니다. 자신의 수준을 모르면, 자기보다 훨씬 크고 높은 이야기를 듣고도 각성이 없고, 그 크기에 놀라지 않습니다.

　하룻강아지 범 무서운 줄 모르면 성장의 가능성 자체가 없죠. 우물 안의 개구리에게는 희망이 있습니다. 자각과 반성을 하는 것을 보고 알 수 있습니다. 성장의 희망이 없는 다른 개구리 같으면 자라에게 "됐다, 너는 거기 가서 살아라. 나는 여기가 좋다. 그래, 이 재수 없는 자라야"라고 했을 수도 있고, "너는 너대로 즐겁고, 나는 나대로 즐거우면

돼. 수준 따위는 상관없어. 나는 지금의 내 즐거움에 아주 만족해. 잘난 체나 하지 마!"라고 했을 수도 있고, "됐어! 이대로 살다 갈래! 꺼져!" 라고 하면서 거부했을 수도 있겠죠. 그런데 이 개구리는 가능성이 있 습니다. 자라가 하는 이야기를 듣고는 당황해서 얼이 빠져버렸습니다. 큰 이야기, 깊은 이야기를 듣고 당황해서 얼이 빠져버릴 정도만 돼도 가능성이 있는 거지요.

우리가 앞에서 교육을 말하면서, 중요한 점은 무엇을 알게 해주는 것보다 알고 싶어 하는 마음을 잃지 않거나 유지하게 하는 것이라고 했습니다. 우물 안 개구리에 가까운 사람들은 이 말에도 대학 입시가 더 중요하다고 하면서, "세상 물정 모르는 한가한 소리 하고 있네!"라 고 하거나 "당신 자식이나 그렇게 키우시오!"라고 하면서 비웃을 것입 니다. '자라의 마음'을 가진 사람이 하는 말은 '개구리의 마음'을 가진 사람에게는 뜬구름 잡는 소리나 한가한 소리로 취급받기 쉽습니다. 그 래서 작은 마음에 갇힌 사람들은 《장자》를 읽으면서 황당하고 뜬구름 같다는 말을 가끔 합니다.

능동적인 주체로 살 때

앞에서 이미 한 얘기이지만, 한 번 더 꺼내 보겠습니다. 장자가 부인 상을 당했습니다. 아내가 죽었어요. 혜자가 조문을 가서 질그릇을 두 드리며 노래하는 장자를 봅니다. 혜자가 눈물을 흘리지 않는 것까지는 이해가 가지만, 노래하는 것은 너무 심하다고 말합니다. 그러자 장자가 말하지요. "나라고 어찌 슬프지 않았겠느냐. 그런데 '찰기시察其始', 즉 그 근원을 자세히 따져보니까 내 아내는 죽은 게 아니라 원래 모습으로 돌아간 것이다." 여기서 핵심은 '찰기시'입니다. 그러니까 근원에 접근하지 못하는 사람은 근원에 접근한 사람이 한 행동이나 인식을 이해할 수가 없습니다. 우물 안 개구리가 동해의 자라를 이해하지 못하는 것과 같습니다.

앞서 한 얘기 중에서 하나 더 보지요. 뉴턴이 만유인력과 중력에 관한 이론을 내놓았습니다. 그래서 우리는 만유인력과 중력을 배워서 시험을 보고 점수를 내서 A, B, C를 나누기도 합니다. 그건 마치 장자가 부인상을 당했을 때 눈물을 흘려야 되느냐 안 흘려야 되느냐, 어떤 것이 더 슬퍼하는 것이냐고 따지는 것과 똑같은 겁니다. 뿌리가 아니라 줄기와 잎사귀를 따지는 거지요. 그런데 뉴턴도 만유인력과 중력이라는 이론을 내놓을 때 어떤 '찰기시'를 했습니다.

뉴턴에게는 이 세계 누구도 갖지 않은 비밀스럽고도 매우 개인적인 궁금증이 있었습니다. '저것이 어제도 저기에 있었는데 오늘도 왜 저기 있느냐', '아까 여기에 놓은 이 안경이 왜 아직도 여기 있느냐'는 것이었지요. 이것이 근원입니다. 뉴턴의 만유인력과 중력은 여러 사람과 공유하던 관념이나 지식에서 나오지 않고, 이해되거나 설명되기 어려운 내면의 어떤 부분에서 나온 것이라는 것을 이해할 필요가 있습니다. 궁금증과 호기심이 만유인력과 중력에 관한 이론, 즉 세계를 설명하고 통제하는 새로운 전략을 내놓은 겁니다.

장자가 '찰기시', 즉 근본이나 근원을 사유의 근거로 한 것이나, 뉴턴이 궁금증이나 호기심을 근거로 한 것은 같습니다. 그래야 만유인력과 중력 이론을 배우기만 하는 우물 안에 갇히지 않고, 그런 이론을 생산하는 사람이 될 수 있기 때문입니다. 다시 말하면, 종속적인 사람이 아니라 주체적이고 자유로운 사람이 되기 때문입니다.

자유롭고 독립적으로 살고 싶으면 소비자나 수입자가 아니라 생산자의 입장에 서야 합니다. 독립적이기를 원한다고 하면서 만유인력과 중력 이론만을 배워서 그 지식을 자신의 몸 안에 꽉 채우기만 한다면, 자유와 독립의 길과는 멀어집니다. 진짜 자유롭고 독립적으로 살기 위해서는 사적이고 비밀스러운 근원에 닿아야 합니다.

진짜 지혜로운 사람으로 살고 싶습니까? 그러면 건너갈 줄 알아야 합니다. 밖으로부터 들어온 무언가를 내면화한 후, 그것을 자기 생산물로 착각하는 한 큰 지혜에 이를 수 없습니다. 큰 지혜에 이르고 싶으면, 항상 다음을 생각하고 부단히 건너가야 합니다. 바로 그 건너가는 것, 다음을 향해 기울어지는 경향성이 근원입니다. 그 경향성은 궁금증과 호기심과 매우 닮아 있죠. 닮아 있을 뿐 아니라 궁금증이나 호기심 그 자체인지도 모릅니다. 이 경향성이 조장하는 기울기가 있어야 자유로울 수 있습니다. 이것이 없으면 자유로운 사람들이 해놓은 결과를 받아들여서 내면화하고는 그것을 자기 자신의 자유로 착각하며, 우물 안 개구리로 온 생을 살게 될 것입니다.

미셸 푸코Michel Foucault라는 철학자가 있습니다. 그는 우리가 살아왔던 근대를 어떤 보편적인 기준을 설정하고, 그것을 근거로 하여 구분하고 배제하고 억압했던 시대로 정리합니다. 그래서 현대적 인간은 구분하고 배제하고 억압했던 근대를 벗어나서 새로운 인간으로 재탄생해야 한다는 것이지요. 현대적 인간을 푸코는 '능동적 주체'라고 표현합니다. 반면 어떤 보편적 이념을 내면화해서, 그것을 기준으로 사용하여 구분하고 배제하고 억압하는 일을 하는 주체를 푸코는 '종속적 주체'라고 합니다. 능동적 주체든 종속적 주체든, 다 자신이 생각하고 자신이 결정하여 행위하는 것으로 생각한다는 점에서 '주체'라고 합니다. '종속적'이라고 하는 이유는 어디에 있을까요? 자신이 판단하고 자신이 주체적으로 행동한다고 생각하지만, 실은 사회적 혹은 전통적으로 만들어진 어떤 보편의 이념이나 가치를 내면화해서 그것을 '나'라고 생각 혹은 착각한다는 점 때문입니다. 우리가 하는 보통의 판단이나 행동들이 자신이 하는 것 같지만, 사실은 집단으로 공유하는 보편 이념이 자신에게 개별적으로 내면화된 것일 뿐이죠.

대표적으로 유행 같은 것이 있습니다. 우리가 유행을 따를 때 그것이 예쁘다고 생각해서 그 옷을 입고 그 가방을 듭니다. 그런데 그 예쁘다는 판단이 자신에게서 나온 것이냐 아니면 유행이라는 권력이 시킨 것이냐 따져봤을 때, 유행이라는 권력이 시킨 것일 가능성이 크다는 것이지요. 제가 어떤 모임에 갔을 때, 참석한 부인들이 다 손가방을 들고 왔는데 다섯 명 중 세 명이 똑같은 가방을 들었더군요. 이것이 잘못이라고 말하려는 것이 아닙니다. 세 명이 어떻게 똑같은 취향의 미감을 가졌느냐는 것이지요. 무엇이 그 세 사람에게 똑같은 가방을 들게 했을까요? 정치적 관점도 그렇습니다. 당신이 지금 주장하는 그 정치적 견해가 당신의 독립적인 사유에서 나온 것인가, 아니면 당신 동네 혹은 동창들의 것인가를 묻는 것이지요. 즉 내가 행한다는 의미에서는 주체지만, 보편적으로 좋다고 인정하는 것을 내면화해서 그것을 자신의 것으로 믿는 주체라는 의미에서는 종속적입니다.

그럼 능동적 주체는 무엇일까요? 자신이 자신의 입법자가 되는 것입니다. 내가 내 아름다움을 말하고, 내 아름다움을 쟁취한다는 것이지요. 내가 내 행위의 기준을 만드는 사람, 내가 내 사유를 거쳐 내 정치적 태도를 결정하는 사람입니다. 결정된 정치적 태도를 내면화하거나 답습하는 게 아니고, 결정된 아름다움을 추종하거나 내면화하는 게 아니고, 내 아름다움을 내가 결정하는 사람, 내 정치적 견해를 내가 결정하는 사람을 우리는 능동적 주체라고 합니다. 《장자》에 나오는 '자쾌'나 현대의 '자유'라는 개념은 전부 능동적 주체와 관련이 있습니다. 그런 능동적 주체가 되기 위해서는 '자기 배려의 기술'을 습득해야 하는데, 푸코의 '자기 배려'를 장자의 입으로 말하면 아마 '자쾌'가 될 것입니다.

그럼 왜 자기 배려의 기술로 능동적 주체가 되어야 할까요? 이 질문은 '왜 깨달아야 할까요?'나 '왜 건너가는 내면을 가져야 할까요?'와 같은 질문과 거의 유사합니다. 이런 질문들의 답을 구하고, 이런 질문들에서 나온 다양한 답들을 수행하며 살려고 노력하는데, 그것은 그런 질문들이 그냥 옳기 때문이거나 더 수준 높아 보이기 때문만은 아닙니다. 낭만적이거나 종교적인 향기가 나고 그냥 추상적인 철학의 냄새가 나는 삶을 구현해주기 때문이 아니라, 거기서부터 진짜 큰 성취가 가능하므로 그렇습니다.

보통은 능동적 주체나 자쾌를 이야기하면, 현실을 벗어나서 현실적인 속세의 것을 무시하면서 매우 고상한 삶을 사는 모습을 떠올리곤 합니다. 하지만 그렇지 않습니다. 더 큰 성취도 가능하게 하므로 가치가 있는 것입니다. 다섯 명 중에 세 명이 같은 손가방을 드는 문화에는 다른 사람들이 모두 아름답다고 하는 것을 아름다운 것인 줄 아는 종속적 주체들이 많을 것이고, 그러면 '좋아하는 것'보다는 '좋은 것'을 찾을 확률이 높습니다. 문화가 '따라 하기' 형태가 될 가능성이 크죠. 창의적이기 어렵습니다. 각자가 자기 욕망의 입법자가 되어 자신 안에서 자신에 의해 발견된 자신만의 미감을 드러낼 때 더 창의적일 수 있습니다. 그러면 창의적이고 다양한 디자인이 나와 손가방 산업이 발전하게 되는 것입니다.

정치도 그렇습니다. 아무 생각 없이 집단의 이념을 자신의 것으로 받아들여 내면화하면, 진영 정치나 파당 정치로 귀결되지요. 결국은 조선 말이나 현재의 대한민국 정치처럼 비효율적이지 않을 수 없습니다. 자신만의 고유한 생각으로 결정된 자신만의 정치적 관점을 주장하는 수준이 되어야 정치도 선진화하는 것입니다.

아직 알려지지 않은 곳으로 건너간다는 말은 익숙하게 알고 있는 이 세계를 모르는 곳까지 확장한다는 뜻입니다. 알고 있는 이 세계를 부정하고 생판 모르는 곳을 향해 팅겨 나가자는 것이 아닙니다. 지금 나의 이 세계를 나한테 해석되지 않는 그곳까지 확장한다는 뜻으로 받아들여야 할 것입니다. 알고 있는 것을 바탕으로 해서 모르는 곳으로 넘어가려고 발버둥 친다는 것이지, 알고 있는 모든 것을 소멸시키고 알지 못하던 어떤 곳으로 이사 가는 것이 아니죠. 우리가 도가 철학을 공부할 때 굉장히 조심해야 하는 것이 이것입니다. 마치 현실을 벗어나야 하거나 부정해야 하는 것으로 보는 오류를 범하는 일입니다.

물론 현 상태에 멈춰 고정된다면, 그것은 부정적인 대접을 받아야 합니다. 하지만 그것을 부정적으로 대한다고 해서 그것을 소멸시키거나 사라지게 하는 것이 아니라, 정련해서 자신의 세계를 확장하는 것이죠. 도가 철학을 열심히 공부했다고 하는 사람들 가운데서도 가난을 칭송하고 부유를 폄훼하는 분열적 사고를 하거나, 문명을 부정하는 반문명적 태도에 빠지거나, 풍요와 번영을 괜히 하찮은 것으로 여기는 패배적 사고를 하는 이들이 있습니다. 이는 매우 잘못된 것입니다. 노자도 장자도 문명을 부정하지 않습니다. 자신들 방식의 문명을 건설하려 합니다. 노자는 더욱 분명하지 않습니까? 노자의 꿈은 자신이 사는 나라를 부강한 나라나 선도국가로 만드는 것이었고, 무위의 궁극적 목적도 천하를 차지하는 것이었습니다.

자, 공자모가 계속 이야기합니다.

且夫知不知是非之竟, 차부지부지시비지경

而猶欲觀於莊子之言, 이유욕관어장자지언

是猶使蚊虻負山, 商蚷馳河也, 시유사문맹부산 상거치하야

必不勝任矣, 필불승임의

且夫知不知論極妙之言, 차부지부지론극묘지언

而自適一時之利者, 이자적일시지리자

是非埳井之鼃與? 시비감정지와여

"대저 지혜가 시비의 경지도 알지 못하는데, 그것을 가지고 장자의 말을 알려고 하니, 이것은 모기에게 산을 짊어지게 하고, 노래기에게 황하를 달리게 하는 것과 같네. 절대 감당할 수 없을 것이네. 대저 지혜가 지극히 현묘한 말을 논할 줄도 모르면서, 한때 조금 통한 적이 있었던 것으로 만족하는 자는 허물어진 우물의 개구리가 아니겠는가."

且彼方跐黃泉而登大皇, 차피방차황천이등대황
無南無北, 奭然四解, 淪於不測. 무남무북 석연사해 윤어불측
無東無西, 始於玄冥, 反於大通. 무동무서 시어현명 반어대통
子乃規規然而求之以察, 索之以辯, 자내규규연이구지이찰 색지이변
是直用管窺天, 用錐指地也, 시직용관규천 용추지지야
不亦小乎! 子往矣! 불역소호 자왕의

"게다가 장자는 지하의 세계를 밟고 하늘 끝까지 오르려 하며, 남쪽도 없고 북쪽도 없이 사방으로 다 통하여 깊고 깊은 경지에 이르고, 동쪽도 없고 서쪽도 없이 오묘한 경지에 도달하여 우주 자연의 거대한 운행 원칙으로 돌아가는데, 그대는 자잘하게 세세히 따져 분석하는 태도로 그를 찾고, 변론하는 태도로 그를 좇는구먼. 이것은 가느다란 대롱으로 하늘을 살피고 송곳 끝으로 땅을 재는 꼴이라네. 어찌 잔챙이 같지 않겠는가! 그대는 그냥 돌아가시게."

且子獨不聞夫壽陵餘子之學行於邯鄲與? 차자독불문부수릉여자지학행
　　어한단여

未得國能, 又失其故行矣, 미득국능 우실기고행의

直匍匐而歸耳. 즉포복이귀이

今子不去, 將忘子之故, 失子之業. 금자불거 장망자지고 실자지업

公孫龍口呿而不合, 舌擧而不下, 공손룡구거이불합 설거이불하

乃逸而走. 내일이주

"자네는 또 저 연燕나라의 시골 마을 수릉壽陵에 사는 청년이 조趙나라의 수도 한단邯鄲에 춤 배우러 간 얘기를 듣지 못했는가. 조나라의 춤도 제대로 배우지 못했지만, 또 원래 자기 걸음걸이마저 잃어버리고 기어서 돌아갈 수밖에 없었다네. 지금 자네도 떠나지 않다가는 자네의 본래성을 잊고, 자네의 소명마저 잃게 될 걸세'. 공손룡은 입이 벌어져서는 다물지를 못하고, 혀가 올라갔다가는 내려오지 못했다. 이내 달아나버렸다."

옳고 그름의 궁극적인 경지가 무엇인지도 모르면서 장자에 대해서 이러쿵저러쿵 말을 하려고 하는 공손룡을 힐난하며 공자모가 한 말입니다. 옳고 그름의 궁극적인 경지란 옳고 그름의 분별이 사라지는 단계나 옳고 그름의 원초적인 시작점 혹은 옳고 그름의 쟁투가 소멸한 후 열리는 고차원의 경지를 말합니다. 그것을 모르고서는 장자에 대해서 알려고 해도 알 수가 없다는 뜻입니다. 왜냐하면, 장자는 그 경지에서 말하고 있기 때문입니다.

비유적으로 말하면, 만유인력과 중력 이론을 이해하는 것으로 끝내고, 만유인력과 중력이 나오는 근원을 궁금해하지 않거나, 만유인력과 중력 이론을 이해한 다음을 도모하는 내면도 가지고 있지 않으면서 그 세계를 이해하려고 하는 것은, 노래기한테 황하를 건너가게 하거나 모기한테 산을 짊어지라고 하는 것과 경우가 같다는 것입니다.

노래기한테 황하를 건너가게 하고 모기한테 산을 짊어지게 하는 등의 표현이 재미있기는 하지만, 듣는 사람은 기분이 나쁠 수도 있겠습니다. 말도 안 되는 소리라는 뜻이기 때문입니다. 무엇인가를 지적으로 이해하는 것만을 앎이라 하고, 아는 것을 바탕으로 모르는 것으로 넘어가려고 몸부림치거나 발버둥 치는 것이 진정한 앎이라는 것을 모르는 수준으로는 감당할 수 없을 거라는 말이지요. 좀 더 쉽게 말하면, 당신의 그 작은 함량으로는 장자의 큰 함량을 감당하지 못할 것이라고 대놓고 말하는 것입니다.

인격에서부터 시작된다

앞에서도 말한 "참된 사람이 있고 나서야 참된 지식이 있다"는 장자의 말을 기억할 것입니다. 우리는 학생들에게 항상 사람이 먼저 되어야 한다고 말합니다. 이런 의미에서 교육 현장에서도 인성 교육을 강조하곤 합니다. 그것이 사람을 도덕적으로나 정치적으로 더 나은 사람이 되게도 하지만, 창의성 면에서도 매우 중요하기 때문입니다. 그런데 우리 학생들은 대부분이 성적이나 대학 진학에 우선 더 집중합니다.

하지만 뉴턴의 궁금증은 거의 인격적인 차원에 가깝습니다. 지식의 차원이 아니지요. 그러한 부분을 우리는 인성이라고 합니다. 교육은 거기로 가야 합니다. 교육은 거기에 있어야 합니다. 세계에 등장하는 새로운 것들, 위대한 것들은 다 질문의 결과입니다. 대답의 결과로 나온 것은 단 하나도 없습니다.

질문이 뭘까요? 내 안에 있는 궁금증과 호기심이 안에 머물지 못하고 밖으로 튀어나온 것입니다. 궁금증과 호기심은 이 세계 누구하고도 공유되지 않고 자기에게만 있는 것입니다. 그리고 이 궁금증과 호기심은 지적 이해의 차원이 아닌, 이상하고 비밀스럽게 자기 전체가 솟아오르는 활동입니다. 이것은 기능이 아니라 인격입니다. 그러니까 세계에 등장하는 모든 위대한 것이 다 질문의 결과라면, 그 위대한 것들은 다 인격에서 나온 것이란 말입니다.

창의적인 인재, 선도력을 가진 인재를 기르려면 그 인격을 배양하는 수밖에 없습니다. 무엇을 알게 해주는 것보다 알고 싶어 하는 내면을 갖게 해주는 것이 중요하다는 말과도 상통할 것입니다. 우리는 지금 이런 교육을 하고 있습니까? 그렇지 않습니다. 무엇을 알게 하는 것보다 알고 싶어 하는 내면을 갖게 하는 것이 더 중요하다는 것을 알아도, 그래서 인성 교육을 아무리 강조해도 잘 안 됩니다. 눈앞의 성적이나 좋은 대학으로의 진학하고픈 욕구를 못 이기기 때문입니다. 일단 성적부터 올리거나 대학부터 가고 보자는 것이지요. 다들 낙오만 안 되면 된다고 기를 쓰고 덤비기 때문에 대오에서 떨어져 나가지만 않으면 성공으로 보는 것이지요. 그래서 대오에서 과감히 이탈하여 자기만의 대오를 새로 형성하여 시대를 끌고 가려는 크고 굵은 인재가 나오기 어려운 것입니다. 혹시 우리는 눈앞의 작은 승리에 취해서, 진정으로 근본적이고 큰 승리를 꿈꾸지 못하다가 삶에서 큰 패배를 자초하는 중인지도 모르겠습니다.

자잘해지면 안 됩니다. 자잘한 승리, 자잘한 쾌락에 갇히지 않아야 합니다. 우물 안 개구리인 것도 부끄럽지만, 자신이 우물 안 개구리인 줄을 세상 사람은 다 아는데 자기만 모르면 더 부끄러운 일이죠. 그래도 〈추수〉 편에 나오는 우물 안 개구리는 자신이 우물 안 개구리인 줄을 알고 크게 당황하기까지 했으니 그나마 다행이고, 자잘하지 않게 살 희망이 보입니다.

나로부터 출발하는 위대함

한단은 조나라의 수도입니다. 춤으로 유명한 도시였나 봅니다. 연나라의 작은 마을인 수릉에 사는 젊은이가 춤을 배우러 한단에 갔습니다. 그런데 한단에 가서 한단의 춤 스텝을 배우다가 한단 스텝도 다 못 배우고, 오히려 원래의 자기 보법도 잃어버려서 집에 돌아올 때는 기어서 왔다는 이야기입니다.

앞에서 본 이야기 속 기, 노래기, 뱀, 바람 등은 다 자쾌와 거리가 있었습니다. 자기를 중심으로 하고 있지 않지요. 다들 무리를 이루는 타인의 눈으로 자기를 봅니다. 그러나 앞서 얘기한 대로 모든 위대함은 '우리'로부터 출발하지 않고, '나'로부터 출발합니다. 종속적 주체에서 나오는 것이 아니라 능동적 주체에서만 나옵니다. 모든 위대함과 선도력과 창의적인 일들은 '나'에게서 비롯됩니다.

수릉에 있는 젊은이가 춤을 좋아했다면, 자기 춤을 계속 췄어야 합니다. 자기 춤을 더 잘 추기 위해서 한단의 춤을 참고하는 방법을 택하지 않고, 자신이 살던 수릉을 떠나 한단으로 가는 것은 '나'를 버리고 '우리'를 추종하려는 태도를 상징합니다. '나의 춤'을 죽어라 추는 것이 먼저여야 합니다. 그러면 사람들이 와서 같이 춰주다 결국 '우리의 춤'이 되는 것입니다.

다른 사람들이 정해놓은 좋은 춤보다 자신이 '좋아하는 춤'을 춰야 위대해질 수 있다는 것이 장자의 뜻입니다. 위대한 삶이 아니라 추종하는 삶에 더 만족해한다면, 춤 배우러 한단에 가는 수릉의 젊은이처럼 살 수도 있겠죠. 그 대신 각오할 것이 하나 있습니다. 집에 올 때는 기어서 온다는 것입니다. 기어서 온다는 것이 무슨 뜻일까요? 나이 들어서 내가 왜 살았는지, 내가 살려는 삶의 모습이 고작 이 정도였는지, 내가 고작 이 정도의 눈매나 이 정도의 표정을 가지려고 살아온 것인지 후회에 휩싸이는 것입니다. 장자가 이렇게 표현하지는 않았지만, 결국 '네 춤'을 추라는 것이지요. '네 춤을 추면 너는 위대해질 것이다. 다른 사람의 춤을 따라 하면 스텝이 꼬일 것이다. 스텝이 꼬인 삶을 살 것인지, 네 춤을 춰서 위대해질 것인지, 그것은 네가 결정해라.' 이것이 장자가 하는 말입니다.

스텝이 꼬인다는 건 자기가 본래 가지고 있었던 모든 행동의 근원, 연고, 내 삶의 뿌리, 내 인격의 뿌리를 잃어버리는 것입니다. 위대해지는 사람들, 위대해지고 싶은 사람들, 깨닫고 싶은 사람들이 항상 듣는 도전적인 질문들이 있습니다. 내가 나인가? 나는 누구인가? 나는 나의 삶을 사는가, 아니면 다른 사람의 삶을 대신 사는가? 나는 어떤 사람이 되고 싶은가? 나는 어떻게 살다 가고 싶은가? 나는 무엇을 원하는가? 나는 어디에 있는가? 이것들이 궁극적인 질문이 될 수밖에 없습니다. 이런 질문들에 답을 해보려고 애써본 사람들만 위대해질 수 있기 때문입니다.

공자모의 말 중에서 "지금 자네도 떠나지 않다가는 자네의 본래성을 잊고, 자네의 소명마저 잃게 될 걸세[今子不去, 將忘子之故, 失子之業]"라는 구절이 있습니다. 이 부분에서 '불거不去'를 제대로 해석해야 하겠습니다. 일단 '떠나지 않다'고 해석했지만, 그 의미는 '버리지 않다'에 가까울 것입니다. 여기서 '자네'는 공손룡을 말합니다. 이 말에 앞서 공자모가 공손룡에게 '지혜가 시비의 경지를 알지 못한다'고 지적합니다. 시비 분별이라는 것이 매우 낮은 수준의 일이라는 것도 모르는 자가 어찌 장자의 깊은 얘기를 알아듣겠느냐는 것이지요. 공손룡은 정해진 개념을 철저히 지켜서 시비 분별을 분명히 하는 것이 좋다는 주장을 하는 대표적인 사람입니다. 공자모가 보기에 이런 태도를 떠나지 않으면, 즉 그런 세계관을 버리지 않으면, 자신이 왜 자신으로 존재하는지를 규정하는 그 근거를 잃어버릴 것이라고 경고합니다.

'고故'는 바로 자신의 존재 근거, 혹은 자신이 존재하는 이유 혹은 본래성 같은 것을 가리킵니다. '업業'은 자신이 자신으로서 해야 할 일, 즉 자신의 소명을 말합니다. 이 소명을 완성하면서 모든 인간은 자신으로 완성됩니다. 공자모가 공손룡한테 하는 경고는 공손룡이 자신에게 익숙해진 세계관, 즉 개념을 분명히 해서 변론으로 시비를 따지는 일에만 빠져 있다가는 자신의 인생이 우물 안 개구리나 자신의 스텝을 잃어버린 수릉의 젊은이처럼 되고 만다는 것입니다. 그러자 공손룡은 얼마나 놀라고 당황했는지, 벌어진 입이 다물어지지 않고 올라간 혀가 다시 내려오지 못한 채 달아나버렸습니다.

사실 공손룡은 수준 높은 사상가니까 이 말을 알아듣고 놀라서 달아나버렸지만, 보통의 사람들은 알아듣지도 못하기 때문에 오히려 공자모에게 욕을 하거나 공자모의 말을 무시했을 것입니다. 보통의 '동네 현자', 즉 향원들은 자신의 사고를 넘어서는 높고 넓은 얘기는 알아듣지 못합니다. 그래서 놀라지도 않을 것입니다. 우물 안 개구리나 공손룡이 그래도 가능성이 있는 것은 자신의 한계를 알고 부끄러워했다는 점입니다.

마음의 두께를 쌓아가는 사람

〈소요유〉편

9장

이제《장자》33편 가운데 제일 앞에 자리한 〈소요유逍遙遊〉 편에 들어가 보려고 합니다.《장자》는 앞서 말했듯 내편, 외편, 잡편으로 나뉘는데, 뒤에 나오는 외편이나 잡편은 그 편에서 제일 앞에 나오는 두 글자나 세 글자 혹은 첫 문장에 나오는 두 글자나 세 글자를 따서 제목으로 합니다. 반면 내편 7편은 그 안에 나오는 주제를 가지고 제목을 정했습니다. 즉 〈소요유〉 편은 '소요유'라는 세 글자로 시작하지 않습니다.

《장자》 내편 7편은 장자가 썼다는 설이 유력합니다. 그리고 외편, 잡편은 장자의 제자나 후학들이 장자의 말을 기록하거나 자기들이 배운 장학 논지를 따라서 쓴 것이라고 말합니다(저는 류샤오간이 그의 책《장자철학》에서 제기한 관점에 동의하고, 그 관점을 그대로 따릅니다). 그런데 저는《장자》라는 책을 비교적 안정되고 일관된 틀을 전체적으로 유지하고 있다고 보기 때문에, 그냥 하나의 단일 저작으로 간주하고 다룹니다. 꼭 필요한 경우가 아니면, 내편, 외편, 잡편 사이의 차이를 자세히 다루거나 그 차이를 드러내려고 애쓰지 않을 것입니다.

놀듯이 하는 경지

우리가 무슨 일을 할 때 놀듯이 하라는 말을 합니다. 한 축구 감독이 선수들을 경기에 내보내면서 "한번 잘 놀고 오라"고 말했다고 하지요. 놀듯이 해야 제일 잘할 수 있다는 것입니다. 김치를 담글 때도 즐겁게 놀듯이 담그고, 집안일을 하더라도 놀듯이 하라는 것이지요. 물론 그게 잘 안 되지만 경지에 이른 분들은 그렇게 놀듯이 하는 것 같습니다. 놀듯이 하는 것이 세계를 인식하거나, 세계와 관계하는 점에 있어서 효율성을 매우 높여주는 방법으로 간주 됩니다.

서양에서 놀이라는 관념으로 인간을 해석하는 일이 분명하게 일어난 것은 1938년이었습니다. 요한 하위징아Johan Huizinga라는 1872년생의 네덜란드 문화사학자가 1938년에《호모 루덴스》라는 책을 낸 것입니다.

그는 "놀이는 문화의 한 요소가 아니라 문화 그 자체가 놀이의 성격을 가지고 있다"라고 주장합니다. 문화의 결과는 다 놀이의 흔적들이라는 것입니다. 서양 지성사에서 놀이를 문명사적 혹은 철학적으로, 다시 말해 인간을 해석하는 데 사용하는 일은 이 책이 나오면서 본격적으로 시작합니다.

장자는 지금부터 약 2200년 혹은 2150년 전에 벌써 놀이를 핵심으로 인간을 해석하고, 인식론을 밝히고, 인간의 윤리적 태도를 설명합니다. 인류 역사상 놀이를 주제로 해서 인간을 해석하는 일은 장자가 처음일 것입니다. 놀이하듯이 하는 삶의 태도나 행위를 장자는 '소요유'라고 합니다. 눈을 똑바로 뜨고 목적지를 향해서 곧장 걷는 게 아니라, 어디로 가는지 모르게 왔다 갔다 하면서 아무 목적지도 없는 것처럼 노니는 것이죠. '소요유'는 장자 사상의 핵심입니다.

참고로 '소요逍遙'라는 단어는 《장자》 전체에 여섯 번밖에 나오지 않지만, 대신 '놀다'라는 뜻의 글자 '遊(유)'는 100번 정도 나옵니다.

여러분도 아마 느끼실 겁니다. 우리가 놀 때, 그 놀이의 대상과 가장 일치가 되지 않습니까? 놀 때는 시간이 엄청 빠르게 지나갑니다. 일할 때는 시간이 잘 안 가지요? 시간이 엄청 빠르게 흐르는 것은 대상과 내가 일체를 이루었기 때문입니다. 일체를 이루면 시간 가는 줄을 모르게 됩니다. 일체를 이루는 것은 존재적인 경지의 문제나 인식의 문제에서 모든 인간 혹은 학자 혹은 수준 높은 사람들이 꼭 도달하고 싶은 경지입니다. 대상과 나 사이에 어긋남이 없이 꼭 맞는 상태를 옛사람들은 천인합일天人合一 혹은 물아일체物我一體라고도 표현했습니다. 어긋남이 없이 일체를 이루는 지경에서 놀이하는 것 같은 심정이 생깁니다.

〈소요유〉편 첫 대목부터 보도록 하죠.

北冥有魚, 其名爲鯤. 북명유어 기명위곤

鯤之大, 不知其幾千里也. 곤지대 부지기기천리야

化而爲鳥, 其名爲鵬. 화이위조 기명위붕

鵬之背, 不知其幾千里也. 붕지배 부지기기천리야

怒而飛, 其翼若垂天之雲. 노이비 기익약수천지운

是鳥也, 海運則將徙於南冥. 시조야 해운즉장사어남명

南冥者, 天池也. 남명자 천지야

"북녘 바다에 물고기가 있다. 그 이름은 곤鯤이다. 그 크기가 몇천 리나 되는지 알 수 없다. 변해서 새가 되는데, 그 이름은 붕鵬이다. 붕의 등 크기가 몇천 리나 되는지 알 수 없다. 솟구쳐 날아오르면, 그 날개가 하늘에 가득 드리운 구름과 같다. 이 새는 바다가 움직이면 남녘 바다로 날아갈 것이다. 남녘 바다란 곧 천지天池다."

곤은 큰 물고기를 가리키기도 하지만, 물고기의 작은 알을 가리키기도 합니다. 이것은 중의적인 의미가 아닐까 합니다. 물고기가 몇천 리나 되는 크기로 커서 마침내 붕이라는 거대한 새로 변하는 이야기가 되기도 하지만, 아주 작은 알이 북녘 바다에서 거대한 물고기로 크는 이야기까지 포함하기도 하는 것 같습니다. 북녘 바다는 그냥 조그마한 웅덩이나 호수나 태평양 정도가 아닙니다. 우주의 바다입니다. 우주의 북쪽 바다에 곤이라고 하는 물고기가 살고 있습니다. 그런데 그 물고기의 크기가 수천 리입니다. 수천 센티미터가 아니라 수천 리이지요. 수천 리 정도의 물고기가 사는 바다입니다.

독자들은 일단 이야기의 스케일을 감당해야 할 것입니다. 장자는 제일 앞부분에서 일반적인 상상으로는 그릴 수도 없는 거대한 스케일을 펼쳐 보입니다. 《장자》 전체에서 우리는 매우 자주 거대한 스케일을 경험합니다. 황하의 신과 바다의 신을 대비하고, 매미와 대붕을 대비하고, 백 리 길 소풍을 떠나는 사람과 천 리 길 소풍을 떠나는 사람을 대비하고, 700살을 살다 간 팽조彭祖와 8000년을 살다간 대춘大椿을 대비합니다. 장자는 일단 황하의 신의 마음이 아니라 바다 신의 마음, 매미의 마음이 아니라 대붕의 마음, 백 리 길 소풍 가는 사람의 마음보다는 천 리 길 소풍을 떠나는 사람의 마음, 700살을 살다 간 팽조의 마음이 아니라 8000년을 살다 간 대춘의 마음을 가질 것을 주문합니다. 자잘한 사람이 아니라 크고 굵은 사람이 되어야 한다는 뜻입니다.

이어서 다음과 같은 내용이 나옵니다.

齊諧者, 志怪者也. 제해자 지괴자야

諧之言曰, 해지언왈

鵬之徙於南冥也, 붕지사어남명야

水擊三千里, 搏扶搖而上者九萬里. 수격삼천리 단부요이상자구만리

去以六月息者也. 거이육월식자야

"제해齊諧는 괴이한 얘기를 많이 아는 사람이다. 해는 붕이 남녘 바다로 가려 할 때 물을 쳐서 삼천 리의 파도를 일으키고, 회오리바람을 올라타 구만 리나 높이 올라 6개월을 날다 쉰다고 말한다."

'제해'를 사람 이름으로 보기도 하고 책 이름으로 보기도 하는데, 저는 사람 이름으로 봅니다. '해가 말하기를[諧之言曰]'이라는 표현이 책에 나오는 말을 전하는 느낌보다는 사람이 한 말을 전하는 느낌을 더 주기 때문입니다. 붕이 일으키는 파도의 높이는 삼천 리나 되고, 회오리바람을 타고 오르는 높이는 구만 리나 됩니다. 높이 오르는 정도가

몇백 미터가 아니라 3만 5000킬로미터 이상입니다. 큰 새에는 큰 날개가 있고, 큰 날개는 두꺼운 공기층이 반드시 있어야 할 것입니다. 이렇게 큰 규모의 얘기만 들어도 가슴이 활짝 열리고 한없이 커지는 느낌이 듭니다. 우선은 이 웅장한 스케일을 그대로 느껴볼 필요가 있습니다.

가늠할 수 없는 넓이의 북녘 바다에서 곤이라는 물고기가 몇천 리나 거대하게 자란 후, 삼천 리나 되는 높은 파도가 치는 어느 날, 파도를 타고 튀어 올라 붕이라는 새로 바뀌어, 회오리바람을 타고 구만 리나 높이 올라서 남녘으로 나는 여정에 오릅니다. 남녘의 바다를 '남명'이라고도 하고, '천지'라고도 합니다. 그런데 대붕은 한번 날개를 펴면 우주에 그늘이 드리워질 정도입니다. 우주에 그늘을 드리우며, 6개월을 날아서 한 번 쉽니다. 6개월 동안 날아서 천지에 이른다는 뜻도 되는데, 저는 조금 다르게 해석합니다.

《장자》에 나오는 명령冥靈이라는 나무는 500년이 봄이고 500년이 가을입니다. 대춘이라는 나무는 8000년이 봄이고 8000년이 가을입니다. 이 정도 스케일을 말하는 장자가 구만 리를 튀어 오르고, 날개 하나가 수천 리가 되는 이 새를 고작 6개월을 날아서 목적지에 이르는 것으로 묘사하지는 않았을 것입니다. 그래서 저는 한 번 날개짓으로 6개월을 난다고 해석합니다. 그래야 죽어라고 바쁘게 날갯짓을 하는 파리나 뱁새와 비교가 되는 거지요. 여기 나오는 '식息'이라는 글자를 '쉬다'라고 해석할 수 있지만, 저는 '한 호흡'이라고 해석합니다. 《장자》 전체의 스케일에 맞춰서 보면, 한 번 날갯짓으로 6개월을 난다고 해석해야 할 것 같습니다.

어쨌든 이상향을 상징하는 남쪽을 향해서 날아가는 대붕의 여정을 보여줍니다. 큰 뜻을 품고 거대한 함량을 키워서 대업을 이루려고 꾸준히 나아가는 모습을 대붕의 여정에 견주어서 '도남圖南'이라고 합니다.

곤은 물고기의 알도 되지만, 그 알이 자란 거대한 물고기를 말하기도 합니다. 그래서 '곤'에는 사실 '크다'는 의미와 '작다'는 의미가 함께 있습니다. 그럼 물고기 알이 거대해지는 일이 시작되는 방향을 왜 북쪽으로 잡았을까요? 그것은 고대 중국인들의 생각하는 방식과 관련이 있을 것입니다. 이론적으로는 훗날 정리되고 기록되었겠지만, 전국시대 사람들도 이런 내용의 생각들은 이미 하고 있었을 것입니다. 즉, 중국인들은 일반적으로 중앙은 토土, 북쪽은 수水, 동쪽은 목木, 남쪽은 화火, 서쪽은 금金의 기운이 작동한다고 여겼습니다. 이것을 색깔로 하면, 동쪽은 청색, 서쪽은 백색, 남쪽은 적색, 북쪽은 흑색, 중앙은 황색입니다.

그럼 물은 왜 흑색으로 표시할까요? 푸르게 보이는 물을 왜 흑색이라고 했을까요? 아무리 탁한 황하도 흑색은 아닙니다. 만물은 결국 모두 죽어 썩는데, 썩으면 다 흑색으로 변합니다. 죽어가는 것은 모두 흑색을 띱니다. 물이 없으면 썩지 않습니다. 그래서 물을 검은색으로 표현합니다. 북쪽의 물은 생명의 소멸과 생성이 동시에 일어나는 곳입니다. 생명이 소멸하는 곳이자 동시에 시작되는 곳이 북쪽이죠. 생명이 소멸한 곳에서 새로운 생명이 생겨나서 커갑니다. 이렇게 물이라는 것은 동양 사람들에게는 생명이 소멸하는 곳이자 생성되는 곳입니다.

앞에서 우리는 거대한 스케일을 느껴보자고 했습니다. 그것이 대붕의 경지이니까요. 그런데 대붕의 경지는 두텁게 쌓고, 두텁게 덧쌓고, 두텁게 끝까지 쌓아서 가장 높은 곳에 오르는 것을 말합니다. 우리는 보통 경지를 말할 때 '높은 경지'라고 합니다. 높이를 위주로 말하죠. 그런데 사실은 높이가 아니라 '두께'입니다. 두터움 없이 높이만 갖는 것이 경지는 아닙니다. 두께의 끝을 높이라고 할 뿐입니다. 이것을 장자는 어떻게 표현했을까요?

野馬也, 塵埃也, 生物之以息相吹也. 야마야 진애야 생물지이식상취야

天之蒼蒼, 其正色邪? 천지창창 기정색야

其遠而無所至極邪? 기원이무소지극야

其視下也, 亦若是則已矣. 기시하야 역약시즉이의

"아지랑이나 먼지는 살아 있는 것들이 숨을 내쉬어 서로 불어서 생기는 것이다. 하늘은 파랗고도 파란데, 그것이 제 색깔일까? 그것이 멀리 끝없이 이르는 곳이 없어서일까? 아래로 내려다보아도 역시 이러할 것이다."

위로 올려다본 하늘빛은 푸른색입니다. 아마도 끝이 없이 너무 멀어서 파랗게 보일 뿐, 하늘의 원래 색깔이 그런 것은 아닐 것입니다. 붕이 하늘로 쭉 올라가서 이 땅을 내려다봅니다. 그래도 마찬가지일 것입니다. 그런데 위에서 내려다봐도 푸른색이겠죠? 그러면 어느 것이 맞을까요? 밑에서 올려다본 푸른색이 진짜일까요, 위에서 내려다본 푸른색이 진짜일까요? 둘 다 맞는 말입니다.

장자가 여기서 하려는 말은 올려다봐서 하늘이 푸르다고만 하면 안 된다는 것입니다. 저 높은 경지에서 내려다봐도 푸른색이라는 것입니다. 푸른색이라는 것을 매개로 해서 대붕 혹은 장자가 품으려고 했던 것은 하늘과 땅 전체의 두께이지, 저 하늘만이 아닙니다. 우리가 도가 철학을 이야기할 때 많은 사람이 현실을 벗어난, 현실을 초월한 어떤 경지를 말하는 것으로 계속 이해하고 설명하는데, 장자나 노자는 책에 그렇게 쓰지 않았습니다. 책에서는 위와 아래가 모두 안기는 그 경지를 이야기했지, 아래를 버리고 위에 이르는 것을 경지로 말한 적이 없습니다.

진선미의 올바른 개념

우리는 누구나 추구해야 하는 수준 높은 단계를 진선미로 얘기합니다. 그런데 '진선미'라고 하면, 바로 진-선-미의 순서로 되어 있는 듯이 보입니다. 그래서 진이 제일 중요하고, 그다음에 선이 중요하고, 그다음에 미가 중요한 것으로 받아들이기 쉽습니다. 이것은 지적으로 보면 잘못된 표현 방식입니다. 인간의 지성이 개발될 때 가장 초급 단계에서는 옳은가 그른가, 참인가 거짓인가를 주로 따집니다. 진의 단계입니다. 그것을 다 따지고 난 사람이 한 단계 올라서면 좋은가 나쁜가, 그래도 되는가 안 되는가, 의미가 있는가 없는가, 가치가 있는가 없는가를 따집니다. 선의 단계입니다. 그것을 잘 따져서 인간이 한 단계 오르면 참과 거짓이나 의미와 가치 등등이 미학적으로 종합 정리되어 자신의 고유함을 따라 발현되는 단계에 이르는데, 그것이 아름다운가 아름답지 않은가를 따지는 미의 단계입니다. 그래서 인간의 혹은 문명의 상급은 아름다움을 추구하는 단계입니다. 지성은 사실 아름다움에 눈을 뜨면서 탁월함에 이릅니다.

옳다는 이유로 하는 행동이 있고, 선하다는 이유로 하는 행동이 있고, 아름답다는 이유로 하는 행동이 있을 수 있습니다. 옳아서 하는 행동은 가장 초보적이고, 가치가 있어서 하는 행동은 중급 단계이고, 아름다워서 하는 것이 상급입니다. 그런데 이 진선미는 각각 따로 존재하는 것이 아니라 서로 보완 관계에 있습니다. 세상에 새로 등장하는 어떤 물건도 참이라는 이유로 혹은 선하다는 이유로 나오는 것은 없습니다. 모든 창의적 활동은 진위나 선악 등등을 넘어섭니다.

스마트폰이 옳아서 혹은 착해서 나온 것이 아닙니다. 휴대폰이나 mp3 그리고 인터넷 등의 기술적인 진보와 서로 다른 분리된 장치들을 연결하는 도전적인 태도 및 통신을 통해서 사람들을 행복하게 해주고 싶어 한 창의적 개발자의 의지 등이 종합되어 출현한 것입니다. 모든 창의적 결과들은 이런 식으로 이질적인 것이 연결되고, 개발하느라 밤잠을 설치고, 그러다가 건강이 악화되고 수명이 단축되어 일찍 죽어버리는 등의 다양한 스토리를 업고 등장합니다. 이런 다층적인 스토리는 결국 미학적으로 연결될 수밖에 없습니다. 이런 일을 아름다움을 따지는 단계로 보는 것이지요.

옳은가 그른가, 편한가 편하지 않은가, 기능적으로 손이 덜 가는가 더 가는가를 따지는 단계의 삶이 있습니다. 그리고 기능적으로 불편하더라도, 심지어 집단적인 기준에 따르면 옳지 않다는 시선을 받더라도 그것이 나를 표현하고 나 자신을 완성하는 데에 긍정적이라고 판단되면 과감히 하게 되는 경우가 있습니다. 이 단계는 대개의 창의적이거나 예술적이라는 평가를 듣는 경우이고, 삶의 미학적인 경지이자 아름다움을 추구하는 태도에서 빚어질 수 있습니다. 사실 독립적이고, 창의적이고, 자유롭고, 주체적인 삶은 아름다움의 경지입니다. 안 되는 줄 알면서도, 성공이 보장되지 않는데도 덤비는 무모함은 미학적일 수밖에 없습니다.

진-선-미는 단계의 순서에 따라 하나하나 따로 배치되는 개념이 아닙니다. 서로 연결되고 뒤섞여 있으며, 서로 보완하며, 서로 도와주는 개념군概念群입니다. 여기에서도 높이가 아니라 결국은 두께입니다. '후厚', 두터움을 쌓는 것이 수양이지, 이 개념에서 저 개념으로 넘어가는 것이 수양이 아닙니다. 개념의 두께를 쌓고 또 쌓다가 그 두께가 넘쳐서 다음 단계로 넘어가는 것이 수양이지, 이 개념을 결별하고 다른 저 개념을 찾아가는 것이 수양은 아닙니다.

모든 수양은 다 두께와 관련이 있습니다. 그래서 두께를 쌓는 일이 중요합니다. 높이 오른다는 말이 실제 의미하는 바도 두께를 쌓는다는 뜻이 될 것입니다. 높은 곳에 오르려는 마음보다 두꺼워지려는 마음을 갖는 것이 기술적으로 유리할 것입니다. 두께를 쌓아서 이루어진 내공을 '적후지공積厚之功'이라고 합니다. 장자는 〈소요유〉 첫 부분에서 높은 경지를 말하는 듯이 보이지만, 그 실제 내용은 사실 두텁게 쌓아서 이뤄진 높이이기 때문에 '적후지공'이라고 말할 수 있겠습니다.

곤이라는 작은 물고기 알이 수천 리나 되는 크기의 물고기로 커집니다. 수천 리나 되는 크기의 물고기라면, 고작 4미터나 5미터 정도의 파도는 그 큰 물고기를 태울 수도 없습니다. 삼천 리 정도 되는 크기의 파도라야 비로소 큰 물고기의 삶의 계기가 될 수 있습니다. 수천 리나 되는 물고기니까 구만 리를 오를 수 있습니다. 붕어는 못 오르지요. 메기도 못 오릅니다. 곤만 오를 수 있습니다. 곤은 자신의 크기를 쉼 없이 키웠기 때문입니다. 당연히 곤은 비둘기나 독수리가 되지 않고 붕이 될 수 있는 것입니다.

밑에서 올려봐도 파랗고, 위에서 내려봐도 파랗다는 표현은 특정 지점에서의 관점을 무화시킵니다. 밑에서 올려다보는 하늘만 파랗다고 하지 않습니다. '파랗다'는 표현을 매개로 사용하여 장자는 하늘과 땅을 모두 품습니다. 특정한 지점에서 형성된 관점에 자신을 내맡겨서 자신을 좁고 편협하게 만들지 않고, 전체성을 과감하게 품어, 모든 대립과 분열을 다 장악하는 전체성으로서의 자신을 형성합니다. 장자는 이것을 선택하여 저것을 소홀히 하거나, 저것을 지키려다 이것을 물리치는 확증 편향을 극복합니다. 땅을 떠나서 하늘로 오르는 경지가 아니라 하늘과 땅을 다 품는 경지입니다.

자신의 내공을 쌓는 것에 집중하라

어떤 사람들은 이렇게 물을 수 있습니다. 북명에서 수천 리나 되는 크기의 곤으로 성장했는데, 삼천 리나 되는 파도가 안 치면 어떻게 하느냐고요. 그러면 붕이 되지도 못하고, 결국 헛고생한 거 아니냐고요. 생각을 이렇게 할 정도의 사람이라면 이미 문제가 있지만, 우리가 우주에서 태어난 존재인 이상 내가 쌓은 공은 우주와 연결되고 소통합니다. 공자도 '덕불고 필유린德不孤, 必有隣'이라고 했습니다. 덕을 두텁고 충실히 키우면, 그 덕이 발산하는 향기에 취해 다가오는 사람, 이웃, 동조자가 있다는 것입니다. 덕을 죽어라 키웠는데 동조자가 안 생기면 어떻게 하냐구요? 걱정할 필요 없습니다. 안 생길 수가 없습니다. 이것은 우주의 법칙입니다. 자기 자신의 크기를 수천 리나 되는 크기로 키우는지 아닌지가 관건이고, 거기까지만 자신이 할 일입니다. 자신이 할 일을 완성하면, 그것이 아무 의미 없이 사라지는 경우란 없습니다. 자신을 키우는 데에는 관심이 없고, 헛수고가 될 걱정을 먼저 하는 사람에게는 자쾌의 정신이 없을 것입니다.

여기서 저는 순자가 남긴 명문장이 떠오릅니다. 《순자荀子》의 〈권학勸學〉 편에 나오는 구절입니다.

積土成山, 風雨興焉. 적토성산 풍우흥언
積水成淵, 蛟龍生焉. 적수성연 교룡생언
積善成德, 而神明自得, 聖心備焉. 적선성덕 이신명자득 성심비언

"흙을 쌓아서 산을 이루면, 바람은 거기에 생겨난다. 물을 대서 연못을 이루면, 물고기는 거기에 생겨난다. 탁월함을 꾸준히 추구하고 덕을 이루면, 명철한 통찰력이 저절로 오고, 성스러운 마음이 거기에 갖

취진다."

다른 것 먼저 기대하지 않고, 묵묵히 흙을 쌓아 산을 이루기만 하면 바람과 비는 거기서 저절로 생깁니다. 그런데 공력을 흙을 쌓아 산을 이루는 데에 쓰지 않고, '바람과 비가 안 생기면 어쩌지', '바람과 비는 정말 생길까' 하는 것에 먼저 써버리면 흙을 쌓아 산을 이루는 일 자체가 되지 않습니다. 바람과 비는 영영 누릴 수 없게 됩니다. 바람과 비를 원하면, 우선 산을 쌓아야 합니다.

사는 데에 재미를 못 느끼는 사람, 성취를 이루지 못하는 사람들은 대개 바람과 비는 원하면서 산을 쌓는 데에 게으른 사람들입니다. 명철한 통찰력이나 성인의 마음을 갖고 싶으면, 탁월한 사람이 되려 노력하면서 두터운 덕을 쌓는 일에 몰두해야 합니다. 제가 뒤뜰에 나무 몇 그루를 심었더니, 어느 날 새들이 찾아들더군요. 아침에 일어나 새소리를 듣고 싶으면, 먼저 몇 그루의 나무를 심으면 됩니다. 삶을 고통스러워하는 사람들에게는 공통된 특징이 있더군요. 눈은 높은데 게으른 사람입니다. 흙을 쌓지 않으면서, 바람과 비가 올지 안 올지를 미리 염려하는 사람들입니다. 우선 두텁게 흙을 쌓는 일에 온 정성을 다할 일입니다.

작던 물고기가 거대한 공간에서 엄청나게 두꺼운 내공을 쌓았습니다. 그럼 어떻게 되나요? 어느 날 삼천 리나 되는 높이의 파도가 치는 계기를 만나 그걸 타고 튀어 오릅니다. 구만 리를 튀어 올라서 대붕이 됩니다. 쌓고, 쌓고, 또 쌓으면 그것으로만 멈추는 게 아니라 전혀 새로운 세계가 열리고 다른 존재가 됩니다. 물고기가 새로 바뀌고, 곤이 붕으로 바뀝니다. 양적인 두께를 쌓고, 쌓고, 또 쌓으면 존재적 차원의 질적 전화轉化가 일어납니다. 다른 존재가 됩니다. 물속에 살던 존재가 하늘을 나는 존재가 됩니다. 일상에 허덕거리는 존재가 일상을 지배하는 존재가 됩니다. 언어를 사용하던 존재가 언어를 지배하는 존재가 됩니다.

　장자의 다음 말을 듣고 두텁게 쌓는 일에 대해서 다시 한번 생각해 보죠.

且夫水之積也不厚, 차부수지적야불후

則其負大舟也無方. 즉기부대주야무방

覆杯水於坳堂之上, 則芥爲之舟. 복배수어요당지상 즉개위지주

置杯焉則膠, 水淺而舟大也. 치배언즉교 수천이주대야

風之積也不厚, 則其負大翼也無力. 풍지적야불후 즉기부대익야무력

故九萬里, 則風斯在下矣, 고구만리 즉풍사재하의

而後乃今培風, 이후내금배풍

背負靑天而莫之夭閼者, 배부청천이막지요알자

而後乃今將圖南. 이후내금장도남

"물이 쌓인 것이 두텁지 않으면, 큰 배를 견딜 만한 힘이 없다. 마루의 조금 팬 곳에 물 한 잔을 채우면, 티끌이 배가 되어 둥둥 떠다니지만, 거기에 잔을 올려놓으면, 바닥에 바로 붙어버린다. 물은 얕고, 배는 크기 때문이다. 바람이 쌓인 것이 두텁지 않으면, 큰 날개를 견딜 만한 힘이 없다. 그러므로 구만 리를 올라야 아래가 다 두꺼운 바람으

로 가득 차고, 그런 후에야 비로소 바람을 탈 수가 있다. 푸른 하늘을 등에 지고 날갯짓을 멈추지 않으니, 그런 후에야 비로소 남녘을 향하게 된다."

하고 싶은 일, 꾸는 꿈, 도모하는 일에 맞는 두께를 갖지 않으면, 일을 이룰 수가 없습니다. 눈이 높으면, 거기에 맞는 두꺼운 내공을 쌓아야 하죠. 눈은 높은데, 거기에 맞는 내공의 두께를 쌓는 일에 게으른 사람은 신도 구제할 수 없습니다.

蜩與學鳩笑之曰, 조여학구소지왈

我決起而飛, 搶楡枋而止, 아결기이비 창유방이지

時則不至而控於地而已矣, 시즉부지이공어지이이의

奚以之九萬里而南爲? 해이지구만리이남위

適莽蒼者, 三飡而反, 腹猶果然. 적망창자 삼손이반 복유과연

適百里者, 宿舂糧. 適千里者, 三月聚糧. 적백리자숙용량 적천리자삼월취량

之二蟲又何知! 지이충우하지

"매미와 비둘기가 비웃으며 말한다. '우리는 힘껏 날아올라도 나지막한 느릅나무나 다목에 다다르는데, 때로는 거기에 이르지도 못하고 땅에 나뒹군다. 어찌하여 구만 리나 날아 남녘으로 가려 하는가.' 근처 교외에 나가는 사람은 세끼만 먹고 돌아오는데, 배는 아직도 부르다. 백리 길을 나서는 사람은 밤새 곡식을 찧어야 하고, 천 리 길을 나서는 사람은 삼 개월 정도는 식량을 모아야 한다. 저 두 미물이 어찌 알겠는가!"

小知不及大知, 小年不及大年. 소지불급대지 소년불급대년

奚以知其然也? 해이지기연야

朝菌不知晦朔, 蟪蛄不知春秋, 조균부지회삭 혜고부지춘추

此小年也. 차소년야

楚之南有冥靈者, 초지남유명령자

以五百歲爲春, 五百歲爲秋. 이오백세위춘 오백세위추

上古有大椿者, 상고유대춘자

以八千歲爲春, 八千歲爲秋, 此大年也. 이팔천세위춘 팔천세위추 차대년야

而彭祖乃今以久特聞, 이팽조내금이구특문

衆人匹之, 不亦悲乎! 중인필지 불역비호

"작은 지혜는 큰 지혜에 이르지 못하고, 짧은 수명은 긴 수명을 이해하지 못한다. 무엇을 가지고 그렇다는 것을 아는가. 아침에 잠깐 사는 조균이라는 벌레는 초하루부터 그믐까지의 한 달 기간을 알 수 없고, 여름 한철 사는 씽씽매미는 봄과 가을을 알 수 없다. 이것이 짧은 수명이다. 초나라 남쪽에 명령이라는 나무가 있는데, 500년을 봄으로 하고, 500년을 가을로 한다. 먼 옛날에 대춘이라는 나무가 있었는데, 8000년을 봄으로 하고, 8000년을 가을로 한다. 이것이 긴 수명이다. 팽조는 지금 오래 산 사람으로 아주 유명하고, 모든 사람이 그와 같이 되고 싶어 하는데, 어찌 슬프지 않겠는가!"

'참새가 봉황의 마음을 알겠느냐'는 말을 들은 적이 있습니다. 참새가 봉황의 마음을 아는 것은 불가능에 가깝습니다. 다른 시간, 다른 공

간, 다른 두께를 가진 상대방을 이해하는 것은 매우 어려운 일이죠. 그래서 매미와 비둘기가 감히 대붕을 비웃는 것입니다. 자신들은 아무리 힘껏 올라봐야 겨우 느릅나무나 다목나무 가지에 머물거나, 아니면 거기에도 이르지 못해서 땅으로 떨어지기도 하는데, 뭐 한다고 구만 리나 올라서 그 고생을 하느냐는 것이죠.

그런데 장자는 그것을 정면으로 놓고 바로 설명하지 않습니다. 바로 설명하는 것보다 에둘러 설명해서 알게 해주는 것이 효과가 더 크다고 여겼기 때문입니다. 우리가 교외의 들에 나가려고 하면, 세 끼 밥만 준비해서 가도 다 못 먹고 남겨서 옵니다. 그런데 백 리 길을 나서려면 저녁 내내 곡식을 빻아야 합니다. 천 리 길을 가려면 곡식을 석 달 동안은 모아야 합니다. 여기서 우리는 붕이 되려면 어느 정도의 수고를 얼마나 오래 해야 하는지 느낄 수 있습니다.

내공을 두텁게 쌓는 일을 해내는지 아닌지에 따라서 존재의 격이 달라집니다. 누구는 동네 사람 몇 명이 나눠 가질 필통을 만들고, 누구는 박물관에 모셔질 정도의 필통을 만들죠. 누구는 글을 쓰면 수천 년 역사에 남고, 누구는 글을 쓰면 동네 사람 몇 명이 돌려보고 끝납니다. 우리는 보통 장자가 동네 사람 몇 명이 나눠 가지는 필통이나 박물관에 모셔질 필통 사이에 차별을 두지 않고, 각자의 수준에서 최선을 다해 만들었다는 점에서 가치가 똑같다고 했을 것이라고 짐작합니다. 하지만 사실은 그렇지 않습니다. 장자는 참새와 대붕 사이에 차이를 분명히 두고, 우리에게 대붕의 마음을 가지라고 권합니다. 훗날 동진 시기에 《장자주》를 쓴 곽상은 대붕과 참새 사이의 차이를 무화시켜 동등하게 보려는 독화론獨化論을 제기하기도 합니다. 장자는 그렇지 않습니다.

당신의 두께는 어느 정도인가

내공을 두텁게 쌓는 치열함에서 비켜나면, 꿈은 세계 최고일지라도 결과는 동네 최고에 머물거나, 꿈으로는 수천 년의 역사를 도모하지만 현실은 2, 3일간의 소란으로 끝납니다. 누가 두텁게 쌓을 수 있느냐의 싸움입니다. 지금 제가 하는 얘기를 들으며 이런 생각이 드실 겁니다. '도가가 그렇게 힘든 거였어?' '도가는 읽으면 편안해지고, 노력 안 하고도 도달하고, 그냥 이렇게 살아도 좋고 저렇게 살아도 좋은 게 아니었어?' 하지만 장자는 첫 페이지에서부터 그렇게 이야기하지 않습니다. 작은 물고기가 수천 리나 되는 크기로 성장하는 것을 이야기합니다. 이 이야기를 읽는 사람의 대부분은 수천 리의 크기로 커진 큰 물고기와 그 물고기가 변한 대붕만 머리에 남기고, 수천 리의 크기로 성장한 물고기가 성장하기까지 겪는 노고나 두께를 쌓는 성실한 여정은 느끼지 않으려 할 수도 있습니다.

조균, 즉 아침 한나절을 살고 가는 버섯 균은 새벽과 대낮과 밤에 대해서는 말할 수 없습니다. 그런 시간이 포함된 두께를 가지고 있지 않기 때문입니다. 여름 한철 살다 가는 씽씽매미는 봄과 가을과 겨울을 말할 수 없습니다. 씽씽매미의 시간적 두께에는 봄, 가을, 겨울이 들어 있지 않기 때문입니다. 명령이라는 나무는 500년이 봄이고 500년이 가을입니다. 대춘이라는 나무는 8000년이 봄이고 8000년이 가을입니다. 그런데 보통 사람들은 700년을 살다 간 팽조를 대단히 오래 살다 간 사람으로 여기며 부러워합니다. 8000년을 봄으로 살고, 8000년을 가을로 해서 사는 존재도 있는데, 겨우 700년 살다 간 사람을 제일 장수한 사람으로 치고 부러워한다면 얼마나 좁쌀 같은가, 얼마나 슬픈가, 하고 장자가 묻는 것입니다.

'당신의 두께는 지금 어느 정도인가?' 제가 여러분께 이렇게 물을 입장이 못 된다는 것을 잘 압니다. 그래도 강의하고 글을 쓰는 입장이다 보니 이렇게 묻게 됩니다. 용서하시기 바랍니다. 저도 항상 제 얇은 두께에 몸서리치고 부끄러워하는 사람입니다.

나무판으로 만들어진 툇마루에 나가보면 옹이 빠진 자리가 패어 있습니다. 그럼 패인 그곳에 물을 따라보죠. 소주잔으로 한 잔도 다 담기지 않을 것입니다. 물이 꽉 찬 거기에 먼지는 둥둥 띄울 수 있습니다. 그런데 거기에 술잔을 놓아보십시오. 바닥에 착 달라붙어 버립니다. 술잔을 띄우기에는 물의 두께가 너무 얇기 때문입니다. 그 두께로는 먼지들이나 띄우는 것이 맞습니다. 우리가 조금 극단적으로 말하면, 자기가 취하는 하나하나의 태도, 하나하나의 정치적 행위, 하나하나의 문장들은 결국 자기가 쌓은 딱 그 두께만큼입니다. 대붕이 왜 구만 리나 높은 데로 올라야 하는가. 그건 구만 리 정도 되는 공기의 두께여야 자유로이 날 수 있도록 커졌기 때문입니다. 결국은 두께의 문제입니다.

글을 읽으시며 지금 갑자기 침울해졌나요? 사실 여러분보다 제가 훨씬 먼저 침울해져 있습니다. 침울해진 이유는 그놈의 두께 때문입니다. 우리는 바보가 아니기 때문에 내 두께를 들여다보게 되고, 대붕의 두께와 비교를 하지 않을 수 없다 보니 침울해지고 있습니다. 그런데 침울한 다음에는 어떻게 해야 할까요? 두께를 쌓아야 합니다. 어쩔 수 없어요. 그 방법밖에 없습니다. 앞에서 함량을 키우는 방법을 말씀드렸지요? 큰 뜻, 자기가 정한 자기만의 규율, 지식욕, 이 세 가지를 말씀드렸습니다. 이 세 가지에 쉼 없이 힘쓰면 어느 날 나도 모르게 거대한 물고기로 자라거나 대붕이 될 수 있습니다. 만일 이 단계에서 침울해졌다면, 우리는 하백처럼 각자의 한계를 본 사람들입니다. 한계를 봤으면, 두꺼워질 희망이 있습니다! 제 기분도 다시 좋아졌습니다.

　큰 것과 작은 것 사이에는 이렇게 큰 차이가 납니다. 바로 이어서 나오는 대목을 보면, 더 분명해집니다.

湯之問棘也是已. 탕지문극야시이

湯問棘曰, 上下四方有極乎? 탕문극왈 상하사방유극호

棘曰, 無極之外, 復無極也. 극왈 무극지외 복무극야

窮髮之北有冥海者, 天池也. 궁발지북유명해자 천지야

有魚焉, 其廣數千里, 유어언 기광수천리

未有知其修者, 其名爲鯤. 미유지기수자 기명위곤

有鳥焉, 其名爲鵬, 유조언 기명위붕

背若太山, 翼若垂天之雲, 배약태산 익약수천지운

搏扶搖羊角而上者九萬里, 단부요양각이상자구만리

絶雲氣, 負靑天, 절운기 부청천

然後圖南, 且適南冥也. 연후도남 차적남명야

"탕湯왕이 극棘에게 물은 것도 이것이었다. 탕이 극에게 말한다. '상하사방에 극이 있는가?' 극이 말했다. '무극의 밖에는 다시 극이 없다. 불모지인 북녘 땅에 명해冥海라는 바다가 있는데, 바로 천지天池다. 거기에 물고기가 있다. 넓이는 수천 리나 되지만, 그 길이는 아직 모른다. 그 이름은 곤鯤이라 한다. 거기에 새가 있다. 그 이름을 붕鵬이라 한다. 등은 태산 같고, 날개는 하늘에 드리워진 구름 같다. 센 회오리바람을 올라타서 하늘로 오르기를 구만 리, 구름을 뚫고 올라가 푸른 하늘을 등에 진다. 그런 후에 남쪽으로 남쪽으로 날아, 남명南冥에 이른다.'"

斥鴳笑之曰, 彼且奚適也? 척안소지왈 피차해적야
我騰躍而上, 不過數仞而下, 아등약이상 불과수인이하
翱翔蓬蒿之間, 此亦飛之至也. 고상봉호지간 차역비지지야
而彼且奚適也? 이피차해적야
此小大之辯也. 차소대지변야

"메추라기가 이를 보고 비웃으며 말한다. '쟤는 도대체 어디까지 가는 것인가? 나는 힘껏 날아올라도 몇 길을 가지 못하고 내려와 잡초 밭 사이에서 퍼덕일 뿐이다. 이것도 나한테는 날기의 대단한 경지인데, 쟤는 또 어디까지 간단 말인가.' 이것이 바로 작은 것과 큰 것의 차이다."

여기서 장자는 한 번 더 큰 것과 작은 것 사이의 차이를 분명하게 보여줍니다. 다음에 이어서 나오는 대목은 내공의 두께에 따라 얼마나 달라지는지를 말합니다.

故夫知效一官, 行比一鄉, 고부지효일관 행비일향

德合一君而徵一國者, 덕합일군이징일국자

其自視也亦若此矣. 기자시야역약차의

而宋榮子猶然笑之. 이송영자유연소지

且擧世而譽之而不加勸, 차거세이예지이불가권

擧世而非之而不加沮, 거세이비지이불가저

定乎內外之分, 辯乎榮辱之境, 斯已矣. 정호내외지분 변호영욕지경 사이의

彼其於世未數數然也. 피기어세미삭삭연야

雖然, 猶有未樹也. 수연 유유미수야

"그러므로 지식이 관직 하나 맡을 만하고, 행실이 동네 크기에 맞고, 덕이 군주 한 명 모실 만하며, 능력이 한 나라에서 빛날 정도의 사람은 자신을 아는 것도 딱 이 정도와 같다. 그런데 송영자宋榮子는 그를 보고 빙긋이 웃는다. 그리고 온 세상이 칭찬해도 더 열심히 하는 일이 없고, 온 세상이 비난해도 의기소침해지지 않는다. 내외의 분별을 뚜렷이 하고, 영광과 치욕의 경계를 잘 따지는 것, 이것이 다다. 그는 세상 속에서 급급해하지는 않는다. 비록 이렇더라도, 아직 자신을 분명히 세우지는 못했다."

夫列子御風而行, 泠然善也, 부열자어풍이행 영연선야

旬有五日而後反. 순유오일이후반

彼於致福者, 未數數然也. 피어치복자 미삭삭연야

此雖免乎行, 猶有所待者也. 차수면호행 유유소대자야

若夫乘天地之正, 而御六氣之辯, 약부승천지지정 이어육기지변

以遊無窮者, 彼且惡乎待哉! 이유무궁자 피차오호대재

故曰, 至人無己, 神人無功, 聖人無名. 고활 지인무기 신인무공 성인무명

"저 열자列子는 바람을 타고 다니는데, 참 대단하다. 15일이 지나서야 되돌아온다. 그는 바람을 부르는 것에 대해서 급급해지는 않는다. 이는 직접 걸어 다니는 수고는 면했지만, 그렇더라도 아직 의존하는 데가 있다. 만약 천지의 바른 질서를 타고, 육기六氣의 변화에 순응함으로써 무궁한 경지에서 노니는 자는 또 어디에 의존하겠는가. 지인은 자신이 없고, 신인은 공이 없으며, 성인은 이름이 없다."

지식의 넓이는 관직 하나 맡을 정도이고, 행동거지는 동네 하나 좌우할 정도이고, 덕의 크기는 군주 한 명 모시는 데에 충분할 정도이고, 이름은 한 나라에 빛날 정도인 사람을 말하는데, 이는 그렇게 큰 사람이 아니라는 뜻입니다. 이 정도의 사람은 다른 사람, 즉 관직 임명자나 동네 사람들 혹은 군주 등의 시선을 항상 의식하면서 거기에 맞춰 온 사람들이죠. 장자가 보기에 이런 사람들은 자신을 볼 때도 이 정도 수준의 시선을 벗어나지 않습니다. '자쾌'는 꿈도 꾸지 못하는 단계입니다. 여기서 "자신을 아는 것이 딱 이 정도와 같다"는 말은 자신을 보는 눈이 자신이 맡은 일의 크기만큼 좁다는 것입니다.

제가 어느 강연에서 이렇게 이야기한 적 있습니다. 어떤 사람의 아이큐가 130이라면, 자신을 볼 때의 아이큐는 13 정도 될 것입니다. 반

면에 타인을 볼 때는 아이큐가 1만 3천 정도 됩니다. 보통 역사나 사회에 대해서 분석하고 이해하고 평가하는 수준은 매우 높습니다. 최고의 정치학자들, 역사학자들 못지않습니다.

그런데 자기가 역사 속에서 무엇을 하고 있는지, 자기가 어떤 정치를 하고 있는지를 분석하는 능력은 매우 낮습니다. 바둑에서도 자신의 실력이 아마 3급 정도 된다면, 훈수는 프로 3단 정도 되는 것과 같습니다. 또 이런 말들을 자주 합니다. '우리나라는 왜 이런가', '우리 사회는 왜 이런가', '우리나라의 진보주의자들은 왜 이런가', '우리나라의 보수주의자들은 왜 이런가', 심지어는 '우리는 언제쯤 지도자다운 지도자를 만날 수 있을까'. 모든 것을 분석하고 이해하고 비판하고 평가하는 대상으로 남기고 자기는 제삼자로 완벽하게 이탈합니다. 그래서 자기가 말하는 역사, 자기가 말하는 사회, 자기가 말하는 정치에서 자기는 존재하지 않습니다.

'우리나라 역사는 왜 이럴까.' 이것은 질문이 아닙니다. 우리나라 역사가 이렇다면 나는 무엇을 해야 할지, 나는 어떻게 해야 할지를 스스로 물어야 합니다. 지도자다운 지도자를 기다린다? 그 지도자는 자기의 지도자입니다. 자기가 지도자가 되든지, 지도자가 되려는 사람을 돕든지, 지도자가 되려는 조직을 만들든지, 자기 맘에 드는 지도자를 만드는 조직을 돕든지 해야 합니다. 그런데 자기가 직접 무언가를 하거나 참여자로 등장하지 못하고 항상 무관심한 방관자처럼 제삼자적 태도로 숨어버리는 것이지요. 왜? 자기를 보는 눈이 메추라기 같아서 아이큐가 13 정도로 작동하기 때문입니다.

남이 하는 일은 잘 보면서, 자신이 할 일은 보지 못합니다. 훈수는 잘 두지만, 직접 하지는 못합니다. 평론가로 사는 일에 머물고, 행동가로 는 잘 나서지 못합니다. 다 자신을 보는 시야가 좁아서 생긴 일입니다. 자신을 보는 시야가 좁으면, 1인칭으로 살지 못하고, 3인칭으로 살다 갑니다. 자쾌는 1인칭으로 살라는 말에 가깝겠습니다. 1인칭으로 살아 야 삶의 생산성이 높아집니다. 실력 있는 삶은 1인칭의 삶과 같습니다.

내공의 두께에 따른 차이

송영자는 이런 사람들을 내려다보며 비웃습니다. 왜냐하면 송영자 는 밖에서 아무리 비웃어도 의기소침하지 않을 수 있고, 주위에서 아 무리 칭찬한다고 해도 칭찬해준다는 이유만으로 더 분발하지도 않기 때문이죠. 이는 분명히 자신의 안과 밖을 명확하게 구분하고, 그러다 보니 영광과 치욕을 잘 분별할 줄 알게 된 것입니다.

가끔 이런 사람들을 볼 수 있습니다. 세상과 거리를 유지하고 자기 내면이나 잘 닦아야 하겠다는 사람이지요. 이런 사람들은 자신과 다르 게 사는 사람을 우습게 알거나 비웃게 됩니다. 어떤 수행자들은 자기 수행하는 것에 취해서 수행하지 않은 사람들을 낮게 보거나 수행하는 삶이 아닌 것은 사소하게 보기도 합니다. 수행이 매우 대단한 경지이 긴 하지만, 내면과 외면, 명예와 치욕에 구분을 두고 여전히 어느 한쪽 을 높이고 있는 것입니다. 그래서 이 경지도 그렇게 완벽한 경지는 아 니라는 것이지요.

송영자는 더 좋은 쪽으로 집중하면서 거기에 자기를 맡기고, 그러지 않은 쪽을 무시합니다. 그래서 장자가 보기에 이 정도로는 여전히 부족하다는 것이지요. 사실 이 정도만 해도 대단하긴 하죠. 그런데 이것이 전부입니다. 이 이상이 없습니다. 즉 자신을 똑바로 세운 정도까지는 아니라는 뜻이죠. 아직 '자쾌'에 이른 정도는 아니라는 것입니다. 자신을 똑바로 세웠다는 것은 자쾌에 이르렀다는 것이고, 자쾌에 이르렀으면 무엇에 의존하여 그것을 하는 것이 아니어야 합니다.

안과 밖을 분명히 구분하고, 영광과 치욕을 잘 분별하는 것도 사실은 대단한 경지인데, 장자는 왜 이것을 낮게 평가했을까요? 자신을 확고하게 세운 것으로 보이지 않았기 때문입니다. 자신을 확고히 세우지 않았다는 것은 안과 밖, 영광과 치욕 등처럼 대비적 상태에서 한쪽을 선택하는 태도인데, 대비적인 양쪽 가운데서 한쪽을 선택한다는 것은 사실 양쪽을 동등하게 대하는 논리 구조를 적용한다는 뜻이고, 논리 구조를 대등하게 적용하면 논리적 도약이 일어나지 않기 때문입니다.

우리는 반독재 투쟁을 했던 사람이 나중에 독재적 행태를 보이는 것을 봅니다. 민주화 투쟁을 했던 사람이 반민주적 행동을 하는 것도 적잖게 봤습니다. '민주–반민주'나 '독재–반독재'도 사실은 같은 수준의 논리를 공유하는 상태의 적대적 투쟁이기 때문에, 비록 투쟁에서 승리하였더라도 이 논리적 구조를 벗어나지 못합니다. '좌파–우파'나 '진보–보수'의 분별을 분명히 하고, 둘 가운데 하나를 선택하는 것으로도 명예나 치욕에 흔들리지 않을 수 있습니다. 좌파나 우파 가운데 한쪽을 선택하여 분명한 자의식과 확신을 가져 보십시오. 외부의 비판이나 칭찬에 흔들리지 않습니다.

하지만 외부의 칭찬이나 비난에 흔들리지 않는 확신 정도로는 역사를 앞으로 나아가게 하지 못하는 경우가 많습니다. 우리는 많이 경험했고, 또 지금도 경험하는 중이라 긴 설명을 하지 않아도 알 수 있습니다. 대립하는 양쪽 가운데 하나를 선택하여, 선택한 한쪽을 흔들림 없이 확신하는 정도로는 사회가 대립적인 양쪽을 시계추처럼 왔다 갔다 하는 반복 운동 이상을 하지 못할 것입니다. 그래서 지금 우리 사회는 여전히 "이게 나라냐?"라고 상대방을 비판하면서 정권을 쟁취한 쪽에서 얼마 지나지 않아 "이건 나라냐?"라는 비판을 듣는 것입니다. 이런 경우는 대개 과학적인 시선으로 자신을 객관화하여 보는 눈이 아직 생기지 않은 탓에 발생합니다. 과학적인 시선으로 자신을 객관화해서 보는 눈이 아직 생기지 않았다는 의미에서 "아직 자신을 분명히 세우지는 못했다"고 표현하는 것입니다.

다음에 이어서 바로 아무것에도 의존하지 않아 보이는 열자가 나타납니다. 열자는 바람을 타고 다니죠. 바람은 눈으로 볼 때는 마치 없는 것처럼 보여서, 열자가 어느 것에 의존하거나 종속된 것처럼 보이지 않을 수도 있지만, 눈에 보이지 않는 바람이라 하더라도 바람을 타고 있는 한, 어딘가에 의존하는 것이라고 말해야 맞죠. 처음에 말한, 좁은 시야를 가지고 자신을 보는 사람들은 모든 것을 어딘가에 기대서 말하죠. 명예나 자기가 일한 공적, 평판 같은 데 기대고 있습니다. 그보다 뛰어난 사람은 평판과 명예를 모두 벗어났지만, 벗어나지 못한 이들과 구분을 짓고 그것을 벗어난 그 경지에만 의존해 있습니다. 평판이나 명예와 같은 그 어떤 것에도 기대지 않고 보이지 않는 바람에만 의존하는 열자가 대단한 것 같지만 열자도 결국은 바람에 의지하고 있지 않냐고 장자는 말합니다. 우주의 변화 질서와 원칙을 정확히 알고, 그것들과 어긋나지 않으며, 거기에 잘 맞춰서 행위 하는 것만 어느 것에도 의존하지 않는 '자유自由'와 '자족自足'과 '자율自律'과 '자쾌自快'를 보장한다는 것이 장자의 뜻입니다.

자유의 경지에 이른 자

장자는 자유의 근거를 구체적인 존재물들과 관련짓지 않습니다. 우주의 질서, 원리 등과 같이 감각되지 않는 것에 관련짓고 있음을 유의해서 볼 필요가 있습니다. 매우 지적인 철학자죠. 이런 자유의 경지에 도달한 인격을 장자는 지인至人, 신인神人, 성인聖人으로 제시합니다. '지인은 자신이 없다至人無己'에서 자신을 표기하는 글자로 '아我'나 '오吾'가 아니라 '기己'를 썼습니다.

기己는 감각 경험 세계에 존재하는 구체적인 자신을 표현할 때 쓰는 글자입니다. 공자도 '극아복례'나 '극오복례'라 하지 않고 '극기복례克己復禮'라 합니다. 공자에게서도 기는 아직 학습 과정을 거치지 않아서, 보편적 이념이나 가치에 스며들기 이전의 자신을 표시합니다. 구체적인 일상생활 속의 자아에 가깝습니다. 아我는 가치나 이념이 어느 정도 갖춰져서 만들어진 자아이고, 세계를 보는 자기만의 관점이나 틀을 가지고 있는 자아입니다. 오吾는 특정한 가치나 이념으로 형성된 자아

관념을 해체한 후에 등장하는 자아를 말할 때 사용됩니다. 그래서 장자는 특정한 가치관이나 이념에 갇혀서 고통받는 자신을 장례 지내고 참 자아를 회복해야 한다고 말할 때, '오상아 吾喪我'라고 표현한 것입니다.

물론 이 세 글자가 이런 엄격한 규칙 속에서 항상 철저히 구분되어 사용되는 것은 아니지만, 이 세 글자를 놓고 직접적으로 서로 비교해보면 이런 식으로 차이를 설명할 수는 있습니다. 그래서 이상적인 인격인 지인至人은 감각 경험 세계에 갇힌 자아에서는 벗어났다는 것이죠.

'신인은 공이 없다'는 표현이 바로 이어서 나옵니다. 신인은 공적에 연연해하지 않는다는 뜻이죠. 노자의 '공성이불거 功成而不居'라는 표현이 떠오릅니다. 즉 가장 높은 수준의 인격은 자신의 공이 이루어져도 그 공을 자신의 공이라고 내세우거나 자신이 소유하려는 의도 자체를 갖지 않습니다. 이런 이상적인 인격이라면, 본인이 원하든 원하지 않든 세상에 얼마나 큰 공적을 남기겠습니까? 그래도 그런 위대한 일을 하면서도 공적을 남기려는 것을 목적으로 하지도 않고, 공적으로 평가받으려 애쓰지도 않죠. "그냥 할 뿐!"입니다.

다음에 나오는 '성인은 이름이 없다'는 말은 이상적인 인격 가운데 한 명인 성인聖人은 이름을 내는 일이나 명예에 연연하지 않는다는 뜻입니다. 이름을 내기 위해서 혹은 명예를 얻기 위해서 삶을 사는 것이 아니기 때문에 명예나 이름에 의존하지 않는 태도를 가지죠.

지인이 감각 경험 세계에 있는 자아에 의존하지 않는다는 것을 '지인무기至人無己'라고 했다면, 공적에 연연하지 않는다는 뜻에서, 혹은 공적에 의존하지 않는다는 뜻에서 '신인무공神人無功'이라고 했고, 명예나 이름 내는 일에 의존하지 않는다는 뜻에서 '성인무명聖人無名'이라 했습니다. 지인이나 신인이나 성인은 천지자연의 운행 원칙과 우주 대자연의 변화를 잘 따를 뿐입니다.

저는 이 대목에서 갑자기 헤르만 헤세가 "내 안에서 솟아나는 것, 그것을 살아보고 싶었다"고 했던 말이 다시 떠오르며, 그것이 장자가 말한 이상 인격들과 별 차이가 없어 보입니다. 세상에서 다들 좋다고 하는 명예나 공적이나 일상생활에서의 자잘한 목표들에 좌우되지 않고, 우주 대자연의 변화와 함께하고, 또 그 질서를 받아 태어난 자기 자신의 근본 토대를 벗어나지 않고 사는 삶을 말하는 것 같습니다.

여기서 주의해야 할 점은 세상에서 말하는 공적이나 명예나 일상의 작은 목표들이 나쁘니 그것들을 부정하거나 피해야 한다고 말하는 것은 아니라는 것입니다. 그것들이 '내 안에서 솟아나는 것'을 사는 삶의 태도로 만들어져야 한다는 뜻입니다. 자쾌의 태도가 유지되는 상태에서 만들어진 일상의 목표들, 명예, 그리고 공적 등이어야 자신을 한 인간으로 완성 시키고 사회에도 긍정적인 도움이 됩니다.

성공에 갇히지 말 것

지인이나 신인이나 성인 같은 최고의 인간들은 세상에 대해 엄청난 긍정적 역할을 하는 사람들입니다. 공을 엄청나게 세운 사람들이지요. 그런데 신인은 공이 없다는 말은 공을 세운 적이 없다는 것이 아니라,

자기가 세운 공과 자기가 쌓은 업적 위에 서 있지 않다는 것입니다. 앞에서 한 말을 좀 부연해 이 부분을 좀 더 자세히 보기로 하죠.

앞에서 잠깐 언급한 《도덕경》의 '공성이불거'는 풀이하자면 '공이 이루어지면 그 공을 차고 눌러앉지 않는다'입니다. 사실 성공한 사람들한테 가장 큰 적은 성공의 기억입니다.

세계는 부단히 변합니다. 우리는 그것을 유동적 전체성이라고 표현했습니다. 계속 변화는 세계에서 성공의 기억에 갇힌 사람은 성공했을 때의 기억만을 집행하게 됩니다. 성공한 기억을 집행할 때의 세상과 지금 자기가 새로 대면해야 할 세상이 너무나 다른 세상일 수 있습니다. 성공 기억에 갇힌 사람은 그 성공의 구조를 지키다가 새로운 환경에서 새로운 성공을 거두기 어렵게 되죠. 혁명가한테 가장 큰 적도 혁명의 기억입니다. 혁명할 때의 기억 속에 갇힌 사람은 그 자부심과 노고를 차고앉아 나중에는 그것을 권력화합니다. 혁명의 깃발이 완장으로 바뀌는 것이죠.

공을 이룬 사람들이 가장 경계해야 할 것이 그 공을 자기 것으로 소유하는 것입니다. 자기 것으로 소유하고, 그 소유한 공을 역사화하려는 것입니다. 자기 자식한테도 강요하고, 자기 친척한테도 강요하고, 자기 주위 사람들에게도 강요합니다. 종내에는 그 강요를 받아들이는 사람과 받아들이지 않는 사람으로 사회를 갈라치기 합니다.

신인은 공이 없다는 말은 신인은 자기가 세운 공에 연연하지 않는다는 말입니다. 신인은 자기가 세운 공을 차고앉아서 그 공을 역사화하려고 하지 않습니다. 성인은 무명하다는 말은 명예 혹은 이름에 연연하지 않는다는 것입니다. 자기가 가진 명예와 이름에 자기를 일치시키지 않습니다. 내가 가진 이름을 나와 일치시키지 않습니다. 왜? 나는 그 이름보다 더 큰 존재이기 때문입니다. 내가 가진 명예와 나를 일치시키지 않습니다. 왜? 나는 명예보다 더 큰 존재이기 때문입니다.

고시에 합격한 사람들이 있습니다. 저 같은 사람과는 비교도 안 될 정도로 똑똑한 사람들이죠. 고시에 합격한 다음에 고시 합격이라는 공, 고시 합격생이라는 이름을 넘어서는 일이 이 사람들한테 일어나고 있을까요? 고시 합격이라는 공적에 갇히는 순간 그 사람은 그 공적을 넘어서는 크기로 성장할 수 없습니다. 의사 면허증을 취득했다는 것도 대단한 일이지요? 그런데 의사 면허증을 딴 공에 자기가 멈추는 한 거기서 더 성장하기는 어렵습니다. 기능적인 발전도 하기 어려울 뿐 아니라 인격적인 크기도 갖기 어렵습니다. 공에 갇히면, 정해진 마음에 갇히기 쉽고, 큰마음을 갖기 어렵습니다.

대학에 들어와서 더 발전한 것으로 보이는 학생들과 대학에 들어와서 별 발전이 없는 학생들을 면담해본 적이 있어요. 대학에 들어와서 더 발전한 학생은 대학에 들어오는 것이 목적이 아니었습니다. 자기가 이루고 싶은 꿈과 목적이 있었습니다. 그들에게 대학은 그 꿈과 목적을 이루기 위한 수단이었습니다.

대학에 들어와서도 큰 변화가 없는 학생들은 대학에 들어오는 것 자체가 목적이었습니다. 대학 합격이 목적이었던 학생들은 대학에 들어오는 일로 이미 공을 이룬 것입니다. 대학생이라는 이름, 명예가 그 사람에게는 다였죠. 그런데 대학 합격이 수단이었지 목적이 아니었던 학생들은 대학에 입학한 공에 머무르지 않게 됩니다. 대학생이라는 이름과 명예에 갇히지 않게 됩니다.

목표가 아니라 목적을 위해

성인이나 지인이나 신인과 같은 삶을 일상에서 구현한다는 것은 매우 어렵고도 모호합니다. 일상에서 그것을 해나가는 방법이라면, 그것은 목표에 갇히지 않고 목적을 갖는 것입니다. 고등학생이 어느 대학을 가겠다고 정하면 그것은 목적이 아니라 목표입니다. 고등학생이 나는 장차 이 세계를 조금이나마 더 긍정적으로 변화시키는 삶을 살겠다고 하면 그것은 목적입니다. 내가 사는 동안에 이 세계에서 폭력을 조금이라도 줄이겠다고 하면 목적입니다.

목표는 매우 구체적이지요. 구체적으로 어떤 것을 이루는 것입니다. 그에 비해 목적은 자신의 존재 가치나 방향성과 관련됩니다. 어떻게 살다 갈 것인지, 어떤 사람이 되고 싶은지, 나는 무엇을 원하는지 등등의 가장 기본적인 질문에 대한 대답의 형태로 나오죠. 목표는 손에 잘 잡히고, 목적은 손에 잘 잡히지 않습니다. 신체적 고통이 인간에게 갖는 의미를 알고, 그것을 해결해보겠다고 하면 목적입니다. 내과 의사가 되겠다고 하면 목표입니다. 철학을 공부해서 우리나라를 한 단계 업그레이드시키겠다고 하면 목적입니다. 철학 교수가 되겠다 하는 건 목표지요.

한 사회가 진화하려면, 최소한 리딩 그룹만큼은 목표에 빠지지 않고 목적을 가지고 살아야 합니다. 의사가 꿈인 사람들로 채워진 의료계는 인간을 행복하게 해줄 수 없습니다. 사회를 행복하게 해줄 수 없습니다. 자기도 행복할 수 없습니다. 판사나 검사가 되는 것이 꿈인 사람들로 이루어진 법조계로는 정의를 구현할 수 없습니다. 왜? 그 공과 명예에 갇혀서 그 공과 명예를 넘어서는 일을 할 수 없기 때문입니다. 국회의원 되는 것이 꿈인 사람들로 이루어진 정치로는 사회를 발전시킬 수 없습니다. 정치가 정치답지 않다는 말은 정치 주체들이 목적을 가지고 정치를 하는 것이 아니라 목표에 빠져서 정치를 하고 있다는 말과 같습니다. 자기 자신의 진실에 자기를 맡기지 않고, 외부에 있는 이름과 명예에 자기를 맡겼기 때문이고, 삶의 방향에 자기를 맡기지 않고 자기가 이룬 공적에 자기를 맡겼기 때문입니다. 이것이 장자가 매우 강력하게 말하고 싶어 한 유대有待(의존하는 바가 있음)와 무대無待(의존하는 바가 없음)의 이야기입니다. 목표에 빠진 사람은 유대에 가깝습니다. 목적을 가진 사람은 무대에 가깝습니다.

다음에 이어지는 대목도 많은 사람에게 회자되는 내용입니다.

堯讓天下於許由, 曰, 요양천하어허유 왈
日月出矣, 而爝不息, 일월출의 이작불식
其於光也, 不亦難乎! 기어광야 불역난호
時雨降矣, 而猶浸灌, 시우강의 이유침관
其於澤也, 不亦勞乎! 기어택야 불역로호
夫子立, 而天下治, 부자립 이천하치

而我猶尸之, 吾自視缺然. 이아유시지 오자시결연

請致天下 청치천하.

"요堯 임금이 허유許由에게 왕위를 넘겨주려고 다음과 같이 말한다. '해와 달이 떠서 밝은데, 횃불을 끄지 않으면 그 빛은 쓸데없지 않겠습 니까? 때에 맞게 비가 내리는데, 물을 대면 그 논에는 헛수고가 되지 않겠습니까? 선생님께서 나서시면, 천하가 잘 다스려질 텐데 오히려 제가 주관하고 있습니다. 저는 제가 부족하다는 것을 잘 압니다. 천하 를 드리고 싶습니다.'"

許由曰, 子治天下, 天下旣已治也. 허유왈 자치천하 천하기이치야

而我猶代子, 吾將爲名乎? 이아유대자 오장위명호

名者實之賓也? 吾將爲賓乎? 명자실지빈야 오장위빈호

鷦鷯巢於深林, 不過一枝. 초료소어심림 불과일지

偃鼠飮河, 不過滿腹. 언서음하 불과만복

歸休乎君, 予無所用天下爲! 귀휴호군 여무소용천하위

庖人雖不治庖, 포인수불치포

尸祝不越樽俎而代之矣. 시축불월준조이대지의

"그러자 허유가 말한다. '그대가 천하를 다스리고, 천하는 이미 잘 다스려지고 있소. 그런데 내가 그대를 대신한다면, 내가 장차 이름 때 문에 하는 걸까요? 이름이라는 것은 실체의 손님이죠. 내가 그런 손님

정도가 되어야 할까요? 뱁새는 깊은 수풀 속에 둥지를 트는데, 나뭇가지 하나를 넘지 않소. 두더지가 하천의 물을 마시는데, 배를 채울 정도뿐이오. 그대는 돌아가 쉬시오. 내게 천하는 아무 소용이 없소. 주방장이 주방을 잘 건사하지 못한다고 해서, 시동과 신주가 진설해놓은 술잔과 제기를 넘어 그를 대신할 수는 없죠.'"

요 임금이 신선처럼 지내는 허유한테 왕의 자리를 선양하려고 합니다. 허유는 받지 않겠다고 합니다. 요 임금이 이미 잘 다스리고 있는데도 자신이 왕위를 받는다면, 그것은 오직 왕이라는 이름값 때문이라는 것이죠. 근데 이름은 존재의 본질이 아니라 부차적인 것에 불과합니다. 존재하는 실체와 이름 사이의 관계에 대한 관점은 양주楊朱와 비슷합니다. "이름이라는 것은 허위적이다."*

도가 계열에서는 전통적으로 존재하는 실체와 이름과의 관계에서 참된 존재성은 실체에게 주고, 이름은 그냥 부차적인 것 정도로 취급합니다. 이름은 본질적이지 않다는 관념이죠. 여기서 제가 사용한 실체라는 개념은 서양철학에서 말하는 실체substance를 가리키지 않습니다. 그냥 구체적인 세계에 경험의 대상으로써 진짜 있는 것이라는 뜻입니다. 구체적인 경험 세계는 가변적이고 유한하기 때문에 참 존재가 아니고, 참 존재는 사유 속에 있는 개념이라고 말하는 플라톤과는 아주 다릅니다.

허유는 이름이나 명목이나 개념 등 부차적인 것으로서 가장 중요한

---

* 名者, 僞而已矣(《열자列子》〈양주〉).

것이 아니므로 자신이 굳이 거기에 집중할 필요가 없다고 보는 것입니다. 이름, 명예, 개념 등은 실질, 즉 진실의 껍데기 혹은 손님이며 실질에 붙어 있는 부속품에 불과하다는 생각을 가진 허유가 어찌 명예나 개념, 이름을 따르는 것으로 귀결될 왕의 자리를 덥석 받겠습니까? 허유는 그렇게 하지 않았습니다.

이렇게 이야기하면, 사람들은 도가에서는 관직을 맡거나 명예를 추구하는 행위를 무시하거나 부정하는 것으로 이해합니다. 물론 그런 점이 없는 것은 아니지만, 여기서 강조하는 것은 '실實'입니다. 얼마 전에 자신은 이름 내는 행위 따위는 하지 않겠다고 말하면서, 매우 높은 경지에 도달한 듯한 표정을 짓는 젊은이를 만난 적이 있습니다. 유명한 사람이 되고 싶지 않다는 것입니다. 또 세상에서 이름을 얻는 것이 다 부질없다는 것이죠. 자신이 뭔가 이 세상을 벗어난 특별한 경지를 꿈꾸는 듯한 착각 속에 있는 듯하였습니다. 유명해지는 일을 부정할 정도가 되려면, 먼저 유명해질 건더기를 가지고 있어야 합니다. 유명해질 건더기도 갖지 않은 사람이 유명해지기 싫다고 말하는 것은 함부로 대충 살다 가겠다는 뜻입니다.

허유도 왕을 하는 것보다 차라리 왕 노릇 안 하면서 편하게 사는 것이 더 좋아서 왕 자리를 사양하는 것이 아닙니다. 왕이 하는 그 역할보다도 다른 일을 통해서 그것을 더 잘 해낼 수 있다는 믿음이 있기 때문입니다. 즉 허유를 매개로 해서 장자가 말하고 싶은 것은 왕 자리를 물려받아서 이미 왕이라는 개념이 갖추고 있는 그 역할을 다시 수행하는 일로는 부족하다는 것이지요.

허유로 상징되는 인물인 신인은 '적후지공'이 잘 이루어져서, 즉 내공을 쌓고 또 쌓아서 정해진 왕의 역할을 하지 않고도 다른 더 좋은 일들을 더 잘 해낼 수 있습니다. 그런데 뭐 하러 이미 정해진 그 개념을 집행하는 또 하나의 존재가 되겠느냐는 뜻이죠. 자신의 고유한 능력에 집중해서 더 좋은 역할을 할 수 있다는 확신이 있어서 사양하는 것입니다. '온리 원only one'으로 살면서 충분히 역할을 할 수 있는데, 왜 굳이 '원 오브 뎀one of them'이 되려 하겠습니까? 물론 수양이 높지 않으면, '원 오브 뎀'이 되는 것이 훨씬 편하고 안전감을 느끼기 때문에 그런 삶을 선택할 수도 있기는 합니다. 허유가 왕이라는 자리를 거절하는 그 행위만 보고, 거절하는 행위만 숭앙하는 일에 빠지면, 문명을 부정하고, 적극적인 삶의 태도를 우습게 보며, 부자가 되려는 태도도 가볍게 무시하는 헛똑똑이가 되기 쉽습니다.

반복해서 말씀드리지만, 도가에 대한 오해가 있습니다. 유학은 현실에 직접 개입하는 사상이고, 도가는 현실을 벗어나려는 사상이라는 것이지요. 도가도 유가와 마찬가지로 현실을 개선하려는 의지로 가득 찬 사상입니다. 현실에 개입하는 방법이나 태도가 유가와 다를 뿐입니다. 노자, 장자 하면 출세할 생각도 없고, 열심히 살 생각도 없이 그냥 대충대충 사는 태도를 높이는 사상가들로 보는데 절대 그렇지 않다는 말씀입니다.

도가적 경지에 이르는 출발은 노력입니다. 두껍게 쌓는 것입니다. 두껍게 쌓는 사람들에게 어떤 일이 벌어지느냐, 두껍게 쌓고 쌓다 보면 물고기가 질적 전환을 해서 존재 위치가 대붕으로 확 바뀌어버립니다.

그 말은 두껍게 쌓다 보면 세상을 보는 시각이 달라지고 세상을 대하는 태도가 달라진다는 말입니다. 두껍게 쌓기를 멈춘 사람들은 지금까지 믿었던 것, 지금까지 알았던 것, 지금까지 자기에게 습관이 되었던 것으로만 살려고 합니다. 이렇게 되면 그것들을 죽어라 강화하는 일밖에 할 수가 없습니다. 새로운 시대의 새로운 언어를 구사하거나 새로운 시대의 새로운 문법을 만드는 일을 해서 모범을 보이는 것이 아니라, 계속 자기가 지키던 그 신념을 정당화하고 키우고 강화하는 일만 하게 됩니다. 반면 내공의 두께가 두꺼워지면 두꺼워질수록 기존 관념을 뛰어넘어 발전할 확률이 높아집니다.

이름과 실체의 차이

앞에서 "이름(名)이란 것은 실체(實)의 손님이죠"라는 표현을 봤습니다. 여기서는 그 문제를 좀 자세히 보겠습니다. 명名과 실實의 관계 문제입니다. 중국 철학에 나오는 대표적인 쌍 개념입니다. 명은 이름이나 개념을 가리키고, 실은 실질 혹은 진짜 혹은 실체를 가리킵니다. 당시 사상가들에게는 이 두 개념의 관계를 어떻게 설정하는지가 자신의 철학이 어떤 특징이나 구조를 가지는지를 드러낸다고 생각할 정도로 중요했습니다. 중국 철학사에서는 명과 실의 관계가 왜 그토록 중요해졌을까요? 중국에 철학적 사유가 언제 생겼지요? 최초의 철학자가 누구입니까? 중국 역사에서 최초의 철학자는 노자와 공자입니다. 시기적으로는 춘추 말 전국 초 사이입니다.

철학이 시작됨으로써 천명天命이 지배하는 세계관을 극복합니다. 천명을 극복했다는 말은 역사의 주체를 신이 아니라 인간으로 보기 시작했다는 뜻이라고 앞서 말했습니다. 역사의 책임성이 신에게 있지 않고 이제는 인간에게 있게 되었다고 표현할 수도 있습니다. 철학이 시작되면서 천명이 지배하던 시대에서 도道가 지배하는 시대로 이동하지요. 천명이 지배하는 세계가 무너지고 도가 지배하는 전혀 새로운 세계가 열릴 정도의 변화가 일어난 것인데, 이 변화를 일으킨 가장 근본적인 요인이 무엇이었는지 기억하시나요? 바로 철기가 산업에 투입된 것이지요. 이처럼 생산 도구가 달라지면서 지배 구조나 계급 구조가 완전히 달라졌죠.

철기가 산업에 투입되기 전까지는 석기를 중심으로 하는 지배-피지배 구조가 안정적으로 운영되고 있었습니다. 종교적으로는 하늘과 인간, 정치적으로는 천자와 제후, 계급적으로는 군자와 소인의 이분 구도가 지배-피지배의 관계를 유지하면서 안정적으로 지탱되고 있었던 것이죠. 군자는 지배하고, 소인은 지배받고, 군자는 독서하고, 소인은 땅을 파고, 군자는 경제력을 가지고, 소인은 경제력을 못 가진 것이 당연했습니다.

그런데 철기가 산업에 투입되면서 안정적인 지배-피지배의 이분 구도가 흔들립니다. 이전에는 돈을 가진 소인이 있을 수가 없었는데, 돈을 가진 소인이 생겨납니다. 돈을 가진 소인들은 경제력을 바탕으로 책을 읽는 등 이전의 군자들이 누리던 것을 누리는 일이 생겼습니다. 그러니까 군자라면 책을 읽고, 돈을 가지고 행세하고, 지배한다는 관넘을 당연하게 여기도록 적응이 됐는데, 철기가 산업에 투입이 되면서 사회가 뒤틀리니까 소인들 가운데서 책을 보고 돈을 가지고 군자처럼 행세하는 사람이 생겨버린 것이지요.

반대로 군자들 가운데는 철기라는 생산 수단의 변화에 적응하지 못하고 소인의 모습으로 전락한 경우도 생겼습니다. 군자라는 이름[名]과 실제의 역할을 하는 군자[實] 사이에 괴리가 생겼다고 볼 수 있습니다. 소인도 마찬가지입니다. 소인이라는 명칭[名]과 실제의 소인[實]이 일체를 이뤘는데, 일체를 이루던 이 연결이 깨진 것이지요. 명칭이나 직책은 군자인데, 하는 역할이나 실제 생활은 이전의 소인이나 다를 바 없어졌다든지, 명칭이나 직책은 소인인데, 하는 역할이나 실제 생활은 이전의 군자와 다를 바 없어진 것이지요. 여기서 이름과 실체 사이의 괴리가 생긴 것입니다. 실질과 명목 사이에 균열이 생겼다는 것입니다. 그래서 소인이 하던 일을 군자가 하고, 군자가 하던 일을 소인이 하게 되니까, 누가 군자고 누가 소인인지가 헷갈리니 이것을 새로 전개되는 사회 경제적 변화에 맞게 재조정할 필요가 대두된 것이지요.

《논어》를 보면 소인이 군자 행세를 하고, 군자가 소인같이 돼버린 상황을 한탄하거나 분개하는 내용으로 많은 부분 채워져 있습니다. 철기가 산업에 투입되면서 사회가 뒤틀렸다, 계급이 뒤틀렸다, 정치 구조가 뒤틀렸다, 종교관이 뒤틀렸다는 말은 군자라는 몸[實]이 가졌어야 하는 개념[名]을 소인이라는 몸[實]을 가진 자가 맡기도 함으로써 실질[實]과 명목[名] 사이에 혼란이 생겼다는 말입니다. 그래서 명과 실의 관계를 어떻게 해야 하는지가 사상 논쟁 중에 중요한 핵심 주제가 되었습니다. 장자로 다시 돌아가 보겠습니다.

肩吾問於連叔曰, 견오문어연숙왈

吾聞言於接輿, 大而無當, 往而不返. 오문언어접여 대이무당 왕이불반

吾驚怖其言, 猶河漢而無極也. 오경포기언 유하한이무극야

大有逕庭, 不近人情焉. 대유경정 불근인정언

連叔曰, 其言謂何哉? 연숙왈, 기언위하재

"견오肩吾가 연숙連叔에게 묻는다. '내가 접여接輿에게서 들었는데, 말이 너무 커서 구체적인 어디에도 딱 들어맞지 않고 황당한 데다가, 얘기가 앞으로 계속 나아가기만 하지 돌아올 줄을 모르더군. 나는 그 이야기가 은하수처럼 끝없이 이어지니 무서울 정도였네. 보통 사람들과는 너무 차이가 있어서 상식에 맞지 않더군.' 연숙이 묻는다. '그가 무엇을 말했길래 그러한가?'"

曰, 藐姑射之山, 有神人居焉, 왈 막고야지산 유신인거언

肌膚若氷雪, 綽約若處子. 기부약빙설 작약약처자

不食五穀, 吸風飮露. 불식오곡 흡풍음로

乘雲氣, 御飛龍, 而遊乎四海之外. 승운기 어비룡 이유호사해지외

其神凝, 使物不疵癘而年穀熟. 기신응 사물불자려이년곡숙

吾以是狂而不信也. 오이시광이불신야

"견오가 대답한다. '막고야藐姑射라는 산에 신인神人이 살고 있네. 피부는 얼음이나 눈처럼 희고, 부드럽기는 마치 처녀와 같고, 곡식을 먹지 않으며, 구름을 탄 채, 용을 부리면서 세상 밖에서 노닌다네. 그 정신이 집중되면, 어떤 것도 병들지 않게 하면서, 곡식은 잘 익게 한다는 거야. 나는 하도 황당해서 잘 믿어지지 않네.'"

連叔曰, 然! 연숙왈 연
瞽者無以與乎文章之觀, 고자무이여호문장지관
聾者無以與乎鐘鼓之聲. 농자무이여호종고지성
豈唯形骸有聾盲哉? 夫知亦有之. 기유형해유농맹재 부지역유지
是其言也, 猶時女也. 기시언야유시여야

"연숙이 말한다. '그래? 장님은 잘 그려놓은 무늬를 볼 수가 없고, 귀머거리는 듣기 좋은 종소리나 북소리를 들을 수 없지. 그런데 어찌 몸에만 장님과 귀머거리가 있겠는가? 지혜의 영역에도 장님과 귀머거리는 있지. 지금 이 말들이 바로 자네를 말함일세.'"

之人也, 之德也, 지인야 지덕야
將旁礴萬物以爲一, 世蘄乎亂. 장방박만물이위일 세기호란
孰弊弊焉以天下爲事! 숙폐폐언이천하위사
之人也, 物莫之傷, 지인야 물막지상
大浸稽天而不溺, 大旱金石流, 대침계천이불익 대한금석류

256

土山焦而不熱. 토산초이불열

是其塵垢秕糠, 將猶陶鑄堯舜者也, 시기진구비강 장유도주요순자야

孰肯分分然以物爲事. 숙긍분분연이물위사

"신인의 덕은 만물을 뒤섞어 하나로 만드네. 사람들은 그에게 세상을 다 잘 다스려주기를 바라지만, 그가 왜 세상일에 죽을 둥 살 둥 매달리겠는가. 그 사람은 어떤 것도 해를 끼치지 못하네. 큰물이 들어서 하늘에 닿아도 빠져 죽지 않고, 큰 가뭄에 쇠나 돌이 녹아 흐르고, 대지와 산이 타들어 가도 그는 타 죽지 않네. 신인은 자신의 몸에 붙은 먼지나 때 혹은 쭉정이와 겨로도 요 임금이나 순 임금 정도를 빚을 수 있는데, 뭐 한다고 자잘한 세상일에 빠지겠는가."

장자는 여기서 일반인과 대비하여 신인神人들을 등장시킵니다. 요 임금이나 순 임금도 보통 세상의 왕일 뿐이죠. 전혀 다른 차원의 인격을 등장시켜서 일반적인 범위를 벗어나는 도약을 보여주려 합니다. 장자가 살던 시기의 사람들은 홍수가 나도 빠져 죽지 않고, 쇠나 산이 녹아내리는 가뭄에도 뜨거움 자체를 느끼지 않은 신선이 진짜로 존재한다고 믿었을 수도 있습니다. 그렇더라도, 이 대비를 통해서 우리는 일반성을 벗어나려고 도전해볼 의욕을 느낍니다.

세상 사람들은 보통 '정해진 마음'에 갇혀서 평생을 살다 갑니다. 장자는 이것을 '성심成心'이라고 했지요. 삶은 딱 정해진 마음만큼의 '정해진 삶'으로 마감됩니다. 보통은 죽을 때까지 정해진 마음의 틀을 따라서 살 뿐, 이 틀이 정하는 좁디좁은 마당을 벗어나보는 것은 불가능

에 가깝죠. 특정한 진영에 갇혀서 변화를 받아들이지 못하거나, 변하면 바로 적대시하는 일들이 정해진 마음에 갇혀 사는 사람들끼리는 매우 당연한 일입니다. 그러면 작고 좁게 혹은 사소하게 살다 갈 수밖에 없어요. 장자는 정해진 마음에서 벗어나는 일을 자유로운 삶을 위해서 해결해야 할 가장 중요한 일로 설정합니다. 〈제물론〉 편에서 '오상아吾喪我', 즉 '자기 자신을 장례 지내기' 혹은 '자기 살해'와 같이 극단적인 표현을 감수하는 이유입니다.

　정해진 마음을 벗어나려면, 이미 작아질 대로 작아진 자기가 상상할 수도 없는 세계를 들어보기라도 하는 것이 상책이죠. 하백이 북해약을 만나거나 우물 안 개구리가 동해의 자라를 만나는 것처럼 말입니다. 북해약이 말하는 세계는 하백에게는 신인들이 사는 세계만큼 멀고도 먼 이야기입니다. 당연히 황당하게 들리죠. 동해의 자라가 본 것을 들은 우물 안 개구리는 넋이 나갈 정도입니다. 당연히 황당하게 들리죠. 구체적인 세계를 다루는 정도의 인식 능력을 가진 사람에게 철학적 인식은 매우 황당하게 들립니다. 수학에서 연산이 전부인 줄 아는 사람에게 기하학은 얼마나 황당하겠습니까? 연산 정도를 사실의 세계에 적용하면서 산 사람에게 기하학은 세상 어디에도 구체적으로 적용할 수 없는 황당한 것으로 다가옵니다. 유클리드 기하학에 갇힌 사람에게 비유클리드 기하학은 세상에 작용할 수 없는 황당한 이론일 뿐이죠. "보통 사람들과는 너무 차이가 있어서 상식에 맞지 않게" 보일 수밖에 없습니다.

　보통 사람과 차이가 크게 나는 "신인의 덕은 만물을 뒤섞어 하나로"

만든다고 합니다. 뒤섞어 하나가 된다는 말은 세계를 종합적으로 보는 능력이 있다는 뜻입니다. 스마트폰을 보고 공학자는 공학적인 산물이라고 합니다. 이학자는 그 안에 아인슈타인의 상대성 이론이나 비유클리드 기하학 등이 작동 원리로 작용하고 있다는 점을 들어 과학의 산물이라고 합니다. 이질적인 것의 상호 연결, 즉 은유와 새로움을 만들려는 창의적인 도전 정신이 작용해야 스마트폰이 나올 수 있다고 말하는 인문학자들은 창의나 은유나 도전 등등이 인문적 주제라는 점을 들어서 스마트폰을 인문학의 산물이라고 합니다. 어떤 물건이 생산되더라도 법률적인 제도 위에서 유통되고 또 적당한 가격이 책정되어야 세상에 돌아다닐 수 있다는 점을 들어 사회과학자들은 스마트폰도 사회과학의 산물이라고 주장할 수 있습니다.

이런 주장들은 사실 다 단편적인 시각에서 나온 것들입니다. 스마트폰은 이학적, 공학적, 인문학적, 사회과학적 요소들이 모두 하나로 뒤섞여야 나올 수 있습니다. 그중에 하나라도 빠지면 스마트폰은 세상에 나와서 유통될 수가 없습니다. 만물을 뒤섞어 하나로 만든다는 것은 이 세계를 부분적인 시각으로 보지 않고 하나의 '유동적 전체성'으로 본다는 뜻입니다. 각자의 관심이나 시선 혹은 전문 분야에 갇히지 않는다는 뜻도 되겠지요. 정해진 마음이나 전문적 지식은 이 세계를 전체적으로 반영하지 못합니다. 세상에서 보통 사람들은 다 자신만의 전문화된 지식이나 정해진 마음에 갇혀서 삽니다.

신인은 그런 사람이 아닙니다. 세계를 유동적 전체성으로 파악하는 능력을 보유하고 있지요. 그래서 일반인들이 예측하거나 상상할 수 없는 능력을 발휘할 수 있고, 그것들이 보통 사람들에게는 매우 신비하게 보일 수 있습니다. 여기서 신비한 일들은 모두 일반적인 인식 너머의 것을 상징합니다. 저는 여기서 이런 신비한 일들이 진짜로 존재하느냐 하지 않느냐의 의미보다는 일반성을 넘어서서 신비한 것으로 간주되는 일들이 정해진 마음을 깨는 데에 큰 역할을 한다는 것을 더 중요하게 봅니다.

신인의 "정신이 집중되면, 어떤 것도 병들지 않게 하면서, 곡식은 잘 익게 한다"는 말도 우리에게 뭔가 말해주는 것이 큽니다. '전체적 유동성'으로서의 세계를 잘 관리하려면, 그 정도의 종합적인 앎의 능력이 있어야 합니다. 《도덕경》에서 노자는 나라를 '신기神器', 즉 '신비한 기물'이라고 합니다. 신비하다는 말의 의미는 알기 쉬운 것이 아니라는 것입니다. 단편적이고, 좁고, 전문화된 시선으로는 나라를 제대로 잘 살피거나 다스리지 못한다는 뜻이죠. "정신이 집중되면"이라는 구절의 의미는 신인처럼 '종합적인 앎의 능력이 갖춰지면'이라고 이해할 수 있고, 이런 '종합적인 앎의 능력이 갖춰진 사람의 관리를 받으면 자연이든 나라든 잘 돌아가게 된다는 것입니다.

惠子謂莊子曰, 혜자위장자왈

魏王貽我大瓠之種, 위왕이아대호지종

我樹之成而實五石, 아수지성이실오석

以盛水漿, 其堅不能自擧也. 이성수장 기견불능자거야

剖之以爲瓢, 則瓠落無所容. 부지이위표 즉호락무소용

非不呺然大也, 吾爲其無用而掊之. 비불효연대야 오위기무용이부지

"혜자가 장자에게 말한다. '위魏나라 왕이 큰 박 씨앗을 줘서 내가 심었소. 자라서 다섯 석이나 들어가는 박이 열렸소. 거기에 물을 채우니, 얼마나 무거운지 혼자서는 들 수도 없소. 쪼개서 바가지로 만들어도 평평해서 물이 떠지지도 않소. 아주 크기는 한데, 아무 쓸모가 없어서 깨버렸소.'"

莊子曰, 夫子固拙於用大矣. 장자왈 부자고졸어용대의

宋人有善爲不龜手之藥者, 송인유선위불균수지약자

世世以洴澼絖爲事. 세세이병벽광위사

客聞之, 請買其方以百金. 객문지 청매기방이백금

聚族而謀曰, 취족이모왈

我世世爲洴澼絖, 不過數金. 아세세위병벽광 불과수금

今一朝而鬻技百金, 請與之. 금일조이육기백금 청여지

"장자가 말한다. '그대는 아주 큰 것을 사용하는 일에는 꽉 막혀 재주가 없군요. 송나라 사람 중에 손을 트지 않게 하는 약을 아주 잘 만드는 사람이 있었소. 그 약을 바르고 대대손손 솜을 물에 빠는 일을 하면서 살았죠. 한 나그네가 그 소문을 듣고 그 비방을 백금을 줄 테니 팔라고 하자 집안이 다 모여 논의하며 말하기를, 우리는 솜을 물에 빠는 일을 하면서 대대손손 살았는데, 버는 돈은 몇 푼 안 되었다. 이제 하루

아침에 이 기술을 백금을 받고 팔 수 있으니, 팔도록 합시다.'"

客得之, 以說吳王. 객득지 이설오왕

越有難, 吳王使之將, 冬與越人水戰, 월유난 오왕사지장 동여월인수전

大敗越人, 裂地而封之. 能不龜手, 一也. 대패월인 열지이봉지능불균수 일야

或以封, 或不免於洴澼絖, 혹이봉 혹불면어병벽광

則所用之異也. 즉소용지이야

今子有五石之瓠, 금자유오석지호

何不慮以爲大樽而浮乎江湖, 하불려이위대준이부호강호

而憂其瓠落無所容? 이우기호락무소용

則夫子猶有蓬之心也夫! 즉부자유유봉지심야부

"나그네가 이 기술을 들고 가서 오나라의 왕을 설득했소. 월나라가 침략하는 일이 있자, 오나라 왕은 그를 장수로 임명하여, 겨울에 월나라 사람들과 수전을 하게 됐는데, 월나라를 크게 물리쳤소. 오나라 왕은 그에게 땅을 나눠주고 제후로 봉했소. 손을 트지 않게 할 수 있는 것은 같았지만, 누구는 제후가 되고, 누구는 솜 빼는 일에서 벗어나지 못했소. 그것은 사용하는 법이 달랐기 때문이오. 지금 그대는 다섯 석이나 들어가는 큰 박을 가졌는데, 어찌하여 큰 술통 모양으로 만들어서 강이나 호수에 띄워놓고 놀려고는 생각하지 못하고, 평평해서 무엇도 담을 수 없다는 걱정만 하시는지요. 그대는 참 쑥대 대롱만 한 마음을 가졌구려."

송나라에 솜 빼는 일을 해서 먹고사는 사람이 있었습니다. 솜을 빨려면 항상 물을 다뤄야 하지요. 그래서 그 집안은 물속에서 일해도 손이 트지 않는 약을 개발해서 썼습니다. 지나가는 나그네가 듣고 백금이라는 거금을 제안하며 팔라고 합니다. 그러자 그 사람이 문중 회의를 열었습니다. "우리가 솜 빨아서 먹고살아 봐야 지금까지 이렇게 가난을 면치 못했다. 그런데 백금을 준단다. 팔자." 문중에서 동의를 얻어 그 기술을 나그네한테 팔았습니다.

나그네는 그 기술을 들고 오나라 왕을 찾아갑니다. 오나라는 월나라와 전쟁 중이었습니다. 특히 수전水戰을 많이 했습니다. 오나라 왕이 그 약 만드는 기술을 가지고 온 나그네를 장수로 임명하여 월나라와 수전을 했습니다. 오나라 병사들은 손이 안 트겠지요. 오나라가 이겼습니다. 오나라에서는 이 나그네에게 땅을 나눠주며 제후로 봉합니다. 같은 약을 가지고 어떤 사람은 백금을 버는 데에 그치고, 어떤 사람은 제후가 됐습니다. 무엇이 다른 결과를 만들었을까요?

《장자》에는 "사용하는 법"이 달랐기 때문이라고 기록합니다. 그렇다면 사용하는 방법이 왜 달랐을까요? 뒤에 혜자를 비판하면서 장자가 한 말 가운데 "쑥대 대롱만 한 마음"이라는 의미 있는 표현이 있습니다. 쑥대 대롱만 한 크기의 좁은 마음을 가졌느냐, 아니면 큰마음을 가졌느냐에 따라 사용하는 방법이 다를 수밖에 없다는 것이죠.

장자에게는 혜자라고 하는 친구가 있습니다. 장자와는 성격이나 학술 방향이 다른 사람입니다. 혜자는 개념을 분명히 정하고, 그 개념에 따라서 살아야 한다고 주장하는 사람이고, 장자는 개념의 한계를 넘어서 개념 너머의 세계에 도달하려는 사람이었습니다. 때문에 둘 사이에는 차이가 있을 수밖에 없죠. 혜자가 위나라 왕한테 큰 박이 열리는 씨앗을 받아 와 뒤뜰에 심었습니다. 심고 나니까 큰 박이 열렸는데, 정말로 쌀을 다섯 섬이나 담을 수 있을 정도로 큽니다. 혜자는 개념을 중요시하는 사람이지요? 우리가 박을 대개 어디에 씁니까? 바가지로 씁니다. 또 한 가지, 술을 담는 호리병으로 씁니다.

그런데 박이 너무 크다 보니 쪼개서 바가지로 쓰려 해도 너무 평평해서 물을 떠먹을 수가 없습니다. 호리병으로 쓰려고 해도 너무 커서 들고 다닐 수가 없습니다. 바가지로도 못 쓰고 호리병으로도 못 쓰니 쓸모가 없다 해서 혜자가 이 박을 깨버렸습니다. 장자가 이 말을 듣고 혜자에게 '봉지심蓬之心', 즉 쑥대 대롱만 한 작은 마음을 가졌다고 비판합니다. 인진쑥 같은 것을 보면 쑥대 가운데 조그마한 실 구멍이 있습니다. 그 실 구멍 정도 크기의 마음을 가지고 있다는 것이지요. 그 정도 크기의 마음 가지고는 자신이 예상한 크기 이상의 박을 보면, 자신의 필요에 따라 용도를 조정해서 쓸 수가 없지요.

송나라의 솜 빠는 사람을 보고 이렇게 말할 수 있습니다. "너는 왜 백금 받고 팔 생각만 하고, 그것을 왕한테 가지고 가서 제후가 될 생각은 하지 못했느냐?" 혜자를 보고 이렇게 말할 수 있습니다. "너는 왜 큰 박을 바다에 배처럼 띄워놓고 노닐 생각은 하지 못했느냐?"

상황에 맞춰서 새로운 방법이나 개념을 생산하는 일을 하는 사람은 여기서 저기로 건너간 사람이고, 자신이 가진 개념을 변화된 상황에마저 꿰맞추려고 한 사람은 여기서 저기로 건너가지 못한 사람이죠. 건너간 사람은 기존의 개념을 벗어난 사람이고, 건너가지 못한 사람은 기존의 개념에 갇힌 사람입니다. 요 임금과 허유의 대화를 놓고 보면, 기존의 개념에 갇힌 사람이 요 임금이고 허유는 기존의 왕이라는 개념에 갇히지 않은 사람입니다.

박을 바가지나 호리병으로 쓰는 세상에 혜자도 있고 장자도 있었습니다. 이렇게 큰 박은 혜자나 장자나 처음 보는 것입니다. 처음 보는 것을 대함에 있어서 혜자와 장자의 태도는 왜 이렇게 달랐을까요? 혜자는 내면의 두께가 얇아서, 즉 마음의 크기가 작아서 기존의 개념이나 관념을 정해진 대로 운용하는 일만 할 수 있었습니다. 반면 장자는 쌓은 내면의 두께가 두꺼워서, 즉 마음의 크기가 커서 호리병이나 바가지라는 기존 관념에 갇히지 않고, 배라는 새로운 관념과 개념을 생산할 수 있었습니다.

우리는 이것을 '창의'라고 합니다. 창의적인 일을 할 수 있는 사람과 할 수 없는 사람 사이에는 분명한 차이가 있습니다. 그 차이가 두께이고 크기입니다. 쌓은 두께가 두꺼우면 그 두꺼운 정도의 어느 높이에서 질적 전환, 즉 인식의 방식이나 존재하는 태도 같은 것이 바뀌는 일이 일어납니다. 어느 나라에 아직 창의의 기풍이 일어나지 않는다면, 그것은 창의를 일으킬 정도의 두께를 갖춘 인격이 아직 준비되지 않았다는 뜻입니다.

내면의 두께를 두껍게 쌓아서 마음의 크기가 큰 사람은 정해진 개념이나 관념의 지배를 받지 않기 때문에, 자신만의 궁금증이나 호기심이 살아 있습니다. 자신만의 궁금증과 호기심이 발동되는 형태가 '자쾌'

에 가깝습니다. 이런 사람은 정답을 찾거나, 정답을 세상에 적용하려고 하지 않고, 오히려 불편함이나 문제를 발견하여 그것들을 해결하려고 덤비는 품성을 가지고 있습니다. 그래서 당연히 대답보다는 질문하게 되지요. 질문하는 내공을 가져야만, 상황이 달라질 때 적절하게 반응하는 능력을 발휘하게 됩니다. 그렇지 않으면, 정해진 정답을 찾거나 적용하는 일만 할 수 있죠. 솜 빼는 일을 하는 송나라 사람이나 혜자가 바로 그런 사람들로 그려지고 있습니다.

이 세계에서 노니는 경지

우리는 지금 〈소요유〉 편에서 '노닐다', '놀다'라는 개념을 중심으로 하여 놀고 있습니다. 놀 수 있는 능력이 있는 사람이라야 놀 수 있습니다. 어떤 물의 두께는 나뭇잎 하나를 놀게 할 수 있고, 어떤 물의 두께는 소주잔 하나도 놀게 할 수가 없습니다. 여러분이 이 세계에서 노니는 경지는 어떻습니까? 자유자재의 경지를 누리고 싶으면, 한 가지 길밖에 없습니다. 바로 두께입니다. 이것이 우리가 〈소요유〉 편에서 첫 번째로 할 수 있는 이야기입니다.

두께가 두꺼워진 사람은 정해진 한 개념에 갇히지 않습니다. 그 두께에서 내려다보면 비슷한 단계에 있는 개념들이 모두 한꺼번에 보입니다. 두께가 얇으면 정해진 혹은 익숙한 개념만 보입니다. 그래서 정해지거나 익숙한 개념으로만 세상을 대하려고 합니다. 그것이 바로 쑥대 대롱과 같은 마음을 가졌다는 것입니다. 아주 작거나 얇은 마음이죠. 최고 두꺼워진 단계를 다른 말로 득도했다고 할 수도 있겠습니다. 곤이라는 물고기가 크게 자라 튀어 올라서 붕이 된 것도 득도한 것입니다. 득도한 사람은 여기에만 처하는 것이 아니라 두루 포괄합니다. 득도한 사람은 자기한테 익숙한 바가지나 호리병에 갇히는 게 아니라 배라는 새로운 기능을 생산할 수 있습니다.

앞에서 득도하면 어떤 일이 일어난다고 했지요? 왜 우리가 득도해야 할까요? 세 가지를 이야기했습니다. 득도하면 '달어리達扵理', 즉 이치에 통달합니다. 이치에 통달하면 '명어권明扵權', 즉 임기응변을 할 수 있게 됩니다. 생전 처음 보는 크기의 박을 보고 거기에 적절하게 반응하는 것이 임기응변입니다. 그다음에 '불이물해기不以物害己', 즉 사물에 해를 입지 않습니다. 다른 말로 하면, 이익이 생긴다는 말입니다. 박을 깨버리면 이익이고 뭐고 다 사라져버리죠? 이것을 배로 만들면 바로 이익이 생깁니다. 득도하면 이치에 통달해서 임기응변에 밝아지고, 임기응변에 밝으면 거기서 이익이 생긴다는 것입니다. 창의성도 임기응변의 한 형태이죠.

혁명적인 삶을 살고 싶은 사람이 혁명에 대해서 깊이 고민하고, 결심하고, 토론하고 난 다음에 자기가 한 어떤 행위를 혁명이라고 과대 포장하거나 스스로 혁명적인 삶을 살고 있다고 정당화하거나 착각하기 쉽습니다. 여러분은 저와 같이 〈소요유〉와 자유와 인간으로서의 완성에 관해서 이야기했습니다. 이런 이야기를 나누고 나면 여러분은 '소요유'를 행하고, 자유로운 삶을 살고, 인간으로서 완성의 길을 가는 것 같은 착각에 빠지게 됩니다. 여러분은 제 이야기를 받아들이면서 제 이야기를 믿으면 안 됩니다. 저는 자유로운 삶을 산 한 인간을 선택했습니다. 그 인간이 장자입니다. 그래서 저는 그 장자 이야기를 해드릴 뿐입니다. 저를 장자와 같은 자유의 경지에 도달한 사람으로 오해하지 말기 바랍니다. 우리가 다 조심해야 할 점입니다.

저는 제가 배우고, 숙고하고, 알게 된 것을 그냥 여러분에게 전달해드릴 뿐입니다. 전달 과정에서 쉽게 착각에 빠질 수 있습니다. 자유로운 삶에 관해서 이야기하는 일이 자유로운 삶을 살고 있다는 증거는 아닙니다. 똑같이, 자유로운 삶에 관해서 이야기를 듣는 일이 자유로운 삶을 살게 하지는 않는다는 사실입니다. 그것을 항상 유념합시다. 결국은 각자의 몫입니다. 결국은 자기가 할 일입니다. 저는 부족하나마 자유로운 삶에 관해서 제가 하는 이야기와 제 삶을 일치시키려고 노력하겠습니다.

자신의 즐거움을
발견하는 것

장자 사상의 덕

■

여기서는 덕德을 다시 보겠습니다. 장자 사상에서 덕은 매우 중요한 개념으로, 주나라 때 생깁니다. '德'으로 쓰기도 하고, '悳(덕)'이라 쓰기도 하는데, 초기에는 아마 '悳'이라고 썼을 것입니다. '悳' 자를 풀어 쓰면 '직심直心'입니다. '직直'에는 '똑바르다'는 뜻도 있고, '즉시'라는 뜻도 있습니다. 직심은 '툭' 하고 튀어나오는 마음입니다. 자신의 진실이 어떠한 고려나 계산도 없이 바로 튀어나온 것입니다. 그러니까 이 덕은 자기의 진심과 관련됩니다. 자기를 다른 사람이 아니라 바로 자기이게 하는 힘이죠. 앞서 말한《데미안》의 구절 "내 안에서 솟아나는 것, 그것을 살아보려 했다"에서 '그것'이 바로 덕입니다.

덕이 있는 사람이라면

앞에서 혜자의 큰 박 이야기를 했습니다. 혜자는 너무 커서 쓸모가 없다고 큰 박을 깨버리고, 장자는 바다에 띄워 배로 쓰면 된다고 하면서 새로운 사용법을 제시합니다. 호리병이나 바가지로만 쓰던 박이 배라고 하는 전혀 새로운 기능을 갖게 되었습니다. 우리는 보통 이런 것을 창의라고 합니다.

그러면 혜자는 왜 이 박을 쓸모가 없는 것이라 하고 깨버렸습니까? 명名에 갇혔기 때문입니다. 장자는 어떻게 모든 사람이 쓸모없다고 하는 큰 박에 전혀 새로운 용처, 즉 새로운 생명력을 부여했을까요? 모든 사람이 합의한 기존의 명에 갇히지 않았기 때문입니다. 장자가 기존의 명에 갇히지 않고, 이전에 없던 전혀 새로운 기능을 생산할 수 있게 한 바로 그 힘을 '덕'이라고 하는 것입니다. 물론 혜자에게도 덕이 있고 장자에게도 덕이 있었겠지만, 혜자의 덕은 명의 지배를 이겨내지 못했고, 장자의 덕은 명의 지배를 이겨냈습니다.

이미 아는 내용이지만, 한 번 더 여쭙겠습니다. 유비와 조조 사이에서는 누가 더 덕이 있습니까? 이미지로 하면, 유비가 더 덕이 있는 사람으로 보이지만, 사실은 조조가 더 덕이 있습니다. 유비는 전통의 관념과 이데올로기에 갇혀 있고, 그것을 더 철저히 수행하려는 사람이었습니다. 그래서 황건적을 이용하거나 제거하려고만 했죠. 조조도 처음에는 그러했으나 나중에 세계가 돌아가는 모양을 보니, 황건적이 그냥 날뛰고 돌아다니는 도둑들이 아니라, 세계가 새롭게 전개되는 하나의 상징 혹은 추세라는 것을 깨닫습니다. 결국 황건적에 대한 자신의 기존 관점을 포기하고, 황건적을 제거해야 할 대상이 아니라 품어야 할 대상으로 보게 된 것이죠.

혜자가 기존에 있는 개념들에 갇혀서, 기존 개념들을 적용하기 어려운 큰 박이 나타나면 바로 필요 없다고 깨버리는 것과 다르게, 장자는 기존에 있는 관념이나 개념에 맞지 않는 새로운 상황이 발생했을 때,

기존 관념의 지배력을 뚫고 새 상황에 맞는 창의적인 활동을 했습니다. 조조도 기존 관념에 갇히지 않고, 생전 듣도 보도 못한 어떤 사태에 대해서 기존 관념들의 지배력을 뚫고 전혀 새롭게 대응했습니다. 유비는 기존 관념을 지키는 사람이었고, 조조는 기존 관념을 넘어서는 사람이었죠. 기존 관념을 자신의 통제 아래에 두면서 지배하는 힘, 그것이 덕입니다. 기존 관념을 지배하다 보면, 그것을 지킬 것인지, 돌파할 것인지 등 매우 생산성이 높은 판단을 하고 실행하는 것이지요. 변화하는 세계 속에서 주도권을 잡을 수 있는 사람은 혜시입니까, 장자입니까? 유비입니까, 조조입니까? 당연히 장자이고, 조조지요.

앞에서 뉴턴 이야기를 여러 번 했습니다. 뉴턴은 자신에게 솟아나는 궁금증에 매달려 있다가 만유인력이나 중력이라는 이론을 생산할 수 있었습니다. 모든 지식과 이론은 구체적인 세계를 설명해놓은 것입니다. 이런 의미에서 지식인은 세계를 설명할 수 있는 사람이죠. 설명 능력은 어디에서 올까요? 자신만의 궁금증에서 출발합니다. 그런데, 이 궁금증은 덕이 작동하는 한 방식입니다. 자신을 다른 사람이 아니라 바로 자신이게 하는 힘이 덕인데, 이 덕은 궁금증과 호기심의 형태로 작동하는 것입니다. 뉴턴이 세계를 보편적인 차원에서 설명할 수 있게 된 것은 덕이 있었기 때문이라는 말씀입니다.

지적 활동에서 대답은 덕이 없어도 할 수 있는 일입니다. 하지만 질문은 덕이 있는 사람만이 할 수 있습니다. 질문은 내 안에 있던 궁금증과 호기심이 밖으로 튀어나오는 일이기 때문입니다. 그래서 대답은 기능이지만, 질문은 인격이라는 말이 가능해지죠. 학습자 중에서 어떤 사람은 만유인력과 중력을 배움으로써 만유인력과 중력의 전도사가 되고, 어떤 사람은 만유인력과 중력을 아는 행위를 통해 자신의 궁금증이나 호기심이 더 단련되어 세계를 설명하는 자신만의 고유하고도 독특한 능력을 기르게 됩니다.

다시 말하면, 내 궁금증과 호기심이 포착한 어떤 사태에 대해서 나만의 설명 능력을 갖추게 되는 것이 다른 사람이 생산한 지식을 습득하는 목적입니다. 그런데 잘못하면, 다른 사람이 설명해놓은 결과인 만유인력과 중력은 잘 이해하는데, 자신만의 문제나 궁금증은 자신에게 잘 드러나지 않습니다. 자신만의 궁금증을 발휘해서 지금 자신에게 포착된 문제가 무엇인지 알고, 포착된 그 문제를 뉴턴처럼 집요하게 물고 늘어져서 자기 나름의 삶의 스토리를 만들 수 있게 되는 것이 지식을 추구하면서 가질 수 있는 큰 혜택입니다.

이런 일을 가능하게 하는 것은 지식도 아니고, 동네 평판도 아니고, 대중이 보여주는 박수도 아닙니다. 대중이 보내는 냉소나 비판도 아닙니다. 내 안에 있는 덕입니다. 그래서 성인들은 세상 사람들이 다 칭찬해도 더 힘을 내지 않고, 세상 사람들이 다 욕을 해도 의기소침함이 없이 그냥 자기 길을 가는 것입니다. 왜냐하면, 내 행위가 바로 내 덕에서 나왔기 때문입니다. 세상 사람들의 평판에 관심을 두지 않고, 자신이 자신에게 하는 평판에 관심을 둡니다. '자쾌'일 뿐입니다.

윤리와 지식의 관계

우리나라에서 지금 가장 심각한 문제 중 하나가 부패입니다. 부패는 사회가 진화하는 방향과 속도에 영향을 미치기 때문에 문제입니다. 육교 밑에서 콩나물 파는 할머니가 나한테 천 원을 더 받아 가신 적이 있습니다. 그래도 나는 할머니를 부패했다고 여기지 않습니다. 그 할머니의 천 원짜리 바가지는 오히려 귀엽습니다. 할머니는 그 천 원으로 우리 사회가 진화하는 방향과 속도에 영향을 미치지 않으십니다. 아마 그 천 원은 손자 입으로 들어갔을 겁니다.

사회가 진화하는 방향과 속도에 영향을 미치는 정도의 부패는 다 지식인들의 부패입니다. 사회가 부패했다는 것은 지식인이 부패했다는 말과 같습니다. 왜 우리나라의 지식인들은 쉽게 부패할까요? 한국보다 일본이 더 청렴합니다. 한국보다 미국이, 독일이 더 청렴합니다. 일본, 독일, 미국은 다 우리보다 잘사는 나라들입니다. 선진국이 후진국보다 더 청렴합니다. 이것은 매우 공평하지 않게 보입니다. 선진국은 경제력과 무력만 앞서고 도덕이나 윤리는 후진국에 양보하면 공평할 것 같은데, 그렇지 않습니다. 경제력, 군사력이 앞서면 청렴도도 더 높습니다. 왜 그런가 하면 다 한 가지 일이기 때문입니다. 청렴도가 받쳐줘야 경제력이나 군사력이 강해질 수 있습니다.

우리나라는 지식 생산국이 아니라 수입국입니다. 지식 수입국이라는 말은 우리 삶의 전략을 스스로 만들어 쓰지 않고, 빌려서 쓴다는 말입니다. 내 삶의 전략을 스스로 짜는 사람은 더 청렴할 가능성이 크고,

빌려서 쓰는 사람은 청렴할 가능성이 더 낮다고 말할 수 있습니다.

지식이 생산되는 과정을 볼 필요가 있습니다. 모든 지식과 이론은 문제를 해결한 결과입니다. 병을 치료한 결과지요. 내가 발견한 문제라도 당시 모든 사람에게 다 해당한다는 점에서 공적입니다. 문제를 해결한다는 것은 윤리적 행위입니다. 이런 의미에서 모든 지식은 윤리적 산물이자 공적 산물이라고 말할 수 있습니다. 그래서 지식인들이 문제를 발견하고, 그것을 해결하려고 덤비는 지식 생산 과정부터 착실하게 참여하였다면, 윤리적이고 공적인 훈련도 함께 받게 됩니다. 윤리적이고 공적인 훈련을 받으면 청렴한 사람이 될 가능성이 큽니다.

자신의 즐거움을 발견하라

지식을 생산하는 사람은 문제를 발견하고, 또 그것을 해결(치유)하는 전 과정이 한 벌로 경험됩니다. 지식을 수입하는 사람은 문제를 해결한 결과인 지식만 받아들입니다. 쉽게 이야기하면, 병을 발견하려는 궁금증과 호기심도 없이, 병을 치료하려는 윤리적 태도도 없이, 그저 처방전만 받아들여 외우는 격입니다. 지식을 수입하는 쪽에서는 문제를 발견하고 해결하는 공적이고도 윤리적인 경험을 할 수가 없는 것입니다. 지식을 매개로 하는 활동에서 공적이고 윤리적인 훈련을 받지 못하는 것이지요. 궁금증과 호기심을 전면에 내세우고 살아본 적이 없다고 말할 수도 있습니다. 지식을 수입해서 쓰는 나라의 지식인은 이처럼 공적이고 윤리적인 감수성을 기를 기회 자체를 갖지 못하기 때문에 청렴도가 낮고, 쉽게 부패하는 것입니다.

그러면 지식인이 공적이고 윤리적인 감수성을 기르기 위해서 해야 할 일은 무엇일까요? 궁금증과 호기심을 회복하는 것입니다. 그래야 문제를 발견하는 힘, 즉 덕이 작동하게 됩니다. 궁금증과 호기심 중에서도 인간을 위대하게 만드는 원초적 궁금증을 회복해야 합니다. 원초적 궁금증은 자기 자신을 궁금해하는 것입니다. 자신을 궁금해하는 사람은 자신에게 묻습니다. 나는 누구인가?, 나는 무엇을 원하는가? 나는 어떻게 살다 가고 싶은가? 나는 어떤 사람이 되고 싶은가? 자신을 궁금해하는 이런 질문들을 통해서 자신의 덕이 단련되고 정련됩니다.

덕이 단련되어 있지 않으면, 내 세계에서 내 문제를 발견하지 않고, 다른 누군가가 다른 문제를 해결한 결과로 나온 지식과 이념, 이론을 수입해서 그것들로 내 고유한 문제를 관리하려고 하니 잘 맞지도 않고 많은 비효율과 갈등이 만들어질 수밖에 없습니다. 세계는 내 문제를 내 힘으로 해결하려는 도전에서만 큰 효율성이 나오지, 다른 사람이 만들어놓은 지식과 이론을 그대로 가지고 와서 내 세계를 그 지식과 이론에 맞추려고 해서는 큰 효율성이 나오지 않습니다. 그것은 어떻게 보면 남의 세계관에 나를 맞추고 사는 꼴입니다. 여기서는 자잘한 효율성밖에 얻어지지 않습니다. 남의 세계관에 맞추며 자잘한 효율성을 얻는 것에 만족하는 방식으로는 추격국가까지 가능합니다. 선도국가는 넘보지 못합니다.

자쾌는 덕의 발현입니다. 자쾌는 타인들이 즐겁다고 하는 것을 자기 즐거움으로 알고 즐기는 것이 아니라, 자신의 즐거움을 즐기라는 것입니다. 다른 사람들이 재상 자리가 아무리 좋다고 해도 그건 자신 안에서 솟아나는 것이 아닐 수 있고, 자신의 즐거움이 아닐 수 있다는 것이지요. 그렇다고 재상을 안 하는 것이 좋은 일이니 그냥 진흙탕에서 꼬리나 흔들며 사는 것이 최고라는 말은 아닙니다. 이념에 갇혀서, 이름에 갇혀서, 대중들의 박수에 갇혀서 재상 자리를 가졌다가는 너도 망하고 세상까지 망하게 할 수 있다는 말입니다.

나의 덕이 선해지는 행위

대부분의 택시 기사님들은 친절하신데, 제가 어느 날 탄 택시의 기사님은 친절하시지 않았습니다. 친절하지 않으신 게 아니라, 저를 그냥 그림자처럼 대하셨어요. 제가 택시를 탔는데 "안녕하세요?"라고 해도 아무 반응이 없으셨습니다. '어서 오십시오'도 안 하시고 어디 가느냐고 묻지도 않으셨습니다. 묻지 않으시기에 제가 "○○까지 가주세요" 하고 말했는데, 그것도 들으셨는지 안 들으셨는지 그냥 어떤 반응도 하지 않으셨습니다. 목적지에 도착해서도 도착했다는 얘기도 안 하시더라고요. 제가 또 요금을 내기 위해서 신용카드를 드렸는데, 또 아무 말씀도 안 하세요. 보니까 단말기에다 대라는 뜻인 것 같아요. 택시 문을 열고 들어가서 내릴 때까지 저를 한 번도 보지 않고 말 한마디도 없으셨습니다.

앞에서 "선한 사람을 선하게 대하고, 선하지 않은 사람도 선하게 대하라, 그러면 네 덕이 선해진다"라는 《도덕경》의 구절을 봤습니다. 저는 그 택시 기사가 '불선자不善者'라는 생각이 들었습니다. 이분한테 '목적지에 도착했으면 도착했다는 말씀이라도 해야 하는 거 아닙니까?' 하고 말하고 싶었지만 참았습니다. 또 저 기사님이 나한테 아무 말도 안 했으니까 나도 아무 말도 안 하고 내려야겠다는 생각도 순간적으로 들었습니다. 하지만 '불선자역선지不善者亦善之'를 생각하면서 내릴 때 "수고하셨어요. 감사합니다" 하고 내렸습니다. 그리고 저는 뿌듯했습니다. 나는 '불선자역선지'를 했다는 것이지요.

　내가 할 수 있는 선한 역할은 그냥 하면 됩니다. 그러면 내 덕이 신실해집니다. 내 덕이 선해지는 것이지요. 모든 선행은 그것이 나를 성장시키고, 내 마음의 크기를 키워주고, 내 시선의 높이를 올려주기 때문에 의미가 큽니다. 다시 말하면, 덕을 튼튼하게 만들어주기 때문에 의미가 큰 것입니다.

　누군가에게 무엇을 줄 때 아무 대가를 바라지 말고 그냥 주는 것이 선이라는 말을 들은 적이 있습니다. 어떤 사람은 돌아올 대가를 바라고 주고, 어떤 사람은 어떤 대가도 기대하지 않고 그냥 줍니다. 우리가 대가를 기대하지 않고 그냥 주는 행위를 대가를 바라고 주는 행위보다 더 선한 것으로 보는 이유는, 대가를 기대하고 주는 행위를 통해서 자신의 마음이 커지고 단련될 가능성보다 대가를 바라지 않고 그냥 주고 끝내는 행위로 내 마음을 크게 키우고 단련시킬 수있는 가능성이 더 커지기 때문입니다. 내 마음을 크게 키우고 단련시키는 일 자체가 덕을 단련하는 일입니다. 덕이 잘 단련되어 있어야 지식 수입자에서 지식 생산자로 바뀔 수 있고, 더 행복하게 살 수 있고, 돈도 더 잘 벌 수 있

고, 명예도 더 커질 수 있고, 지인도 되고, 신인도 되고, 성인도 되는 것
입니다.

유연하게 나를 벗어나는 삶

〈제물론〉편1

이제는 《장자》의 두 번째 편인 〈제물론齊物論〉을 보겠습니다. 〈제물론〉은 이렇게 시작합니다.

南郭子綦隱机而坐, 남곽자기은궤이좌

仰天而噓, 荅焉似喪其耦. 앙천이허 답언사상기우

顏成子游立侍乎前, 曰, 안성자유립시호전 왈

何居乎? 形固可使如槁木, 하기호 형고가사여고목

而心固可使如死灰乎? 이심고가사여사회호

今之隱机者, 非昔之隱机者也. 금지은궤자 비석지은궤자야

子綦曰, 偃, 不亦善乎? 而問之也! 자기왈 언 불역선호 이문지야

今者吾喪我, 汝知之乎? 금자오상아 여지지호

汝聞人籟而未聞地籟. 여문인뢰이미문지뢰

汝聞地籟而未聞天籟夫! 여문지뢰이미문천뢰부

"남곽자기南郭子綦가 앉은뱅이책상에 기대앉아 하늘을 올려다보며 길게 숨을 내쉰다. 멍한 모습이 마치 짝을 잃은 것 같다. 안성자유顏成

子游가 앞에 선 채 모시고 있다가 말한다. '어찌 된 일이십니까? 몸을 정말로 마른 나무처럼 할 수 있고, 마음을 죽은 재처럼 할 수 있으시다는 것입니까? 지금 앉은뱅이책상에 기대고 계신 모습이 이전에 앉은뱅이책상에 기대고 계시던 모습이 아니십니다.' 자기가 말한다. '언아, 네가 묻는 것을 보니, 너 참 대단하구나. 지금 나는 나를 장례 지냈다. 네가 그것을 알아봤구나. 너는 인뢰人籟는 들었어도, 아직 지뢰地籟는 듣지 못했을 것이다. 너는 지뢰는 들었다 해도 천뢰天籟는 아직 듣지 못했을 것이다.'"

子游曰, 敢問其方. 자유왈 감문기방

子綦曰, 夫大塊噫氣, 其名爲風. 자기왈 부대괴희기 기명위풍

是唯無作, 作則萬竅怒呺. 시유무작 작즉만규노호

而獨不聞之翏翏乎? 이독불문이료료호

山陵之畏佳, 大木百圍之竅穴, 산릉지외최 대목백위지규혈

似鼻, 似口, 似耳, 似枅, 사비 사구 사이 사계

似圈, 似臼, 似洼者, 似汚者, 사권 사구 사와자 사오자

激者, 謞者, 叱者, 吸者, 격자 효자 질자 흡자

叫者, 譹者, 宎者, 咬者. 규자 호자 요자 교자

前者唱于而隨者唱喁. 전자창우이수자창우

泠風則小和, 飄風則大和, 영풍즉소화 표풍즉대화

厲風濟則衆竅爲虛. 여풍제즉중규위허

而獨不見之調調之刁刁乎? 이독불견지조조지조조호

"자유가 말한다. '감히 그 이치를 묻습니다.' 자기가 대답한다. '대지가 기氣를 내뿜는 것을 바람이라 하지. 이것은 특정한 동작이 없어. 그런데 한번 동작이 일어나면 온갖 구멍이 요란하게 소리를 낸다. 너는 멀리서부터 들려오는 바람 소리를 들어본 적이 없단 말이냐? 우거진 산림 속의 나무는 크고 높지. 백 명이 손을 잡고 안을 정도로 큰 나무에 구멍들이 나 있는데, 코 같기도 하고, 입 같기도 하고, 귀 같기도 하고, 작은 술잔 같기도 하고, 컵 같기도 하고, 돌절구 같기도 하고, 연못 같기도 하고, 물웅덩이 같기도 하다. 거기서 소리가 나면, 급류가 쏟아지는 듯도 하고, 쌩하고 화살이 나는 듯도 하고, 화나서 꾸짖는 듯도 하고, 숨을 들이쉬는 듯도 하고, 울부짖는 듯도 하고, 부르짖는 듯도 하고, 굴속을 지나는 듯도 하고, 깨무는 듯도 하다. 앞에서 '우우'라고 소리 내면, 뒤에서도 '우우' 하고 화답하지. 서서히 불어오는 맑은 바람에는 나지막한 소리로 화답하고, 강한 바람에는 큰 소리로 화답한다. 거친 바람이 잦아들면, 모든 구멍이 텅 빈 상태 그대로 있다. 너는 정말 나무가 이리저리 크고 가볍게 흔들리는 장면을 보지 못했단 말이냐?'"

子游曰, 地籟則衆竅是已, 자유왈 지뢰즉중규시이

人籟則比竹是已. 敢問天籟. 인뢰즉비죽시이 감문천뢰

子綦曰, 夫天籟者, 吹萬不同, 자기왈 부천뢰자 취만부동

而使其自己也, 이사기자기야

咸其自取, 怒者其誰邪! 함기자취 노자기수야

"자유가 말한다. '지뢰는 대지의 온갖 구멍이고, 인뢰는 대나무에 구멍을 뚫어 만든 피리군요. 천뢰는 무엇인지 감히 묻습니다.' 자기가 말한다. '무릇 바람이 다 다르게 부는데, 각자의 소리는 다 스스로 나는 듯하다. 모두 각자가 자기 소리를 취하는데, 바람을 불게 하는 자는 누구인가!'"

남곽자기가 스승이고 안성자유가 제자입니다. 안성자유가 앉은뱅이책상에 기대어 앉아 있는 스승을 보는데, 그 이전의 모습하고 달리 보이는 겁니다. 이전에는 앉은뱅이책상은 책상으로 선명하게 있고, 자기 선생님은 선생님다운 선명한 모습으로 기대앉아 계셨는데, 그날은 보니 선생님이 앉은뱅이책상에 푹 파묻힌 듯이 앉아 계시는 겁니다. 책상과 선생님이 구분도 잘 안 될 지경입니다. 마치 불 꺼진 재와 같습니다. 불 꺼진 재는 열기도 없지만, 모양이 쉽게 풀어져버리죠. 스승님의 모습이 맥이 하나도 없이 축 처져 있으니, 마치 짝을 잃거나 실연당한 사람같이 보였습니다. 실연당하면 어깨가 축 처지고 기운이 쭉 빠져서 자기 모습이 흐트러집니다. 그래서 실연당한 사람은 누가 봐도 알지요. 자기 모습이 완전히 무너져서 자기 형태가 잘 지켜지지 않는 겁니다. 안성자유 눈에는 스승님이 마치 불 꺼진 재나 짝을 잃은 사람처럼 보인 것이지요.

남곽자기는 안성자유가 자신의 현 상태를 알아본 후에 그것을 묘사하는 것을 보고, 자신의 제자 안성자유의 안목이 크게 성장했다고 느낍니다. 학문에 큰 발전을 이룬 것으로 보였던 것입니다. 자신에게서 불 꺼진 재와 같은 모습을 알아봐주니, 남곽자기도 기뻐서 "너 참 대단하다!"고 칭찬해줍니다. "나는 나를 장례 지냈다." 보통은 장례 지냈다고 하는데, 저는 조금 더 자극적으로 표현하면 좋을 것 같아서 "나는 나를 살해했다!"고 표현하곤 합니다. "자기 살해"라고 하기도 합니다.

반성, 자신을 깨부수는 것

앞에서 나를 표현하는 글자인 기己, 아我 그리고 오吾에 대해서 간단하게나마 설명했습니다. 이 부분에서도 '오상기吾喪己'가 아니라 '오상아吾喪我'라고 합니다. 《논어》에서는 '극아복례'나 '극오복례'라 하지 않고, '극기복례克己復禮'라 합니다. '기'는 아주 경험적인 단계에 있는 자기, 육체적인 것까지 포함한 자기, 아직 공부가 안됐을 수도 있는 자기를 말합니다. '아'는 '기'가 학습을 거쳐서 된 자기, 어떤 가치관이나 나름대로 세상을 보는 눈이 갖춰진 자기를 말합니다. '오'는 '아'나 '기'랑 비교해서 볼 때 보편화된 자기, 수련하여 어느 단계에 이른 자기를 말합니다.

'아'와 '기'는 여러분이 구분할 수 있으면 좋을 것입니다. 보통은 '무아無我'라고 하지, '무기無己'라고 하지 않습니다. 나를 벗어나는 것을 '탈아脫我'라고 하지 '탈기脫己'라고 하지 않습니다. 여기서는 '오상아'입니다. 이걸 알아본 제자를 남곽자기가 크게 발전했다고 칭찬해줍니다. 남곽자기가 제자에게 그런 이치를 설명하기 위해서 우선 인뢰人籟, 지뢰地籟 그리고 천뢰天籟의 세 가지 피리를 말합니다.

사람의 피리가 있고, 땅의 피리가 있고, 하늘의 피리가 있죠. 인뢰,

지뢰, 천뢰입니다. 바람이 가만히 있을 때는 괜찮은데, 한 번 불면 나무에 생긴 구멍들을 지날 때마다 구멍들이 소리를 냅니다. 구멍이 크면 깊은 소리를 내고, 작으면 가는 소리를 내고, 모양이 울퉁불퉁하면 그것에 맞는 울퉁불퉁한 소리를 내겠지요. 땅에도 구멍이 파여 있습니다. 구멍을 바람이 지나가면, 거기서 소리가 납니다. 이것을 '지뢰'라고 합니다. 땅의 피리입니다. 사람들이 만든 피리에 바람이 들어가면, 구멍을 막을 때마다 소리가 달라집니다. 구멍을 뚫어 소리를 다르게 내게 만든 것을 사람의 피리, 즉 '인뢰'라고 합니다.

그러면 '천뢰'는 무엇일까요? 남곽자기가 천뢰가 무엇이라고 말해줄까요? 말을 안 해줍니다. '이 모든 소리를 내게 해주는 어떤 근원, 주재자가 있느냐, 없느냐?' 이렇게만 말을 할 뿐입니다. 누가 바람을 불어서 소리를 내게 해주는가. 그것을 우리는 '천뢰'라고 짐작할 수 있는데, 천뢰라고 해석하기도 하고 그렇게 해석하지 않기도 합니다.

그런데 여기 이런 대목이 나옵니다. "각자의 소리는 다 스스로 나는 듯하다." 각자 바람이 불어서 각기 다른 소리를 낸다. 이 말은 뭘까요? 바람하고 구멍 각자의 모양이 맞아서 소리가 난다는 것이지요. 그런데 각자의 그것들은 자기가 소리를 낸다고 생각합니다. 그런데 바람이 멈추면? 아무 소리도 안 나지요. 그러니 각자 자기의 모양을 갖추고 자기가 소리를 낸다고 하지만, 꼭 그렇지는 않다는 것입니다.

그러면 소리가 나게 해주는 그것은 도대체 무엇일까요? 여기서 이렇게 끝납니다. 제가 생각할 때는 어떤 소리를 나게 해주는 근원, 주재자가 있다는 소리를 장자는 하고 싶지 않은 것 같습니다. 그냥 이런 자연 현상이, 즉 유동적 전체성이 있을 뿐이라고 장자는 이야기를 마치고 싶어 하는 것으로 읽힙니다.

여기서 우리가 자세히 봐야 할 것은 '오상아'입니다. '오상아'는 장자 전체에서 우리가 마음속에 깊이 새겨야 할 몇 개의 대표 관념 가운데 하나입니다.

'상아喪我'는 '무아'나 '탈아', '몰아沒我'에 가까운 관념입니다. 영어로는 엑스터시ecstasy가 비교적 가깝습니다. 무아의 경지 혹은 탈아의 경지 등이 바로 엑스터시죠. 엑스터시의 유래는 그리스어인 '에크스타시스ekstasis'입니다. '에크'는 '밖으로' 벗어난다는 의미를 담고 있으며, '스타시스'는 '현 상태', '멈춰 있는 상태', '특정한 생각에 사로잡혀 있는 상태', '믿고 따르는 이데올로기, 신앙, 이념'을 가리킵니다. 그러니까 엑스터시는 특정한 장소에서 특정한 생각에 사로잡혀 있는 나를 벗어난 경지가 되겠지요.

특정한 장소에서 특정한 생각과 특정한 문법으로 견고해진 내가 나를 벗어나버리면 어떻게 되나요? 황홀경에 빠지게 되죠. 거기서는 내가 가지고 있었던 기존의 문법이나 논리를 훌쩍 벗어납니다. 또 벗어나기 전에는 나한테 익숙한 논리와 방법과 공간적인 특성을 근거로 세계를 보는데, 이것을 벗어나면 내 위에서 마치 제삼자의 눈으로 보는 것처럼 나를 보게 됩니다.

이때 나는 전혀 다른 나로 새롭게 등장합니다. 나를 벗어나서 세계를 보는 것과 익숙한 나 안에서 세계를 보는 것은 세계에 대한 인식 자체도 달라질 뿐 아니라, 내가 내 눈에 보이느냐 안 보이느냐의 차이도 만들어냅니다. 그때 나를 벗어나서 보는 나는 지금까지 봐왔던 내가 아니지요. 그렇지만 나예요. 불분명하고도 모호하지만, 전혀 새롭게 등장하는 나를 보는 그 순간은 나한테는 황홀경입니다. 이걸 우리가 일반적으로 '엑스터시'라고 합니다.

《장자》는 세계를 유동적 전체성으로 받아들입니다. 내가 특정한 공간적 특성과 시간성 그리고 교육받은 내용에 갇혀 있어서는 진실한 유동적 전체성을 만날 수 없습니다. 유동적 전체성을 제대로 만나려면, 다시 말해, 익숙한 문법으로 해석하고 읽었던 진실이라는 것 이상을 원한다면, 익숙한 문법이나 정해진 방식으로는 불가능하니, 그것들을 다 벗어남으로써만 비로소 가능하다는 것이죠. 유동적 전체성이라는 세계의 진실을 만나려면, 시간과 공간과 교육된 내용에 갇힌 폐쇄성을 깨부수는 수밖에 없다고 하는 것이 당연하지 않겠습니까?

그 깨부순다는 것을 '자신을 장례 지낸다'나 '자기 살해'로 표현한 것입니다. '자신을 장례 지낸다'나 '자신을 죽인다'는 것을 흔히 '반성' 혹은 '각성'이라고 합니다. '참회'나 '회개'가 더 가까울 수도 있겠네요. 그런데, 각성의 상태 혹은 자각의 상태에서는 내가 나를 볼 수 있습니다. 내가 나를 보기 위해서는 내가 나를 벗어날 수밖에 없습니다. '에크-스타시스' 할 수밖에 없다는 것이지요. 이것이 '오상아'에서 '상아'의 의미가 될 것입니다.

물론, '망아忘我'나 '무아', '탈아', '몰아' 등도 비슷한 의미입니다. '오상아'라고 할 때, 장례 지내야 하는 나는 특정한 가치와 이념과 지식에 갇힌 자기입니다. 이념과 신념과 특정한 지식에 갇혀 있는 자아들은 왜 자신을 벗어나지 못할까요? 그것이 가지고 있는 단기적 효용성 때문입니다. 단기적 효용성에 빠지는 이유는 '작은 마음'이나 '정해진 마음' 때문이죠.

틀에 갇힌 자신과의 결별

앞에서 본 〈추수〉 편에 황하의 신인 하백이 나왔습니다. 황하의 신이면 이미 대단하죠. 의기양양하고 충만해서 스스로 대단하게 느끼고 있었죠. 강 건너편의 것이 말인지 소인지도 분간이 안 될 정도로 큰 홍수가 났습니다. 의기양양해서 물이 범람하는 황하를 타고 내려가다 바다에 이르러 바다의 신 북해약을 만납니다. 북해약을 만나서 하백은 갑자기 기가 죽습니다. 그래서 이렇게 말합니다. "내가 북해약 당신을 안 만났으면 나는 이 세상을 모르고 갈 뻔했습니다. 그쪽 세계가 어떤 세계인지 나에게 알려주십시오."

그러니까 북해약이 이렇게 말합니다. "네가 스스로 부족함을 느낀 듯하니 이제 더불어 도를 논할 수 있겠다." 하백이 자신의 부족함을 각성, 자각한 것이지요. 이런 각성이 없었으면 북해약을 알아보지도 못할 뿐 아니라, 자신의 정확한 함량을 알지 못하고 오만방자 하였겠지요. 하백이 이런 식으로 말했을 수도 있습니다. "네가 아무리 나보다 넓은 데서 살아도 밥 세 끼 먹는 건 똑같아. 네가 아무리 나보다 지식이 많아도 너도 죽고 나도 죽어. 네가 아무리 잘 났어도 우리는 평등해." 자신을 정확하게 모르면, 자신보다 큰 사람을 만나도 애써 그것을 부정

합니다. 그렇지만 하백은 자기 부족함을 알았습니다. 그래서 '오상아'
를 한 것입니다. 틀에 갇힌 자신과 과감하게 결별한 것이지요. 왜 우리
가 '오상아'를 해야 하는지는 매우 분명합니다. 그러나 인간이 가지고
있는 일반적인 속성에 비추어볼 때 행하기 매우 어려운 일입니다.

안성자유가 보기에 선생님인 남곽자기가 이전의 모습과 전혀 달랐
습니다. '오상아'가 된 것이지요. 안성자유가 그런 모습은 어떻게 해야
갖게 되냐고 질문하니, 남곽자기는 그 질문에 정면으로 반응하지 않
고, 세 가지 피리를 설명합니다. 땅의 피리와 인간의 피리는 구체적인
정보를 담아 설명하면서도, 하늘의 피리는 구체적인 정보를 담아서 설
명하는 방법을 쓰지 않습니다. 그냥 하늘의 피리가 따로 있는 게 아니
라는 암시를 줄 뿐입니다. 장자는 끝까지 바람의 근원이 무엇이라는
말은 하지 않습니다. 그 근원을 도라고 말하지도 않습니다. 그것은 흡
사 '건너가기'와 똑같습니다. 여기서 저기로 건너가는 것 자체가 최고
의 지혜이지, 건너가면 무엇이 있다고 말해주지 않는《반야심경》과 같
습니다.

우리는 왜 작은 목표에 갇힐까

우리가 본질을 긍정하거나 세계가 어떤 토대 위에 서 있음을 인정
한다면, 그 토대는 '절대 순수'일 수밖에 없습니다. 존재의 근거가 됩니
다. 그러므로 본질을 긍정하는 한 인간은 근원을 추구할 수밖에 없습
니다. 장자가 어떤 근원에 관해서 확실하게 말하지 않는 것은 근원이

라는 것이 설 자리가 없는 철학 구조를 가지고 있기 때문입니다. 장자는 이 세계가 어떤 근원에서 출발한 것이 아니라, '기氣'의 다양한 관계로 되어 있다고 봅니다.

본질을 긍정하고, 근원을 추구하는 철학은 존재의 근거인 본질이 최대치로 성장한 이상적인 단계를 설정할 수밖에 없죠. 이상이 설정되면, 이것은 기준이 됩니다. 기준은 반드시 구분을 조장하고, 구분은 배제를 가능하게 하고, 배제는 억압을 조장합니다. 이것은 줄줄이 사탕처럼 계속 이어서 일어나는 일입니다. 목표를 갖는다는 것은 기준을 갖는다는 것입니다. 기준을 가지면 구분하고, 구분하면 배제하고, 배제한 다음에는 억압할 수밖에 없습니다. 폭력과 갈등은 이렇게 생겨납니다. 이상적인 목표에 삶 전체가 제한됩니다.

그러면 목표를 갖지 않으면 인간이 어떻게 발전할 수 있느냐고 이야기를 할 수 있겠지요? 저를 예로 들어보겠습니다. 저는 교수가 되는 것이 목표였던 적은 단 한 번도 없었습니다. 목표가 저의 전부가 되어본 적이 없으니까, 교수라는 직업이 저의 전부일 수는 없고, 저의 전부일 수 없는 것을 떠나는 것이 그렇게 어려운 일은 아니었습니다. 어렸을 때 어렴풋하게 정한 제 삶의 방향은 '어떤 깨달음에 도달해보자' 혹은 '훌륭한 사람이 되자' 혹은 '수행으로 알고 공부를 긴 시간 해보자' 정도였습니다. 분명하지는 않지만 내 속에서는 또렷한, 그런 모호한 방향성을 가졌죠. 당연히 목표가 분명하게 설정되지 않았습니다. 서른아홉 살에 교수가 되어 18년 가까이 교수 생활을 하다 보니, 저에게만 있었던 저만의 고유한 '비린내'가 사라지고 있는 느낌을 받았습니다. 그래서 교수를 그만두었습니다.

저에게만 있었던 고유한 비린내 속에는 앎과 실천을 일치시키는 삶과 공과 사를 일치시키는 삶에 대한 의지가 들어 있었습니다. 그 의지를 되살려서 실천하는 일이 더 중요하다고 각성한 것이죠. 최근에는 자다가 일어나서도 그렇게 하길 잘했다고 스스로 칭찬해준 적도 있습니다. 만일 교수가 되는 것을 꿈으로 가졌다면, 교수를 하는 그 일보다 더 넓은 세상을 꿈꾸고 경험할 수 있었을까, 그보다 더 넓은 진실을 건축할 수 있었을까, 하는 생각을 해봅니다. 20대 때, 마흔 살까지는 공부만 하려고 한다고 하면 비웃거나 걱정하는 사람들도 있었습니다. 하지만 제가 흔들리지 않고 맘먹은 대로 산 것이 참 잘한 일이라고도 생각됩니다. 이것이 혹시 '자쾌'가 아닐까 하는 생각도 해봅니다.

우리가 자식을 기를 때도 무엇이 되라고 가르치는 방법도 있지만, 어떻게 살자고, 어떤 사람이 되자고 가르치는 방법도 있습니다. 그런데 어떻게 살자, 어떤 사람이 되자고 가르치는 것이 무엇이 되라고 가르치는 것보다 훨씬 개방적이고 성공할 가능성이 더 높을 것입니다. 고등학교도 어느 대학교 몇 명 합격을 목표로 하는 고등학교와 자유로운 인격, 독립적인 인격, 친절한 인격 등을 배양하겠다며 헌신하는 고등학교는 질적으로 엄청나게 달라지고, 학생들이 이뤄낸 성취도 큰 차이를 보이게 될 것이라고 저는 봅니다.

그렇다면, 왜 크고 높은 목적을 지향하지 못하고 작은 목표에 갇히는 걸까요? 세계를 보는 눈이 짧아서, 낮아서 그렇습니다. 세계를 대하는 시선의 높이가 높지 않으면 가까운 눈앞의 것이 훨씬 중요하고 커

보이는 것이죠. 부모와 자식 간에도 가장 중요한 것은 서로 믿고 사랑하는 것입니다. 서로 믿고 사랑한 다음에 거기서 성공도 나오고 성적도 나오는 겁니다. 그런데 믿고 사랑하는 것은 빠져버리고 성적과 성공만 남으면, 그 성적과 성공이 설령 이뤄진다 해도 사랑하는 법도 배우지 못하고, 서로 믿는 경험도 해보지 못하는 인격으로 성장할 수밖에 없습니다. 그런 인격들의 성공은 크고 높을 수가 없습니다. 이런 방식으로 성장한 인재들이 채우는 사회는 자잘한 일들을 다투느라 정작 크고 중요한 미래의 큰 그림은 그릴 엄두도 내지 못하죠. 사회적인 성공에만 몰두하다가 인간이 가져야 할 가장 기본적인 덕목을 갖지 못한 사람의 삶은 행복하기 어렵습니다.

이런 맥락에서 장자의 '오상아'는 의미가 있습니다. '오상아'는 자잘한 가치와 굳은 신념에 갇힌 자신을 벗어나면 황홀경에 빠진다는 것입니다. 세계의 진실을 진실 그대로 맞이할 수 있고, 그 결과로 현실적으로도 큰 성취를 이루게 되는데, 이때 자신 안에서 생명력으로 가득 찬 어떤 새로운 용솟음이 일어나는 경험을 하게 되는데, 그것은 정말 황홀경이 아닐 수 없죠.

신문을 보니 빌 게이츠는 정보에 자유롭게 접근할 기회를 사람들한테 주는 것을 삶의 목적으로 했다고 합니다. 그는 자유롭고 독립적으로 정보에 접근할 수 있는 것이 인간으로 사는 데 큰 도움을 줄 거라고 믿은 거지요. 만약 빌 게이츠가 부자가 되는 것을 목표로 삼았다면, 지금 같은 빌 게이츠는 없었을 것입니다. 부자가 되는 것을 목표로 삼은 빌 게이츠와 사람들에게 정보에 자유롭게 접근할 기회를 주는 것을 목적

으로 삼은 빌 게이츠 사이의 차이를 느낄 수 있을 것입니다. 작은 목표
에 갇힌 빌 게이츠와 철학적인 높이의 목적을 가진 빌 게이츠 사이에
서의 차이는 '오상아'를 했느냐 안 했느냐 혹은 '오상아'를 어느 정도
로 했느냐의 차이로 이해할 수도 있습니다.

大知閑閑, 小知閒閒. 대지한한 소지간간

大言炎炎, 小言詹詹. 대언담담 소언첨첨

其寐也魂交, 其覺也形開. 기매야혼교 기교야형개

與接爲構, 日以心鬪. 여접위구 일이심투

縵者, 窖者, 密者. 만자 교자 밀자

小恐惴惴, 大恐縵縵. 소공췌췌 대공만만

"큰 지혜를 가진 사람은 여유롭지만, 작은 지혜를 가진 사람은 급급
하다. 큰 말은 담담하나, 작은 말은 장황하다. 그런 사람들은 잠잘 때도
온갖 잡념에 싸여 깊이 잠들지 못하고, 깨어서도 번잡하다. 다양한 사
람들과의 교제로 소란스럽고, 하루하루를 마음속의 갈등으로 보낸다.
어떤 사람은 느긋하고, 어떤 사람은 마음을 쉽게 드러내지 않고, 어떤
사람은 치밀하다. 작은 걱정에는 안절부절못하고, 큰 걱정에는 넋을
잃는다."

其發若機栝, 其司是非之謂也. 기발약기괄 기사시비지위야

其留如詛盟, 其守勝之謂也. 기류여저맹 기수승지위야

其殺若秋冬, 以言其日消也. 기쇄약추동 이언기일소야

其溺之所爲之, 不可使復之也. 기익지소위지 불가사복지야

其厭也緘, 以言其老洫也. 기염야함 이언기로혁야

近死之心, 莫使復陽也. 근사지심 막사복양야

"어떤 사람들은 마음을 발동하는 것이 마치 활을 쏘는 것처럼 모진데, 그들은 시비를 가리는 것이라고 말한다. 어떤 사람들은 말을 안 하기를 마치 맹세를 지키듯이 신중한데, 그들은 승리를 차지하기 위한 것이라고 말한다. 그들이 쇠락해가는 것은 가을과 겨울의 생명체처럼 날로 조금씩 시들어간다. 그들이 그런 과정에 한번 빠지면, 회복할 수가 없다. 그들이 꽉 막힌 것은 마치 봉해서 막아놓은 것과 같으니, 이렇게 해서 몸은 쇠약해지고 정신은 고갈된다. 점점 죽음에 가까워지는 이런 마음은 어떻게 해도 생기를 회복할 수가 없다."

앞선 문단에서는 '오상아'가 안 된 모습에 대해서 말하고 있습니다. 훌륭한 지혜, 큰 지혜는 한가합니다. 한가하다는 것은 넓다는 거지요. 지식이 넓고 높은 사람들은 넉넉하여 조급하지 않습니다. 그리고 넓은 태도를 보입니다. 그런데 지혜가 작으면 틈새를 비집고 들어가거나, 말꼬투리를 잡는다든지 하는 데에 혈안이 됩니다. 아주 작은 틈새를 비집고 들어가려고 애쓰죠. 물론 작은 틈새를 파고드는 것이 지적 활동에서 필요 없다는 뜻이 아니라, 그런 경향에 빠지는 것이 문제죠.

큰 말은 짜릿하거나 아주 자극적인 맛이 있는 게 아닙니다. 담담하지요. 큰 말은 그냥 담담하고 작은 말은 장황하게 말이 많습니다. 초등학생과 대학원생이 같이 대화를 하거나 토론한다면, 초등학생이 훨씬 말을 많이 하겠지요? 시선이 점점 높아지면, 잡다한 구체성으로부터 거리가 생기게 됩니다.

시선이 높아진다는 것은 점점 더 추상화된다는 뜻입니다. 다양한 구체성의 세계를 하나의 '개념'으로 포괄하는 것도 추상화의 일종이자 시선의 높이가 상승하는 한 모습입니다. 당연히 시선이 올라갈수록 잡다한 정보들을 하나의 개념으로 포괄하기 때문에, 말에 다채로움이 줄어들어 담담해질 뿐 아니라, 자잘한 틈새를 중요하게 다루지 않지요. 제가 옆에서 본 바에 의하면, 수양이 높아지면 높아질수록 나타나는 현상 두 가지가 있는데, 하나는 피부가 좋아지는 것이고, 또 하나는 말수가 줄어든다는 것입니다.

아직 '오상아'가 덜 된 작은 사람, 특정한 가치에 갇혀 있는 사람은 잠을 자도 깊이 잠들지 못하고, 깨어있을 때는 몸이 바쁩니다. 아주 바쁩니다. 쉴 새가 없습니다. 이 일 저 일 다 간섭합니다. 생활이 단순하지 않고 복잡합니다. 이 사람과도 관계하고 저 사람과도 관계합니다. 이 사람과의 관계도 중요해 보이고, 저 사람과의 관계도 중요해 보입니다. 시선을 높이지 못하고 추상화를 하지 못했기 때문에, 구체적인 삶이나 일상 속에서도 생략이나 절제가 없죠.

자신이 특정한 가치에 갇혀 있어서 그 가치를 기준으로 하여 교제하기 때문에 꼭 분쟁과 다툼을 만듭니다. 대개는 끝이 좋지 않지요. 날마다 그런 것으로 속을 썩습니다. 그런 사람들 속에는 느긋한 사람도 있고, 마음을 쉽게 드러내지 않는 사람도 있고, 치밀한 사람도 있지만, 대개 남의 손가락질을 두려워합니다. 남이 나를 어떻게 말하고 어떻게 볼까 두려워하고 걱정합니다. 그래서 누가 조금 나쁘게 이야기하면 깜짝 놀랍니다. 그리고 더 큰 이야기를 하면 그냥 넋을 잃습니다. 자기 생각과 다른 생각을 이야기하면 안색까지 달라질 때도 있습니다.

특정한 가치관과 신념과 이념에 빠진 사람들이 시비를 가릴 때는 얼마나 모질게 가리는지 활을 당겼다가 세게 놓는 것 같습니다. 그 사람들이 말싸움에서 이기려고 할 때는 마치 무엇인가 맹세를 한 사람들처럼 끈질기고 집요합니다. 하지만 그런 사람들은 날로 기운이 쇠약해져서 가을과 겨울에 초목이 말라서 시들어가는 것처럼 됩니다. 몸도 푸석푸석해집니다. 정력과 기력을 거기에 다 쓰기 때문입니다.

일단 특정한 가치관이나 신념에 빠져버리면 인간의 원래 모습으로 돌아가는 것이 불가능합니다. 슬픈 이야기지요. 한번 홍위병이 되어버리면, 인간의 원래 모습을 회복하는 것이 불가능해집니다. 특정한 신념이나 가치관을 지키느라 한번 과학을 부정한 사람은 다음번에도 또 과학을 부정합니다. 과학을 부정했던 일이 다 헛일이었음이 판명되어도 특정한 신념을 지키기 위해서라면, 다음에도 또 과학을 부정하고 세상을 소란스럽게 합니다.

인간은 생각하는 동물입니다. 생각은 곧 반성입니다. 반성력이 없으면 사람이 아닙니다. 특정한 신념과 가치에 한번 빠져버리면, 반성력이 사라집니다. 그래서 인간의 원래 모습을 회복하는 것이 불가능하다고 말하는 것입니다. 이런 사람들에게는 생각하는 능력이나 반성력 혹은 '오상아'를 아무리 말해도 소용이 없습니다. 불교의 '일천제—闡提'

라는 개념이 생각납니다. 아무리 깨우쳐주려 해도 깨우쳐지지 않는 자를 말합니다.

　여기서 장자는 우리한테 좀 슬픈 이야기를 해주고 있죠? 어떤 가치와 결탁해버리거나 어떤 신념에 갇혀 그것을 확신해버리면, 인간의 본래 모습으로 되돌아갈 수 없다는 것입니다. 사람들은 늙어서까지 한번 가져버린 그것들을 계속 더 키우려고만 하는데, 옆에서 보면 꽉 막힌 사람 같습니다. 장자는 이미 죽음에 가까워진 마음은 다시 회생시킬 수가 없다고까지 말고 있습니다. '근사지심近死之心', 죽음에 가까워진 마음, 거의 죽은 마음은 양기를 회복할 수 없습니다. 여기서 양기는 햇볕, 생기를 가리킵니다. 양기를 회복할 수 없다는 말은 다시 햇볕이 들게 할 수 없다, 회생시킬 수 없다, 다시 살아나게 할 수 없다는 말입니다. 어떻게 해서든 '근사지심'까지는 가지 않아야 합니다. 우리나라는 이미 '근사지심'까지 가버린 사람들이 너무 많아진 것 같아 매우 안타깝습니다.

생각이 뻣뻣하면 꼰대가 된다

　도가 계열의 사상은 죽은 것은 딱딱하고 산 것은 부드럽다고 인식합니다. 이것은 사실이지요. 바람이 심하게 불 때 다른 나무는 다 휘청휘청 흔들리는데 한 나무만 의연하게 똑바로 서 있습니다. 가서 보면 죽은 나무입니다. 산 나무는 흔들립니다. 죽은 나무는 뻣뻣합니다. 사람도 나이가 들면 부드럽던 몸이 점점 뻣뻣해집니다. 죽음에 가까이 갈

수록 생각도 뻣뻣해집니다. 젊을 때는 생각이 부드럽지요.

생각을 부드럽게 유지하려면, 어떤 가치에 대하여 확신을 갖지 않고 계속 궁금해해야 합니다. 생각이 굳은 사람을 '꼰대'라고 하죠. 저는 청춘과 꼰대를 구분하는 방식을 가지고 있습니다. 당연한 것보다 궁금한 것이 많으면 청춘입니다. 반대로 궁금한 것보다 당연한 것이 많으면 꼰대입니다. 궁금증이 살아 있으면 청춘이지만, 궁금증이 사라지고 생각이 뻣뻣하게 굳으면 꼰대입니다. 생각이 뻣뻣하게 굳은 것, 그것이 바로 당연한 것이 됩니다.

누군가가 "자본주의는 인문학의 적이다"는 말을 강하게 하길래 "당신이 생각하는 자본주의는 무엇인가?"고 물은 적이 있습니다. 내가 보기에는 자본주의에 대하여 전혀 모르는 사람 같았습니다. 쉽게 자본주의에 대한 이미지를 구축하고, 그냥 거기에 모든 것을 맞춰버리는 뻣뻣한 태도는 주위에서 쉽게 볼 수 있습니다. 그 사람은 자본주의를 뻣뻣한 상태로 그냥 수용하였지, 스스로 자본주의를 궁금해해본 적이 없을 것입니다. '민주화'를 말하는 많은 사람들도 스스로 구축한 이미지에 빠져서 민주화라는 개념을 이데올로기화한 모습들을 보이는데, 민주화도 뻣뻣한 이미지로 수용할 일이 아니라 우선 궁금해할 일입니다.

자기가 하는 말을 우선 스스로 궁금해해야 합니다. 전쟁을 말할 때는 최소한 자신이 소유한 전쟁이라는 개념에 대한 이미지만을 덧씌울 일이 아니라 전쟁에 대해서 궁금해해야 합니다. 사회주의에 대해서 말할 때는 사회주의에 대해서 우선 궁금해해야 합니다. 혁명에 대해서 말할 때는 우선 혁명을 궁금해해야 합니다.

호기심을 발동시키지 않은 상태에서 구축한 모든 신념과 확신은 다 그 사람에게 죽음에 가까운 마음을 갖도록 강요합니다. 자신을 뻣뻣하게 만듭니다. 그래서 화석처럼 뻣뻣해진 인식의 틀을 가지고 세계와 관계하지 말라는 경고가 필요하고, 그것을 장자는 '오상아'라고 한 것입니다. 자신을 장례 지내거나 살해하는 정도가 아니면 하기 어려운 일입니다. '근사지심'에서 벗어나는 일은 이렇게 어렵습니다.

정해진 마음을
깨부수는 노력

〈제물론〉편 2

12장

■

　《장자》를 아무리 읽어도 자신에게 어떤 변화도 일어나지 않을 수 있고, 자기한테 적절히 이용되는 일들을 경험하지 못할 수 있습니다. 들었던 것들이 그냥 하나의 지식으로 머물다 가기 쉽지요. 그러면 상당히 손해겠지요. 들은 내용을 피와 살이 되게 만드는 방법 중에 가장 중요한 건 자기가 무엇을 원하는 사람인지를 자신이 아는 것입니다.

　지금 우리는 장자가 무엇을 원하는지, 어떤 사람이 되고 싶어 했는지를 배우고 있습니다. 이 점에 관해서는 여러분도 몇 마디 하실 수 있게 되었습니다. 그런데 이렇게 하다 보면, 장자가 무엇을 원했는지는 알게 되지만, 자기가 무엇을 원하는지를 묻는 일에는 소홀할 수 있습니다. 이것은 매우 비생산적인 일이지만, 이런 일들은 비일비재하고 자주 일어납니다. 사실 장자가 무엇을 원했는지, 장자가 이 세상에 무슨 말을 하고 싶었는지 아는 것은 그리 중요하지 않을 수도 있습니다. 그것을 아는 데 빠지다 보면, 어느 순간에 자기는 무엇을 원하는지, 자기는 어떤 사람이 되고 싶은지 하는 각성의 시간을 갖지 못할 수 있습니다. 각성의 시간을 갖지 않아도 마음이 편한 이유는 영혼이 점점 게을러지기 때문입니다. 게을러진 영혼은 자신을 돌아보지 않습니다.

장자에 대해서 자기가 조금씩 알게 되면서, 그것을 마치 자기가 할 줄 아는 사람이 된 것으로 착각합니다. 이렇게 착각하면서도 그것을 큰일이라고 느끼지 않는 것은 영혼이 게을러지고, 망가졌기 때문이죠. 지금까지 우리가 함께 장자를 공부하면서 장자에 대한 지식은 증가하는 걸 느낄 수 있으실 겁니다. 그런데 책을 덮고 반드시 확인해야 할 것은, 자기를 바라보는 능력도 덩달아 올라갔는가 하는 점입니다. 장자에 대해서 말할 수 있는 만큼 자기 스스로에 대해서 자기한테 설명할 수 있는지 꼭 살펴보시기 바랍니다. 그렇지 않으면 우리가 지금 공부하는 일들이 순간적인 해프닝이나 또 하나의 그저 그런 행사로 끝날 수도 있습니다. 이 시간을 그래도 조금이나마 자신의 피와 살이 되게 하려면 반드시 자기 각성의 시간이 함께 있어야 합니다.

자기 각성이 없는 일은 어떤 것도 자기한테 의미가 없을 뿐 아니라, 사회에도 의미가 없고, 나라에도 의미가 없고, 이 우주에도 의미가 없습니다. 여기서, 인간에게 가장 소중한 일은 언제나 탁월함에 대해 논하고 자신과 이웃을 성찰하는 것이라고 말하면서, 이어서 숙고하지 않는 삶은 살 가치가 없다고 한 소크라테스가 생각납니다. 숙고하지 않으면서 탁월해질 수는 없습니다. 숙고함에서는 자신에 대해 묻는 일이 가장 근본적입니다. 그러니까 모든 위대함의 출발점은 항상 자기 자신일 수밖에 없습니다.

장자가 그렇게 했다는 것은 이해하면서도, 자기 자신한테 그걸 묻지 않는다면, 자신은 점점 쪼그라듭니다. 특히 공부할 때는 계속 자기한테 묻는 연습을 해야 합니다. 무엇을 물어야 할까요? 나는 무엇을 원하는가. 앞으로 남은 인생을 어떻게 살 것인가. 나는 어떤 사람이 되고 싶은가. 해결하지 않으면 안 될 어떤 존재론적 문제가 나한테 있는가. 이런 것들을 자기한테 계속 물어야지요. 그 물음들을 다 집약해서 한 문장으로 만든다면 '나는 누구인가'가 되겠죠. 이것을 여러분 스스로 계속 자신에게 물어야 합니다. 이것이 물어지지 않은 채로 하는 어떤 공부도 다 소비적입니다.

바람을 불어 하늘의 피리를 부는 이

앞에서 우리가 인뢰人籟, 지뢰地籟, 천뢰天籟 이야기를 했지요? 지뢰, 즉 땅의 피리는 뭔가요? 땅에는 여러 가지 구멍들이 있지요. 나무에도 있고 여러 구멍이 있습니다. 바람이 지나가면 구멍마다 각자 다 다른 소리를 냅니다. 어떤 소리는 음험한 소리, 어떤 소리는 밝고 경쾌한 소리, 짧은소리, 깊은 소리 등등 다양한 소리가 납니다. 그 소리는 각자의 구멍이 낸, 즉 구멍 자신이 낸 소리라고 생각합니다. 그런데 사실은 바람이 불어, 바람과 구멍이 만나서 소리가 나지요. 또 인뢰가 있습니다. 사람들이 대나무에 구멍을 내서 피리를 불지요. 그런데 각자의 구멍들은 구멍 자신이 소리를 낸다고 합니다. 하지만 바람이 불어야 소리가 나지요.

그렇다면 천뢰, 즉 전부 합쳐서 우주의 피리는 누가 바람을 불어서 소리를 내는 것이냐는 질문이 제기되었습니다. 장자는 바람을 불어주는 누군가가 있다는 결론을 냈나요? 안 냈습니다. 그러면 바람을 불어주는 근원적인 누군가가 있을까요, 없을까요? 이것이 문제입니다. 이 것이 왜 문제가 되는지는 나중에 보기로 하고, 그 관련된 대목부터 보 겠습니다.

喜怒哀樂, 慮嘆變慹, 姚佚啓態. 희노애락 여탄변접 요질계태

樂出虛, 蒸成菌. 낙출허 증성균

日夜相代乎前, 而莫知其所萌. 일야상대호전 이막지기소맹

已乎, 已乎! 이호 이호

旦暮得此, 其所由以生乎! 단모득차 기소유이생호

非彼無我, 非我無所取. 비피무아 비아무소취

是亦近矣, 而不知其所爲使. 시역근의 이부지기소위사

"기쁘고, 화내고, 슬퍼하고, 즐거워하고, 우려하고, 감탄하고, 변화무 쌍하고, 동요가 없이 가만히 있고, 가볍고, 멋대로 하고, 방탕하고, 애 써 꾸미려는 감정 상태들은 피리의 텅 빈 통에서 소리가 나오고, 습한 공기 속에서 버섯이 돋아나듯이 밤낮으로 우리 앞에 교대로 나타나지 만, 어디서 생겨나는지 알 수가 없다. 그만둬라! 그만둬라! 아침과 저 녁으로 이런 감정들이 나타나는데, 그것들이 어떤 근원에서 생겨나는 것일까? 그것들이 아니면, 내가 없고, 내가 아니면, 그것들이 나타나지 않는다. 이렇게 해야 진실에 가깝겠지. 그러나 무엇이 그렇게 하도록 하는지는 알 수 없다."
　우리 마음속에는 수없이 많은 감정이 왔다 갔다 합니다. 음악 소리

가 텅 빈 대나무 피리에서 나오고, 습한 증기로 버섯이 돋아나듯이 온 갖 감정의 변화는 밤낮없이 내 눈앞에 차례로 나타나지만, 그것이 어디서 생겨났는지는 알 길이 없습니다. 그런데 그것들이 어디서 오는지 그 까닭을, 그 근원을 알려고 애쓰지 않습니다. 아침저녁으로 이런 감정의 변화가 생기는 것은 본래 무슨 원인이 있어서 그런 것이 아니라는 것이겠죠.

그런데 이 감정이라는 것이 없으면 나도 없습니다. 내가 없으면 또 감정이라는 것도 어디 나타날 데가 없습니다. 그러니까 우리가 버거워하는 그런 감정들은 내가 있으므로 있는 것입니다. 내가 있으므로 그 감정들이 있고 또 감정들이 있어서 내가 있습니다.

사실 이것이 진실에 가까운데, 무엇이 갖가지 감정을 생기게 하는지는 알 수가 없습니다. 우주 대자연에서도 바람이 불면 소리가 나고 바람이 세게 불면 소리가 커지고 바람이 작으면 소리가 잔잔해지는데, '누가 이 바람을 부는 것이냐'는 대목에서 문장이 끝납니다. 그런데 그것을 다시 인간의 문제로 끌고 들어온 것이지요.

바람이 불면 소리가 나듯이 나한테는 내가 있어서 감정이 있습니다. 앞에서 누가 바람을 불게 하는 것이냐고 물은 것처럼, 여기서는 또 누가 그 감정들을 생기게 하는 것이냐 하고 물으면서, 두 질문이 연결되고 있는 걸 알 수 있습니다. 앞에서는 누가 그 바람을 불게 하는지 알 수 없다고 하였는데, 여기서는 그 갖가지 감정을 생기게 하는 것이 무엇인지 알 수가 없다고 합니다.

여기서 눈길이 가는 부분은 근원이나 기원을 알려고 애쓰지 않는다는 것입니다. 기원이나 근원은 반드시 목적론과 연결됩니다. 근원, 본질, 목적, 이념, 이상, 기준, 구분 등은 다 한 식구들로, 서로 의지하며 공생하는 개념들입니다. 이 내용은 앞에서 이미 다루었기 때문에 여기서는 더 자세히 다루지 않겠습니다. 누누이 말했지만, 장자나 노자나 《반야심경》이 추구하는 철학과 공자나 맹자가 추구하는 철학은 굉장히 다릅니다. 지금 여기서 '누가 바람을 불게 하는가', '누가 그 소리를 내게 하는가', '그 감정이 생기는 근원은 어딘가'라는 질문을 하면서 그 근원에 대해서 답을 하지 않는 점이 제게는 매우 의미 있게 읽힙니다.

장자는 근원에 대한 인식은 있되, 근원을 추구해 들어가는 것에는 매우 소극적이죠. 장자는 근원을 소홀히 다루는 듯하지만, 소홀히 다룬다고 해서 그냥 도외시하는 게 아닙니다. 의문문 형태로 분명히 언급하고 있지 않습니까? 그것은 그렇게 분명히 드러낼 일이 아니라는 자기의 입장을 충실히 따르는 것 같습니다. 문장을 보면 감정을 드러나게 하는 어떤 원인이 있다는 건가요, 없다는 건가요? 있는 것 같지만, 자세히 따지지 말자는 것입니다. 세상에 이런 무책임한 철학자가 어디 있는가 싶지만, 장자는 자기가 가지고 있는 세계관을 매우 일관되게 드러내고 있습니다.

'누가 바람을 불게 하는 것인가' 하는 부분과 '그 감정들이 생기는 근원은 어디인가' 하는 부분을 연결해서 읽어야 합니다. 장자가 이 부분에 대해 소홀히 다루는 것은 근원이나 목적이나 이상이나 기준 같은 것이 설정되는 세계관을 지향하지 않기 때문입니다.

그다음 내용을 이어서 보겠습니다.

若有眞宰, 而特不得其眹. 약유진재 이특부득기진

可行已信, 而不見其形, 有情而無形. 가행이신 이불견기형 유정이무형

百骸·九竅·六藏, 賅而存焉, 백해 구규 육장 해이존언

吾誰與爲親? 오수여위친

汝皆說之乎? 其有私焉? 여개열지호 기유사언

如是皆有爲臣妾乎? 여시개유위신첩호

其臣妾不足以相治乎? 기신첩부족이상치호

其遞相爲君臣乎? 其有眞君存焉? 기체상위군신호 기유진군존언

如求得其情與不得, 無益損乎其眞. 여구득기정여부득 무익손호기진

"참된 주재자가 있는 것 같긴 한데, 그 조짐은 전혀 보이지 않는다. 작용을 일으키는 것은 믿을 수 있는데, 그 모습이 보이지 않는다. 실제 작용은 있는데, 모습이 없다. 백 개의 뼈마디, 아홉 개의 구멍, 여섯 가지의 내장 기관이 다 갖춰져 존재하지만, 나는 어떤 것과 더 친하겠는가. 그대는 똑같은 정도로 그들을 다 좋아하겠는가? 아니면 편애하는 것이 있겠는가? 만일 이렇게 한다면, 그것들 모두를 신첩으로 동등하게 대하겠는가? 신첩들끼리는 누가 누구를 다스리는 일은 하지 못하겠지? 그럼 서로 교대로 군주가 되었다 신하가 되었다 할까? 진짜 군주가 거기에 있을까? 진짜 군주의 실제 존재성을 얻거나 못 얻거나 간에 그 진실성은 줄거나 늘지 않는다."

'약유진재若有眞宰', 즉 '진재'가 있는 것 같다는 것이죠. 참된 주재자가 있기는 있는데, 구체적인 형상으로는 분명히 드러나지 않는다는 말

입니다. '유정이무형有情而無形'이 이 점을 더욱 분명히 말해줍니다. 실제적인 작용은 있는데, 구체적인 모습은 없다는 말이니까요. '정情'에는 감정이란 의미도 있지만, 여기서처럼 '실제 모습'이나 '실제 작용'이란 의미도 있습니다. 우리 몸에는 뼈가 백 개 정도 있고, 구멍이 아홉 개 있고, 내장이 여섯 개 있습니다. 우리한테 이런 것이 모두 갖춰져 있지만, 우리는 그것들 가운데 어떤 것을 특히 더 좋아하지는 않죠. 눈을 더 좋아한다거나 귀를 더 좋아하는 것처럼 선택적으로 어떤 하나를 특히 더 중시하는 일은 하지 않잖아요? 각자 하나하나가 자신의 역할을 하면서 전체를 이루니까요. 이런 상황에서 몸에 있는 것을 동등하게 다 좋아하는지, 아니면 편애할 것인지를 묻는데, 이는 편애하는 것을 경계하는 의미로 쓴 듯합니다.

참된 주재자는 존재하는가

모든 것을 신하나 첩으로 동등하게 대하더라도, 신첩들끼리는 누가 누구를 지배하거나 다스리는 일은 하지 않겠지요. 또 그들 가운데서 어떤 것은 지배하는 군주가 되고 어떤 것은 지배받는 신하가 된다거나, 서로 교대로 역할을 주고받으며 군주 역할을 하거나 신하 역할을 맡는 일도 없다는 것입니다. 신체의 여러 기관이 각자 자기 역할을 하면서 한 몸을 이루는 것입니다. 각 기관끼리는 지배하고 지배받거나 교대로 지배를 주고받는 역할을 하는 일이 없이 서로 유기적으로 연결되어 동등하게 작동하는데, 이런 동등한 작동을 이루게 하는 진짜 군주, 즉 진군眞君은 존재할까? 의문문으로 물었지만, 장자는 진군의 존재를 인정하는 듯합니다. 바로 이어서 진군의 구체적인 활동을 확인할 수 있건 없건, 즉 진군의 존재성을 단언하건 안 하건, 진군의 진실성은 늘지도 않고 줄지도 않는다고 말합니다.

이번 문단으로 보면, 장자는 참된 주재자가 있다는 사실을 인정합니다. 이 사실을 알든 모르든, 인정하든 안 하든, 참된 주인의 진실한 존재성에는 아무런 변화가 없다는 것입니다. 장자는 세계를 주재하는 것으로 보이는 어떤 질서가 있다, 우주를 관리하는 무언가가 있기는 하다고 말하는 것입니다. 즉, 우리 몸의 백 개의 뼈마디, 아홉 개의 구멍, 여섯 가지의 내장 기관이 조화를 이루면서 전체를 이루게 하는 무언가가 있기는 있다는 것입니다. 그런데 장자는 진군의 존재성을 분명히 단언하는 모습은 보여주지 않습니다. 그것은 아마 장자가 진군을 본질적인 특성과 구체적인 활동 내용을 가지고 있는 것으로는 보지 않기 때문일 것입니다. 앞에서 했던 표현 방식으로 말하면, 장자의 철학이 어떤 근본적인 토대나 본질을 긍정하는 방향으로 나아가는 걸 부정하거나 주저하기 때문입니다.

근본적인 토대나 본질을 긍정하는 사상이라면, 진군의 정체를 매우 선명하게 밝혔겠죠. 이렇게 의문문 형식으로 겨우 긍정하는 태도는 아니었을 것입니다. 저는 장자가 이것을 '도道'로 보고 있는 게 아닌가 합니다. 나중에 '도'를 이야기할 때 조금 더 자세히 보도록 하겠습니다.

한漢나라 때는 모든 존재 근원인 정기精氣처럼 전체를 지배하면서 모든 것이 거기서 태어나는 최고층의 주재자를 인정하는 사상이 있었는데, 장자는 이런 식의 주재자를 인정하지 않습니다. '진군'으로 표현된 주재자를 인정하더라도, 장자에게는 그것이 내용(본질)은 없고 형식만 있는 존재로 이해되었을 것입니다. 내용이 없으니, 언어로 표현할 수도 없다고 할 것입니다. 언어로 표현할 수도 없는 그것은 무엇일까요? 제가 볼 때는 장자가 '기'의 이합집산으로 되어 있는 전체적 유동성 혹은 유동적 전체성 자체를 근원으로 보고 있는 것이 아닐까 합니다. 어떤 근원적인 존재 자체가 특별히 있는 것이 아니라, 유동적인 전체성을 근원으로, 주재자로 보고 있는 것이죠.

一受其成形, 不亡以待盡. 일수기성형 불망이대진

與物相刃相靡, 其行進如馳, 여물상인상미 기행진여치

而莫之能止, 不亦悲乎! 이막지능지 불역비호

終身役役而不見其成功, 종신역역이불견기성공

茶然疲役而不知其所歸, 可不哀邪! 날연피역이부지기소귀 가불애야

人謂之不死, 奚益! 인위지불사 해익

其形化, 其心與之然, 可不謂大哀乎? 기형화 기심여지연 가불위대애호

人之生也, 固若是芒乎? 인지생야 고약시망호

其我獨芒, 而人亦有不芒者乎? 기아독망 이인역유불망자호

"한번 사람의 형체를 받으면, 망가뜨리지 않고, 다할 때를 기다린다. 외물과 다투며 갈등을 빚는 일에 빠져 끝까지 가는 삶이 마치 말이 냅다 달리는 것하고 똑같아 누구도 그것을 멈추게 할 수 없다. 비참하지

않은가! 죽을 때까지 힘을 다해도 그 성공을 보지 못하고, 지치고 힘들어도 결국 어떻게 마무리될지 알 수 없다. 슬퍼하지 않을 수 있겠는가! 사람이 죽지 않는다고 하더라도 어떤 의미가 있겠는가. 몸은 늙어가고, 마음도 그에 따라 시든다. 아주 슬프다고 하지 않을 수 있겠는가. 인간의 삶이라는 것이 본래 이처럼 어리석은 것인가. 나 혼자만 어리석고 사람들 가운데는 어리석지 않은 사람도 있는가."

앞 장에서 '오상아'가 안 된 모습을 말하면서 나온 구절이 있습니다. "어떤 사람들은 마음을 발동하는 것이 마치 활을 쏘는 것처럼 모진데, 그들은 시비를 가리는 것이라고 말한다. 어떤 사람들은 말을 안 하기를 마치 맹세를 지키듯이 신중한데, 그들은 승리를 차지하기 위한 것이라고 말한다. 그들이 쇠락해가는 것은 가을과 겨울의 생명체처럼 날로 조금씩 시들어간다. 그들이 그런 과정에 한번 빠지면, 회복할 수가 없다. 그들이 꽉 막힌 것은 마치 봉해서 막아놓은 것과 같으니, 이렇게 해서 몸은 쇠약해지고 정신은 고갈된다. 점점 죽음에 가까워지는 이런 마음은 어떻게 해도 생기를 회복할 수가 없다."

이번에 우리가 보는 대목과 느낌이 매우 흡사한 구절입니다. 좁은 관점에 갇혀서 시비를 가릴 때는 얼마나 모질게 하는지를 드러냈습니다. 활을 당겼다 놔버리듯이 모집니다. 그렇게 살다가는 몸도 쇠약해지고, 마음도 시드는 것이죠. 그런데 이런 부정적인 흐름을 막을 수 없다는 데에 문제가 있었습니다. 우리가 지금 보는 이 문단에서도 외부의 것들과 다투고 갈등을 빚으면서 인간이 얼마나 고갈되는지를 말합니다. 장자는 인간사에서 빚어지는 거의 모든 갈등은 '정해진 마음'을 끝까지 지키려 하기 때문이라고 말합니다. 각자 자신의 '정해진 마음'을 굳건히 지키면서 세상과 맞서면, 갈등은 그치지 않고, 삶은 고갈되어 가는 것이지요.

이런 의미에서 나는 '일수기성형 불망이대진—受其成形 不亡以待盡'을 다른 번역가들과 별 차이 없이 '한번 사람의 형체를 받으면, 망가뜨리지 않고, 다할 때를 기다린다'로 번역했지만, 여전히 '한번 특정한 관점을 가지면 손상하지 않고 끝까지 지키려 한다'로 번역하고 싶은 마음이 수그러들지 않습니다. 왜냐하면, 지금 이 문단 앞과 뒤로는 모두 '정해진 마음'이나 '정해진 관점'에 갇힌 모습들을 말하고 있는데, 여기서 갑자기 몸을 하나 받았으면 손상하지 않고 죽을 때까지 잘 살아야 한다는 내용이 나오는 것이 좀 돌출적으로 보이기 때문입니다. 그래서 저는 '성형成形'이라는 단어를 육체의 형태를 형성하는 의미로 보지 않고, 특정한 관점의 형태를 형성하는 것으로 해석하고 싶습니다. 사람들은 한번 특정한 관점이나 관념을 가지면 그걸 바꾸거나 변경함이 없이 끝까지 간다는 것입니다.

죽을 때까지 바꾸지 않을 특정한 관점을 아주 강하게 가지면, 다른 사람들이나 사물들과 칼날을 대듯이 서로 갈등을 빚는 겁니다. 마치 말을 달리는 것처럼 과격하죠. 보통은 신념을 한번 가지면 중간에 바꾸지 못하고 끝까지 지킵니다. 그걸 가지고 다른 사람들이나 다른 사물들과 서로 부대끼고 해칩니다. 서로 갈등을 빚고 해치는 일이 얼마나 과격한지 앞에서 두 번이나 나오지 않았습니까? 그렇게 하면서 일생은 말을 달리듯 획 지나가죠. 혹은 그렇게 하는 일이 달리는 말처럼 그렇게 과격하죠. 그런데 그것을 멈출 수가 없습니다. 그것을 막을 수가 없습니다.

夫隨其成心而師之, 誰獨且無師乎? 부수기성심이사지 수독차무사호

奚必知代而心自取者有之? 해필지대이심자취자유지

愚者與有焉. 우자여유언

未成乎心而有是非, 미성호심이유시비

是今日適越而昔至也. 시금일적월이석지야

是以無有爲有. 시이무유위유

無有爲有, 雖有神禹, 무유위유 수유신우

且不能知, 吾獨且奈何哉! 차불능지 오독차내하재

"대개 자신의 정해진 마음을 따르고 그것을 스승으로 삼는다면, 누가 스승이 없겠는가? 어찌 세상 변화의 이치를 반드시 잘 아는 사람에게만 스승이 있겠는가? 우둔한 사람도 똑같이 스승은 있다. 정해진 마음이 아직 없는데도 시비를 판단하는 것은 오늘 월越나라로 출발했는데 이미 어제 도착했다고 하는 격이거나 없는 것을 있다고 하는 격이다. 없는 것을 있는 것이라고 하면, 신통력이 있는 우왕도 이해하지 못할 텐데, 나 같은 사람이야 어찌겠는가."

장자에서 '소요逍遙'의 개념은 매우 중요합니다. '소요유'라는 방법을 통해서 장자는 진정한 자아를 발견하고, 또 그것을 유지할 것을 말합니다. 그래서 '소요'는 '어떻게 진정한 자아를 발현할 수 있을까?'라

는 질문과 매우 가깝게 있죠. '정해진 마음[成心]'은 진정한 자아를 상실한 상태이거나 진정한 자아를 상실하게 하는 태도입니다.

무릇 사람은 정해진 마음에 갇히면 그것을 스승으로 삼습니다. 정해진 마음이 시키는 대로 하지요. 이것은 지식이 많은 사람이나 적은 사람이나 똑같습니다. 눈앞에서 펼쳐지는 온갖 변화의 이치를 꿰뚫는 정도의 성인도 이러하고, 아무것도 모르는 바보도 이러합니다.

시비 판단은 기준이 있어야 가능합니다. 기준이 없이는 시비 판단을 하지 못하지요. 시비 판단은 시비 분간을 말하고, 시비 분간은 시비의 구분을 말합니다. '기준'이라는 말에는 '구분'이라는 활동이 언제나 따라옵니다. 기준이 없이는 구분할 수 없고, 구분이라는 활동을 하려면 반드시 기준이 있어야 하죠. 기준을 중시하는 사람은 당연히 구분을 중시합니다. 구분을 중시하는 사람은 당연히 기준을 중시하지요.

여기서 스승은 '기준'을 의미합니다. 나름대로 누구나 다 자신만의 기준이 있다는 말 아니겠습니까? 정해진 마음이 없다고 하면서 시비 판단을 열심히 하는 사람이 있다면, 그것은 오늘 월나라로 출발했는데 도착은 어제 했다고 말하는 것만큼이나 말도 안 되는 것이지요. 없는 것을 있다고 하거나, 있는 것을 없다고 하는 것만큼 이치에 맞지 않죠.

정해진 마음을 기준으로 해서 보는 것은 봐야 하는 대로 보는 것일까요, 아니면 보이는 대로 보는 것일까요? 보고 싶은 대로 보는 것일까요, 아니면 보이는 대로 보는 것일까요? 당연히 봐야 하는 대로 보거나 보고 싶은 대로 보는 것이겠죠. 보이는 대로 볼 수 있는 능력을 갖추지 않으면 봐야 하는 대로 보거나 보고 싶은 대로 볼 수밖에 없습니다.

정해진 마음에서 벗어나라

───────

보이는 대로 볼 수 있으려면 온갖 감정과 가치관과 기준, 즉 '정해진 마음'에 갇힌 나를 죽여 없애버려야 합니다. 그것을 장자는 '오상아'라고 표현했습니다. '오상아'라는 자아 부정을 장자가 강조하는 이유는 세계의 진실에 접촉할 수 있는 자신을 준비하지 않으면, 자신의 정해진 마음에 의해 세계의 좁은 부분을 전체로 착각하거나, 있는 것을 없다고 하거나, 파란 것을 붉은 것으로 착각할 수 있기 때문입니다. 이 착각에서 삶의 온갖 비효율과 어긋장이 나옵니다. 그래서 행복하지도 자유롭지도 않게 되는 것입니다.

夫言非吹也, 言者有言, 부언비취야 언자유언

其所言者特未定也. 기소언자특미정야

果有言邪? 其未嘗有言邪? 과유언야기미상유언야

其以爲異於鷇音, 기이위이어구음

亦有辯乎? 其無辯乎? 역유변호 기무변호

"말이라는 것은 부는 바람과는 다르다. 말하는 사람은 어떤 내용을 담아 말하는데, 그 말해진 것은 정론이 아직 아니다. 그렇다면, 과연 말한 것인가? 아니면 아직 말하지 않은 것인가? 말한 사람들은 모두 자기의 말이 새끼 새소리와는 다르다고 여기지만, 거기에 구별이 있을까? 구별이 없을까?"

道惡乎隱而有眞僞? 도오호은이유진위

言惡乎隱而有是非? 언오호은이유시비

道惡乎往而不存? 도오호왕이부존

言惡乎存而不可? 언오호존이불가

道隱於小成, 言隱於榮華. 도은어소성 언은어영화

故有儒墨之是非, 고유유묵지시비

以是其所非而非其所是. 이시기소비이비기소시

欲是其所非而非其所是, 욕시기소비이비기소시

則莫若以明. 즉막약이명

"도가 무엇에 가려졌길래 참과 거짓이 생겼을까? 말이 무엇에 가려졌길래 옳고 그름이 생겼을까? 도는 어디엔들 있지 않겠는가? 말은 어떻게 이해되지 않을 수 있겠는가? 도는 '자잘한 완성'에 의해 가려지고, 말은 이리저리 꾸미는 것에 의해 가려진다. 그래서 유가와 묵가의 시비 논쟁이 있다. 그들은 상대가 그르다는 것을 긍정하고, 상대가 긍정하는 것을 부정한다. 상대가 부정하는 것을 긍정하고 싶어 하고, 상대가 긍정하는 것을 부정하고 싶어 한다. 그러느니 차라리 '이명以明', 즉 '명明'으로 대하는 것이 최고다."

우리가 하는 말이라는 건 새끼 새소리와 다릅니다. 부는 바람과도 다르죠. 말에는 항상 어떤 뜻, 즉 주관적인 견해가 담깁니다. 말에 담긴 뜻에 시비 판단이 내려지지 않아 아직 애매하다면 말을 했다고 할 수 있습니까, 말을 했다고 할 수 없습니까? 우리의 말에는 뜻이 담겨 있습니다. 그리고 그 뜻은 자신의 정해진 마음에 따라 스스로 옳은 것이 되지요.

하지만 이 옳은 것은 다른 사람의 정해진 마음에 근거하여 전혀 옳지도 않고 틀린 소리가 되기도 하죠. 시비 판단은 입장에 따라 전혀 달라져 버립니다. 유가 학파의 말은 묵가에 의해서 비판되고 심지어 부정됩니다. 유가 학파 자체에서는 분명히 옳은 주장이지만, 묵가 학파에 의해서는 말도 안 되는 소리라고 비판받습니다. 유가와 묵가 사이에서 옳고 그름은 입장의 상대적인 차이에 따라 옳은 것이 그르게 되기도 하고, 그른 것이 옳게 되기도 합니다. 시비 판단이라는 것이 이러하니 세상에 정론定論, 즉 확실히 정해진 논설이라는 것이 있기 어렵다는 말이죠.

장자가 여기서 '말[言]'과 '도道'를 유비하는 방식으로 설명하는 것은 매우 특이합니다. 장자는 언어가 도를 전달하는 데 한계가 있다는 관점을 자신의 책 전체에서 일관되게 사용하고 있기 때문입니다. 이렇게 되면, 도와 언어의 층차는 다르게 되고, 언어는 도에 비해서 제한적이고 유한하게 보이지 않을 수 없습니다. 위계적인 느낌이 들게 억지로 표현해보면, 도는 높고 말은 낮죠.

여기서는 말의 원래성, 원초성이 인위적인 꾸밈에 의해서 지켜지지 못하고, 오히려 시비 판단에 휩쓸려 좁게 쓰임을 폭로하기 위해서 말 자체에 층차를 두고 있습니다. 원래성, 원초성을 품은 말과 꾸며서 의미를 담아 내놓은 말에 층차를 두는 것이지요. 위계적인 느낌이 들도록 억지로 표현해보면, 원초성을 품은 말은 높고, 시비 판단의 굴레 안에 있는 말은 낮죠. 원초성이나 원래성을 품은 말을 도와 유비시키고, 시비 판단의 굴레 속으로 떨어진 말을 '자잘한 완성'과 유비시키고 있습니다.

여기서 '자잘한 완성'이라고 표현한 원문은 '소성小成'으로 되어 있습니다. 자잘한 완성은 좁다란 전문성이나 작은 승리나 국부적이고 단편적인 성과 등을 가리킵니다. 장자는 부분적이며 단편적인 자잘한 완성에 도취하거나 갇혀 있으면, 전면적이고 초월적이며 보편적인 '도'에 접촉할 수 없다고 보는 것입니다. 도는 바로 이런 자잘한 완성들에 가려서 드러나지 못합니다. 도는 우리가 보통 말하는 상대적인 진실이나 시비 갈등을 초월하는 것인데, 이런 자잘한 완성들에 갇힌 상태로는 도를 만날 수 없죠. 도가 자잘한 완성에 가려지듯이, 원초성과 원래성을 품은 말은 피상적으로 꾸며대는 겉치레의 말에 의해 가려져 드러나지 못합니다. 그렇게 되면, 이제 세상은 진위眞僞나 시비是非의 소용돌이에 휘말리게 되죠.

그럼 그렇게 되지 않고, 이 세계의 진실에 접촉하고, 이 세계를 전면적으로 이해할 수 있으려면 어떻게 해야 할까요? 주관적인 편견이나 작은 이해의 틀을 벗어나야 할 것입니다. 하지만 앞에서 장자가 말했듯이 우주 질서를 이해하는 정도로 똑똑한 사람이나 아무것도 모르는 바보에게도 세계를 보는 자신만의 틀인 '정해진 마음'이 있어서 문제가 그리 간단하지 않습니다. 정해진 마음을 가지고 있으면, 진위나 시비의 소용돌이를 벗어날 수 없죠. 장자가 제시하는 방법은 '이명以明', 즉 '명明'의 태도를 쓰는 것이지요.

여기서 자잘한 완성이나 정해진 마음에 갇혀서 현자 노릇을 하는 동네 현자, 즉 '향원'이 또 떠오릅니다. 공자가 한 말이지만, 이 대목에서 장자를 이해하는 데에도 아주 적합한 듯합니다. 공자는 향원을 '덕의 파괴자'라고 했습니다. 동네 현자들인 향원이 자아도취에 빠져 동네에서 해주는 인정을 나라 전체가 인정해주는 것으로 착각하면, 자신이 나라의 일도 잘할 수 있을 것 같은 생각이 들어, 나라의 일을 해결하겠다고 덤비게 됩니다. 그럼 나라가 도탄에 빠지고 진영으로 갈라지게 되죠. 세상을 넓고 깊게 보려면, 자신이 자잘한 승리나 작은 마음에 갇히지 않아야 합니다. 자잘한 승리나 작은 마음에 갇히지 않는 사람은 대립면 한쪽을 진리화하지 않고, 대립면 양쪽을 모두 품을 수 있죠. 이렇게 되려면, 시비 판단의 기준에 빠지기보다는 덕을 함양하려고 노력해야 합니다.

편견 없이 양쪽을 품는 인식

　'명明'이라는 글자를 보십시오. 해(日)와 달(月)이 합쳐져서 하나의 글자를 이뤘습니다. 진위를 분명히 나누고 시비를 정확히 가리려면, 기준을 가져야 하죠. 그 기준은 대개 '정해진 마음'입니다. 정해진 마음으로 구분해서 보면, 해는 해이고, 달은 달이죠.

　보통 도가에서는 해를 해로 보고, 달을 달로 보는 것을 '지知'라 하고, 해와 달을 한 벌이나 하나의 사건으로 보는 것을 '명明'이라 하죠. '지'는 구분해서 보는 앎이고, '명'은 대립면을 구분되는 다른 두 쪽으로 보지 않습니다. 다른 양쪽으로 보려면, 구분하는 기준을 가져야 하고, 구분하는 기준을 가지려면 정해진 마음이 있어야 하지 않겠습니까? 양쪽을 아무런 편견 없이 보려면, 정해진 마음이 우선 부정되어야 하겠지요.

정해진 마음을 부정하는 활동을 '오상아'라고 한다면, 그 결과는 무념의 상태라고 할 수 있겠습니다. 여기서 '아무런 편견 없이 본다'는 것은 말의 원래성과 원초성을 품는다는 뜻이자, '도'를 인식하는 정도의 수준입니다. 편견을 가지고 보는 행위가 자잘한 완성에 갇히거나, 말을 부분적이거나 단편적으로 꾸미는 행위와 같겠지요. '명'은 대립하는 어느 한쪽에 갇히는 앎이 아니라, 대립하는 양쪽을 모두 품는 인식입니다.

여기서 '이명以明'이라 함은 '오상아'를 거친 마음이 정해진 마음에 갇히지 않고, 무념과 통달의 경지에 도달하여 아무런 편견 없이 관조하는 방식이라고 말할 수 있겠습니다. 말을 무엇인가 드러내거나 표현하는 것으로만 알고, 말이 가지고 있는 은폐성, 즉 무언가를 감추는 역할도 한다는 것을 모른다면, 말을 전면적으로 이해한다고 말할 수 없겠죠. 말에는 표현하는 기능과 은폐하는 기능이 다 있다고 보는 사람은 말을 사용하는 데에 있어 훨씬 깊고 전면적이며 정확할 것입니다. 말에 있는 대립적인 두 기능을 하나로 볼 수 있는 능력이 '명'이죠. 다음 문단에 '이명'이 또 나옵니다.

物無非彼, 物無非是. 물무비피 물무비시

自彼則不見, 自知則知之. 자피즉불견 자지즉지지

故曰彼出於是, 是亦因彼. 고왈피출어시 시역인피

彼是方生之說也, 피시방생지설야

雖然, 方生方死, 方死方生. 수연 방생방사 방사방생

方可方不可, 方不可方可. 방가방불가 방불가방가

因是因非, 因非因是. 인시인비 인비인시

是以聖人不由, 而照之於天, 亦因是也. 시이성인불유 이조지어천 역인시야

"사물은 저것 아닌 것이 없고, 사물은 이것 아닌 것이 없다. 저것의 입장에서는 이것의 입장을 알 수 없고, 이것의 입장에서라야 이것을 알 수 있다. 그래서 말하기를 '저것은 이것에서 나오고, 이것 역시 저것에 의존한다'고 한다. 이것과 저것이 상호 의존해 있다는 말이다. 비록 이러하더라도, 삶이 있으면 바로 죽음이 있고, 죽음이 있으면 바로 삶이 있다. 가함이 있으면 바로 불가함이 있고, 불가함이 있으면 바로 가함이 있다. 옳음을 따른 것이 바로 그름을 따른 것이 되고, 그름을 따른 것이 바로 옳음을 따른 것이 된다. 그래서 성인은 시비 판단의 기준에 따르지 않고, 사물의 자연성에 비추어, 우주 대자연의 원리를 따른다."

是亦彼也, 彼亦是也. 시역피야 피역시야

彼亦一是非, 此亦一是非. 피역일시비 차역일시비

果且有彼是乎哉? 果且無彼是乎哉? 과차유피시호재 과차무피시호재

彼是莫得其偶, 謂之道樞. 피시막득기우 위지도추

樞始得其環中, 以應無窮. 추시득기환중 이응무궁

是亦一無窮, 非亦一無窮也. 시역일무궁 비역일무궁야

故曰莫若以明. 고왈막약이명

"이것 역시 저것이고, 저것 역시 이것이다. 저것 역시 시비를 다 가지고 있고, 이것 역시 시비를 다 가지고 있다. 과연 이것과 저것이 있겠는가? 아니면 이것과 저것이 없겠는가? 이것과 저것은 대립적인 상대를 가질 수가 없다. 이것을 일러 '도의 지도리'라고 한다. 지도리라야 고리의 중심을 차지하여, 무궁한 변화에 맞출 수 있다. 이것도 변화가 무궁무진하고, 저것도 변화가 무궁무진하다. 그러므로 '이명'하는 것이 최고인 것이다."

사물은 모두 이것이 될 수도 있고, 저것이 될 수도 있습니다. 저것의 입장에 서서는 이것의 의미나 가치를 알기 어렵죠. 이것의 입장에 서야 이것의 의미나 가치를 비로소 알 수 있습니다. 입장이 다르면, 서로 이해하기가 쉽지 않은 것이 어쩌면 당연할 수 있습니다. 이것과 저것은 이처럼 상대적입니다. 상대적이므로 상호 의존적이겠죠. 상대적으로 서로 떨어져서 있는 것 같지만, 삶과 죽음이 붙어 있고, '가可'와 '불가不可'도 붙어 있습니다. 옳고 그름도 사실은 매우 의존적입니다. 옳은 것이 바로 그른 것으로 바뀌기도 하고, 그른 것이 바로 옳게 되는 일은 세상사에서 비일비재하죠.

그래서 수준이 매우 높은 성인은 옳고 그름의 기준에 빠지지 않고, 자연의 전체성의 바탕 위에서 관조하는데, 그것을 '위대한 긍정'이라

할 수 있을 것입니다. 어떤 것도 시비 판단의 기준을 근거로 해서 보는 한, 옳고 그름이나 맞고 틀림의 한쪽에 설 수밖에 없습니다. 그래서 이쪽에서는 옳던 것이 저쪽에서는 그른 것이 되고, 어제는 맞았던 것이 오늘은 틀리게 되는 것이 아니겠습니까? 이것은 사물 본래의 진상이 아닙니다. 사물의 본래 진상은 각자에게 모두 존재적 근거와 가치가 있습니다. 인위적인 판단 근거에 닿기 이전의 존재들은 모두 각자의 존재적 가치를 가지고 각자 당당하죠. 그 자체로는 모두 옳고, 모두 맞고, 모두 '가可'합니다.

이런 시각을 저는 '위대한 긍정'이라 표현했고,《장자》원문에는 '역인시야亦因是也'로 기록되어 있습니다. 사정이 이러하다면, 세상 속에서 '시是'와 '비非'는 경우에 따라 수시로 위치가 바뀔 수밖에 없습니다. 저것에도 시의 경우와 비의 경우가 있고, 이것에도 시의 경우와 비의 경우가 있을 수 있죠. 모든 것은 시이자 비이고, 비이자 시가 되지 않겠어요? 그러면, 시와 비는 있는 것이 되겠습니까, 없는 것이 되겠습니까? 있다고도 할 수 있고, 없다고도 할 수 있겠습니다. 장자의 관심은 어떻게 시비 판단의 제한적인 근거에만 의존하지 않고, 더 높고 넓으며 창의적인 생각을 자유롭게 할 수 있는지에 있었습니다.

판단하기 전에 덕을 길러야 한다

우리 주위에도 보십시오. 같은 일을 두고도, 진영에 따라 전혀 다른 시각이나 태도를 보이지 않습니까? 이 진영에서는 옳은 것이 저 진영에서는 그른 것이 됩니다. 이 진영에서는 성공이라고 하는데, 저 진영에서는 실패라고 합니다. 각자의 시비 판단 기준을 따로 가지고 있기 때문이죠. 여기서 우리나라를 한 단계나마 앞으로 나아가게 할 수 있으려면, 이 시비 판단의 근거를 넘어서는 창의적이고 자유로운 관점을 가질 수 있어야만 할 것입니다. 장자는 이것과 저것이 상대적인 한쪽으로 간주하지 않은 광대무변廣大無邊의 인식을 해야 한다고 말합니다.

《장자》원문에는 '피시막득기우彼是莫得其偶'라고 기록되어 있는데, 저는 그것을 '이것과 저것이 대립적인 상대가 아닌' 경지라고 번역하였습니다. 이것과 저것을 대립적이고 상대적인 위치로 나누지 않은 절대 원융이나 광대무변의 상태인 것이죠. 이것을 장자는 '도추道樞'라고 합니다. '도의 지도리'라고 할 수 있죠.

지도리는 가운데가 원형으로 비어 있는 고리 모양의 틀 안에 박혀 중심을 잡고 돌면서 문을 여닫을 수 있게 해주는 장치죠. 지도리는 고리의 둥근 원형을 따라 돌면서 모든 접촉면을 자신의 활동 공간으로 씁니다. 거기는 어디가 시이고 어디가 비인지 구별되어 있지 않습니다. 시도 특정한 위치를 차지함이 없이 무궁하고, 비도 특정한 자리가 없이 무궁합니다. 시나 비나 상대적 대립성을 벗어나서 절대 긍정의 자연성 안에서 자신의 위치를 무화시킵니다. 앞에서도 말했지만, 장자는 이 경지를 '이명'으로 표현한 것입니다.

시비 판단의 기준은 대개는 주관적인 확신입니다. 주관적인 확신은 자신을 좁다란 주관성 속에 가두고 말죠. 이렇게 되면, 정해진 마음으로 작은 승리나 추구하고, 또 자신이 큰 승리나 이룬 것처럼 착각하며

살 수밖에 없습니다. 결국 향원으로 전락하고 말지요. 정해진 마음에
갇혀 자잘한 승리에 도취해버리는 것은 지식이 부족하거나 인식의 깊
이가 얕아서이기도 하지만, 무엇보다도 덕이 길러지지 않아서입니다.
그래서 공자도 향원을 덕의 파괴자라고 한 것입니다. '이명'도 결국 덕
의 함양 여부에 좌우될 것입니다.

미끄러지는 빛으로 나아가며

장자의 특별한 경지

노자의 사상을 읽다가 '도道'라는 글자를 보면, 바로 네 글자를 떠올릴 수 있어야 합니다. 유무상생有無相生! 이 세계가 유와 무라는 대립면이 꼬여서 이뤄진다는 원칙에 '도'라는 글자를 붙인 것이지요. 불교의 경전을 읽다가 '공空'이라는 글자가 나오면, 바로 네 글자를 동시에 떠올려야 합니다. 본무자성本無自性! 불교 반야학에서는 세계가 관계, 즉 인연으로 되어 있어서 본래부터 자성(본질)이 있을 수 없다고 하는데, 그 의미를 담은 말이 바로 '본무자성'입니다. 세계가 본무자성임을 한 글자로 표기한 것이 바로 '공'입니다.《주역》을 읽다가 '도道'라는 글자를 발견하면, 바로 네 글자를 떠올려야 합니다. 일음일양一陰一陽! 음과 양이 서로 교대하며 이 세계가 이뤄진다는 사실을 '일음일양'이라고 쓰고, 거기에 기호를 달아서 '도'라고 하는 것입니다.

세계의 실제 모습은 유무상생이나 본무자성이나 일음일양입니다. 그 실제 상태나 원칙을 편하게 부를 수 있도록 개념, 즉 기호를 붙였는데, 그것이 도인 것이지요. 그러면 장자는 실제 세계가 무엇으로 되어 있다는 건가요? '기氣'로 되어 있다고 합니다. 장자가 볼 때, 세계는 기의 이합집산으로 되어 있습니다. 기가 모인 것을 '생겨난다'고 하고, 기가 흩어지는 것을 '죽는다'고 하는 것입니다. 장자가 〈지북유〉 편에서 "천하를 관통하는 것은 하나의 기일 뿐이다"라고 한 것도 바로 이런 맥락에서입니다.

도는 어디에 있는가

《장자》에서는 도를 "모든 변화가 의지하는 것"*이라고 했습니다. 모든 변화가 도의 지배하에 있다는 뜻 아니겠습니까? 장자의 시각에서 "도는 실제로 있습니다. 구체적인 동작이나 형상이 없을 뿐입니다. 그래서 전할 수는 있지만 받아 쥘 수는 없고, 체득할 수는 있지만 볼 수는 없죠. 도만큼은 다른 무엇에 의해 존재하는 것이 아니라 자기 스스로 뿌리가 됩니다. 도 자체가 근본인 것입니다. 그래서 하늘과 땅이 있기 전부터 있었으면서, 귀신도 신령스럽게 하고, 상제도 신령스럽게 하고, 하늘도 생기게 하고, 땅도 생기게 하는 것입니다."** 또 도를 "볼 수도 없고, 들을 수도 없는 것"***이라고 묘사하기도 합니다. 듣는다는 것은 지적 행위가 아니라 감각적 행위입니다. 들을 수 있고, 볼 수 있으면 도가 아니죠. 감각되면 도가 아니므로, 도는 감각적 대상이 아니란 말입니다.

- 一化之所待乎(《장자》〈대종사〉).
- 夫道, 有情有信, 無爲無形. 可傳而不可受, 可得而不可見. 自本自根, 未有天地, 自古以固存. 神鬼神帝, 生天生地(《장자》〈대종사〉).
- 無視無聽(《장자》〈재유在宥〉).

도는 지적 대상입니다. 사유의 대상이죠. 도에 접촉하려면 감각이 아니라 사유를 통해야 합니다. 구체적인 감각 능력으로는 도를 알 수 없습니다. 추상적인 사유 능력으로만 알 수 있죠. 기가 모이고 흩어지면서 세계를 생기게도 하고 죽게도 하는데, 그 모이고 흩어지게 하는 원칙을 도라고 표현하는 것 같습니다. 제가 여기서 '표현하는 것 같다'고 추측하듯이 말하는 이유는 장자는 자신의 입이나 글로 도와 기의 관계를 분명하게 해명하지 않았기 때문입니다.

그런데 도는 어디에나 있다고 합니다. 왜? 이 세계 모든 것에 관여하니까. 이게 재미있는 말입니다. 〈지북유〉 편에 이런 이야기가 나옵니다.

東郭子問於莊子曰, 所謂道, 惡乎在? 동곽자문어장자왈 소위도 오호재

莊子曰, 無所不在. 장자왈 무소부재

東郭子曰, 期而後可. 동곽자왈 기이후가

莊子曰, 在螻蟻. 장자왈 재루이

曰, 何其下邪? 왈 하기하야

曰, 在稊稗. 왈 재제패

曰, 何其愈下邪? 왈 하기유하야

曰, 在瓦甓. 왈 재와벽

曰, 何其愈甚邪? 왈 하기유심야

曰, 在屎溺. 왈 재시뇨

"동곽자東郭子가 장자에게 묻는다. '소위 도道는 어디에 있습니까?'
장자가 답한다. '없는 곳이 없소.' 동곽자가 말한다. '반드시 적확하게
말해줘야 사람들이 인정할 것입니다.' 장자가 답한다. '땅강아지나 개
미에게 있소.' 동곽자가 '어떻게 그렇게 하찮아집니까?'라고 묻자, 장
자가 말한다. '돌피나 피에도 있소'라고 답한다. 동곽자가 또 '어떻게
그렇게 더 하찮은 곳까지 내려갑니까?'라고 묻자, 장자는 또 '기와나
벽돌에도 있소'라고 답한다. '어떻게 점점 더 심하게 하찮은 곳까지 내
려갑니까?'고 묻자, 장자가 답한다. '오줌이나 똥에도 있소.'"

장자는 여기서 도의 무소부재無所不在를 말하는데, 이를 통해 장자는
도가 구체적인 세계를 초월하여 따로 존재하는 것이 아님을 말하려고
하는 것 같습니다. 여기서 우리가 충분히 이해할 수 있는 것은, 장자의
도는 이 세계와 구별돼서 초월적으로 존재하지 않다는 것입니다. 왜
초월적으로 존재하면 안 될까요? 장자에게서 도는 기의 운행을 지배
하는 질서입니다. 존재적으로 기와 차원을 달리하거나, 연결되어 있지
않을 수 없습니다. 그러므로 도는 세계를 초월해서 따로 존재할 수 없
습니다. 세계 전체가 기의 활동인 한, 도는 어디에나 있을 수밖에 없습
니다. 어디에도 있는 대신, 감각 대상은 아닙니다. 지적 대상입니다. 사
유의 대상입니다. 그러니까 감각적으로 포착된다면 그것은 도가 아닙
니다. 도는 무엇인지, 왜 그러는지 모르는데도 그러한 것입니다. 장자
는 〈지북유〉 편에서 이런 의미를 분명히 말합니다.

道不可聞, 聞而非也. 도불가문 문이비야

道不可見, 見而非也. 도불가견 견이비야

"도는 들을 수 없다. 들리면 도가 아니다. 도는 볼 수 없다. 보이면 도
가 아니다."

사실 보이고 들리는 감각적 대상이 된다는 것은 유한한 구체성을 가
지기 때문에 생과 사가 분명하겠지요. 그래서 모든 사물에는 생과 사
가 있는 것입니다. 하지만 장자의 시각에 잡힌 보편적 질서로서의 도
에는 생과 사가 없지요. 장자는 이것을 '시작도 없고 끝도 없다'고 표현
했습니다.*

이제 도라는 것이 어떤 것인지 조금 감이 잡히시지요? 감각적으로
잡히셨나요, 지적으로 잡히셨나요? 도는 지적으로 사유해야 할 대상
입니다. 좀 거칠게 말하면, 감각 대상들인 현상을 지배하는 질서이기
때문입니다. 감각 세계를 지배하는 '질서'는 감각될 수 없지요.

여기서 보면, 우주의 구성을 실현하는 기본 범주는 '기'이고, 구성 과
정에서 구성을 지배하는 원칙을 '도'라고 하는 것으로 이해할 수 있습
니다. 하지만 앞에서도 말했듯이 장자는 도와 기의 관계를 분명하게
해명하지 않습니다. 이는 장자의 문제이기도 하지만, 사실 동양 철학
전반에 나타나는 문제이기도 합니다.

•   道無終始, 物有死生(《장자》〈추수〉).

도와 기, 장자에서 가장 중요한 범주

우선, 범주 자체에 대한 해명에 적극적이거나 친절하지 않습니다. 공자 사상에서 기본 범주는 '인仁'입니다. 하지만 공자의 《논어》 어디에서도 인이 무엇인지 정의하는 문장을 찾을 수는 없습니다. 다양하게 언급되는 작동 행태를 보고, '인이란 무엇이다'라고 독자가 정의해야 한다는 것입니다. 이것을 의미에 관한 개방적 태도, 의미를 미리 정하지 않고 형성해가는 태도라고 좋게 봐주려는 사람들도 있지만, 저는 철학적 사유라는 점에서 철저하지 못한 것으로 받아들입니다.

서양철학의 중심 줄기라는 평을 듣는 플라톤은 '지식' 혹은 '앎'에 관해 다른 접근 방식을 취합니다. 플라톤의 저작인 《테아이테토스》를 읽어보면, 플라톤이 지식(앎)을 정의하는 데에 얼마나 많은 시간과 정력을 쏟아붓는지 알 수 있습니다. 그렇게 하여 그는 지식을 JTB, 즉 '정당화된 참된 믿음Justified True Belief'으로 정의합니다.

물론 현대에 들어와 에드먼드 리 게티어Edmund Lee Gettier라는 철학자가 〈정당화된 참된 믿음은 지식인가Is justified true belief knowledge〉라는 논문을 발표하여, JTB가 지식의 필요조건은 될지언정 충분조건은 아니라고 비판을 제기하기는 했습니다. 하지만 이 비판이 플라톤을 비롯한 서양철학 전통에 있는 정의하려는 태도가 좁거나 잘못된 것이라는 점을 드러냈다기보다는, 오히려 어떤 것에 대하여 정의에 이를 정도로 철저하게 탐구하는 정신이 전혀 줄어들지 않았음을 드러낸 것으로 이해해야 할 것입니다. 서양 사람들은 참된 지식의 정체에 대하여 플라톤부터 게티어까지 2500여 년 동안이나 지치지 않고 탐구해 들어가고 있음을 알 수 있습니다. 서양철학의 전통에는 어떤 범주에 대한 철저한 해명, 즉 정의하려는 도전을 우선 앞세우는 자세가 있습니다.

여기서 저는 정의를 내리는 태도가 세계를 제대로 혹은 충분히 반영하지 못한다는 노자식의 문제 제기까지는 포함할 필요가 없다고 봅니다. 여기서 제가 말하려는 것은 범주에 대한 철저한 해명과 숙고 내지는 정의를 하려는 노력이 철학적 사고의 기초라는 점을 말하는 것입니다. 물론 노자에게서도 '도'라는 범주나, '앎' 혹은 '지식'에 대하여 정의를 내릴 수 있는 정도까지 철저한 해명은 이루어지지 않습니다.

지식과 관련하여 《논어》에는 이런 말이 나옵니다. "아는 것을 안다고 하고, 모르는 것을 모른다고 하는 것, 이것이 아는 것이다."* 참된 앎에 관하여 플라톤과 공자는 매우 다른 방식의 접근을 합니다. 플라톤은 정의를 내리려 노력하고, 공자는 정의 내리는 것보다는 태도나 활용에 더 관심을 기울입니다. 지식을 대하는 태도나 활용하는 자세를 가지고 앎의 문제를 해소합니다. 플라톤은 어떤 범주를 정의가 내려지는 정도에 이르기까지 철저하게 탐구해 들어가지만, 공자는 지적으로 철저하게 탐구해 들어가는 대신에 그 범주를 사용하고 부리는 태도나 자세 문제로 돌려버리고, 사용하는 맥락 안에서 의미가 규정되기를 기다립니다.

노자도 마찬가지입니다. 노자도 앎의 문제에서 '지知'와 '명明'을 대

•   知之爲知之, 不知爲不知, 是知也(《논어》〈위정爲政〉).

비시키면서, 지보다는 명의 태도를 지켜야 한다는 견해를 가지고 있는 듯하지만, 어디에서도 지가 무엇이고, 명이 무엇인지, 그리고 지와 명의 관계는 어떻게 되는지 비교 분석하는 등의 철저한 탐구는 보이지 않습니다. 장자에서도 이런 경향은 그대로죠.

사실 《장자》 전편에서 가장 중요한 두 범주는 '도'와 '기'임에도 불구하고, 장자는 이 두 범주가 각각 무엇인지 해명하거나 정의하려고 노력하지 않습니다. 그리고 '도'와 '기'의 관계도 해명하지 않습니다. 이렇게 되면 일상적인 생각과 철학적인 사유가 분명히 구별되지 않습니다. 물론 이것을 일상과 분리되지 않고 깊이 연결된 철학이라고 상찬할 수 있기도 하겠지만, 저는 이것을 사유의 불철저성으로 받아들입니다. 이런 태도 때문에 과학적 사유를 발전시키지 못하였고, 그러다가 기술적 문명에서 과학적 문명으로 도약하는 과정에서 뒤처져, 결국 아편전쟁으로 상징되는 치욕을 당하게 된 것이 아닌가 하는 데까지 생각이 이르게 되었습니다. 〈제물론〉 편의 한 부분을 살펴보겠습니다.

古之人, 其知有所至矣. 惡乎至? 고지인 기지유소지의 오호지

有以爲未始有物者, 유이위미시유물자

至矣, 盡矣, 不可以加矣. 지의 진의 불가이가의

其次, 以爲有物矣, 而未始有封也. 기차 이위유물의 이미시유봉야

其次, 以爲有封焉, 而未始有是非也. 기차 이위유봉언 이미시유시비야

是非之彰也, 道之所以虧也. 시비지창야도지소이휴야

道之所以虧, 愛之所以成. 도지소이휴 애지소이성

果且有成與虧乎哉? 과차유성여휴호재

果且無成與虧乎哉? 과차무성여휴호재

"옛사람은 그 지혜가 최고의 경지에 이르렀다. 어떤 경지에 이르렀는가? 아직 사물이 있지 않다고 여기는 것이 최고의 경지이다. 거기에는 무엇도 덧붙일 수 없다. 그 아래 단계는 사물이 있기는 한데 아직 분명한 구분은 있지 않다고 여기는 것이다. 또 그 아래 단계는 사물들에 구분은 있는데 옳고 그름이 아직 있지 않다고 보는 것이다. 시비가 분명하게 드러나면, 도는 훼손된다. 이것이 도가 훼손되는 이유이고, 사심이 만들어지는 원인이다. 과연 완성과 훼손은 있는 것일까? 과연 완성과 훼손은 없는 것일까?"

有成與虧, 故昭氏之鼓琴也. 유성여휴 고소씨지고금야

無成與虧, 故昭氏之不鼓琴也. 무성여휴 고소씨지불고금야

昭文之鼓琴也, 師曠之枝策也, 소문지고금야 사광지지책야

惠子之據梧也, 혜자지거오야

三子之知幾乎, 皆其盛者也, 삼자지지기호 개기성자야

故載之末年. 고재지말년

唯其好之也, 以異於彼. 유기호지야 이이어피

其好之也, 欲以明之. 기호지야 욕이명지

"완성과 훼손이 있다는 것은 소문昭文이 거문고를 타는 것을 예로 들 수 있고, 완성과 훼손이 없다는 것은 소문이 거문고를 타지 않는 것을 예로 들 수 있다. 소문이 거문고를 타는 것이나, 사광師曠이 북채를 잡고 가락을 치는 것이나, 혜자惠子가 오동나무에 기대서서 변론을 일삼는 것이나, 세 사람은 모두 거의 최고의 경지에 이르러서 대단했다. 그러므로 죽기 전까지 그 일을 계속했다. 그들은 자신들이 좋아하는 것을 다른 사람들에게 이해시키려 하였다. 다른 사람들이 이해하고 싶어 하는 것이 아닌데도, 그들을 이해시키려 하였다."

彼非所明而明之, 故以堅白之昧終. 피비소명이명지 고이견백지매종

而其子又以文之綸終, 終身無成. 이기자우이문지륜종 종신무성

若是而可謂成乎, 雖我亦成也 약시이가위성호 수아역성야

若是而不可謂成乎, 物與我無成也. 약시이불가위성호 물여아무성야

是故滑疑之耀, 聖人之所圖也. 시고활의지요 성인지소도야

爲是不用而寓諸庸, 此之謂以明. 위시불용이우제용 차지위이명

"그래서 혜자는 죽을 때까지 견백론堅白論같이 몽매한 견해에 갇혀야 했고, 소문의 아들은 아버지의 가락으로 평생을 살다가, 죽을 때까지 아무것도 자신의 것을 이루지 못했다. 이와 같은 것을 완성이라고 할 수 있다면, 비록 나 같은 사람이라고 해도 완성한 것이 있다. 이와 같은 것을 완성이라고 할 수 없다면, 나나 다른 사람이나 모두 완성한 것이 없다. 이런 까닭에 '미끄러지는 빛'은 성인이 추구하는 바이다. 이를 위하여 특정한 쓰임새를 따르지 않고, 평상의 일에 깃든다. 이를 일

러 '이명以明'이라 한다."

장자는 지적으로 가장 높은 단계를 '사물로서는 아무것도 없다'고 보는 단계로 간주합니다. '사물로서는 아무것도 없다'는 것을 이해하기 위해서는 장자가 제기한 '무하유지향無何有之鄉'이라는 개념을 불러올 필요가 있습니다. '무하유지향'은 〈응제왕應帝王〉 편 앞부분에 나옵니다.

천근天根이 무명인無名人에게 어떻게 하면 세상을 잘 다스릴 수 있는지 묻습니다. 그러자 무명인은 매우 불쾌한 표정과 말투로 자신은 지금 조물자와 벗이 되어 노닐다가 싫증이 나면 아득히 높이 나는 새를 타고 이 세상 밖으로 나가 '무하유지향'에서 노닐려 하는데 그따위 질문이나 한다고 화를 냅니다. 무명인이 화를 내도 천근이 재차 묻자 말해줍니다. 즉, 마음은 주관적인 호오가 없이 담담하게 유지하고, 광막한 기氣의 세계에 맞추며, 모든 일을 자연의 이치에 맞춰서 하되 사심을 개입시키지 않으면 이 세상은 잘 다스려진다는 것입니다.•

이 대목을 대할 때도 도가가 세상사에 관심을 끊고 세상을 벗어나서 유유자적하는 것을 추구한다는 선입견에 빠져 있으면, 정확하게 이해할 수 없습니다. 세상사에 관심을 끊고 벗어나려는 것이 아닙니다. 세상사를 제대로 대하는 수준 높은 관점을 제시하는 것으로 이해해야 할

• 　天根遊於殷陽, 至蓼水之上, 適遭無名人而問焉, 曰, 請問爲天下. 無名人曰, 去! 汝鄙人也, 何問之不豫也! 予方將與造物者爲人, 厭則又乘夫莽眇之鳥, 以出六極之外, 而遊無何有之鄕, 以處壙垠之野. 汝又何帠以治天下感予之心爲? 又復問. 無名氏曰, 汝遊心於淡, 合氣於漠, 順物自然而無容私焉, 而天下治矣.

것입니다. 가장 수준 높은 관점으로 제시된 것이 이 세상을 '무하유지향'으로 보는 것입니다. '무하유지향'은 '어떤 것도 없는 동네'라는 뜻이지만, 사실적으로 어떤 물건도 없다는 뜻은 아닙니다. 현실 세계는 나무, 돌, 바람, 건물, 자동차, 연필 등등 자연물과 인공물이 뒤섞인 구체적인 물건들로 가득 차 있지요. '무하유지향'은 구체적인 형태를 가지고 있는 것들의 레벨에서 세계를 보지 않고, 구체적인 것들로부터 훨씬 추상화된 레벨에서 본다는 뜻입니다.

아무것도 없는 텅 빈 것의 단계

비유해서 설명하면 더 쉬울 것 같으니 예를 들어보죠. 구체적인 물리적 세계 안에는 이 물건 저 물건이 잡다하게 많이 있죠. 하지만 사물 전체를 설명하는 물리 이론의 세계에서는 이 물건 저 물건이 따로따로 존재하는 것으로 다루지 않습니다. 물리학 이론은 구체적인 세계를 설명하는 것이지만, 정작 그 이론의 세계에는 어떤 사물의 존재성도 따로 인정되는 법은 없습니다. 그런 각각의 사물들에 모두 적용되는 일반 이론만 있죠.

예를 들어, '힘'이라는 관점으로 보는 것처럼 말입니다. 힘은 사물이 아닙니다. 모든 사물을 다 설명하는 시각일 뿐입니다. 물리 이론의 세계에는 어떤 개별적인 사물도 없다고 말할 수 있습니다. 장자는 절대 자유의 경지에서 큰 함량을 가진 인격으로 존재하려면, 각각의 개별적 사물들의 차원이 아니라, 그런 개별적 사물들을 존재하게 하는 근원적인 혹은 근본적인 차원에서 봐야 한다고 합니다. 그것은 바로 세계를 존재하게 하는 '기'의 차원이지요. 다른 말로 하면, '기'의 운행 질서인 '도'의 차원이라고도 말할 수 있습니다.

'기'나 '도'의 차원에는 개별적인 만물의 존재성은 아직 드러나지 않지요. 그건 물리 이론의 세계에 구체적인 사물들의 존재성은 고려 대상이 되지 않는 것과 같습니다. 《장자》 〈인간세人間世〉에는 이런 구절도 나옵니다. 가장 높은 경지에 이르고 싶으면, "귀로 듣지 말고, 마음으로 들어라. 더 나아가서는, 마음으로 듣지 말고 기氣로 들어라."* '귀-마음-기'의 단계로 인간은 구체성에서 벗어나 점점 추상의 단계로 상승하는 것입니다. 반대로 '기-마음-귀'의 단계로 점점 구체적인 하강을 하기도 하죠.

이 구절 다음에 바로 "기는 텅 비어 있는 상태인데, 거기서 사물들이 형성된다"**는 말이 나옵니다. '기'는 구체적인 사물들이 아직 등장하지 않아서 '텅 빈 것'이라고 밖에 표현할 수 없습니다. '텅 빈 것'은 사물의 차원에서 보면, 아직 아무것도 아닙니다. 아직 아무것도 아니면, 아무것도 없는 상태지요. '기'의 차원 다음에 사물들이 하나하나 구체적으로 등장하는 것이지요. 여기서 '기'의 차원 다음이라면, '기'가 그냥 '기'로 있기만 한 단계를 지나 '기'가 뭉치고 흩어지는 운동이 일이 일어나는 단계라는 뜻입니다.

물리학 이론은 그냥 개념으로만 되어 있지 않나요? 이론의 세계에

- 　　　無聽之以耳而聽之以心, 無聽之以心而聽之以氣.
- ・・　　氣也者, 虛而待物者也.

는 구체적이라고 할 만한 것은 아무것도 없지요. 그렇다면 이런 차원의 시선이 왜 최고의 경지가 될까요? 이 문제도 예를 들어 설명해보죠. 플라톤은 세계를 두 영역으로 나누죠. 한 영역은 구체적인 사물들이 뒤섞여 있는 현실 세계인데, 이를 현상 세계라고 하죠. 다른 한 세계는 구체적인 현상 세계의 모델이 되는 형상의 세계, 즉 이데아의 세계입니다. 현실 세계는 유한하고 가변적이며 구체적입니다. 이데아의 세계는 불변하고 보편적이며 사유의 세계입니다. 플라톤에게는 영원한 이데아의 세계라야 참된 세계입니다. 현상 세계는 참된 세계의 그림자일 뿐, 참되다고 할 수 없습니다.

우리가 무엇인가를 안다거나 인식한다고 할 때, 가변적인 현상 세계를 아는 것은 그냥 억견doxa이라고 하지, 인식episteme이라고 하지 않습니다. 플라톤에게 인식은 이데아의 세계에 대한 앎을 말합니다. 이것 저것이 있는 구체적인 현실 세계를 벗어나서 참 세계로서의 이데아를 인식해야 하는 이유는 무엇일까요? 그래야 인간은 영혼을 승화시킬 수 있기 때문입니다. 영혼의 승화는 억견에 대한 앎으로는 이룰 수 없고, 이데아에 대한 인식으로만 이룰 수 있습니다. 이데아의 세계는 추상적인 세계이고 사유의 영역입니다. 그래서 거기에는 이것저것으로 분별할 수 있는 것이라고는 아무것도 없습니다. 이제 우리는 장자가 최고의 경지를 '사물이 있지 않다'고 여기는 단계라고 하는 말의 의미를 이해했습니다.

보이는 대로 보는 것

─────────

'사물이 있지 않은' 이 경지는 추상적인 사유의 영역이므로 어떤 것도 덧붙일 수가 없습니다. 이해하기 어려운 일이 아닙니다. 추상적인 사유의 영역에 구체적인 어떤 것을 더한다는 것은 일단 말도 되지 않으니까요. 최고의 경지는 세계를 '기'나 '도'의 시선으로 대하는 것입니다. '기'나 '도'의 차원에서는 사물들의 구체적 존재성 자체에까지 시선이 닿지 않습니다.

장자가 다음 단계로 제시하는 경지는 사물이 있는 것은 아는데, 사물들 사이에 아직 경계는 정하지 않은 단계입니다. 사물의 존재성에 시선을 보냅니다. 하지만 이 단계에서는 사물들 사이에 어떤 구별이나 구분이 있지는 않습니다. 사물이 존재한다는 것은 알지만, 거기에 어떤 기준을 대서 구별하거나 구분하는 것까지는 아직 아닙니다.

한 차원 내려간 다음 단계에서는 사물들 사이에 경계가 지어지는 것을 인정합니다. 하지만 이 단계에서는 또 옳고 그르다는 시비 판단이 개입되지는 않습니다. 사물들 사이에 경계가 지어지는 것을 인정하는 단계까지는 객관적인 '사실', 즉 '존재'의 영역이지만, 그다음부터는 옳고 그름과 같은 주관적인 가치가 개입되는 것입니다. 주관적인 기준에 따라서 옳고 그름이 두드러지게 드러난다는 것은 '도'의 차원에서 보는 시선이 훼손되었기 때문이라고 장자는 말합니다. 바로 이어서 말하지 않습니까? 옳고 그름이 두드러지게 드러나는 것으로 알 수 있듯이, 도가 훼손되는 것은 주관적인 애정이나 편애 및 사심이 형성되었다는 뜻입니다.

　도가의 수양은 결국 세계를 보고 싶은 대로 보거나 봐야 하는 대로 보는 것이 아니라, 보이는 대로 볼 수 있게 되는 것입니다. 주관적인 사심이 개입된 상태는 그 사심이 시키는 대로 볼 수밖에 없으므로 봐야 하는 대로 보거나 보고 싶은 대로 볼 수밖에 없겠죠. 대개의 마음은 주관적인 가치의 결탁으로 되어 있죠. 사심이라고도 하는 주관적인 이 결탁된 가치 덩어리는 사람을 '정해진 마음成心'에 갇히게 합니다. 도가 훼손된 상태는 바로 '정해진 마음'에 갇히는 지경이 되는 것입니다. 장자가 〈제물론〉 가장 앞부분에서 말한 '오상아吾喪我'는 바로 가치로 결탁하여 정해진 마음에 갇힌 자신을 장례 지내야 한다는 것이죠. 그렇게 하지 않고서야, 자신의 시선을 '기'나 '도'의 경지까지 도달시킬 수 없기 때문입니다. 혹은 '기'나 '도' 높이의 시선을 가질 수 없기 때문입니다. '기'나 '도'의 단계에까지 시선의 높이가 올라갔을 때라야 생산성이나 효율성도 전혀 다른 차원으로 커집니다.

　아무리 높은 도의 시선이라도 옳고 그름을 판별하는 기준에 갇힌 정해진 마음으로는 제대로 행사하지 못합니다. 앞서 언급한 문단에서 "아직 사물이 있지 않다고 여기는 것이 최고의 경지"라고 했는데, 이유는 그 경지에서는 아직 세계를 대하는 주관적인 기준인 시각, 특히 사심이 형성되지 않기 때문입니다. 옳으냐, 그르냐, 선하냐, 악하냐 등등의 가치 판단은 그것들을 구별할 주관적인 기준에 의해 좌우된다는 것이 장자의 생각입니다. 완성과 훼손에 대한 판별도 마찬가지입니다.

믿으면서도 믿지 않는 태도

장자는 이어서 말합니다. 거문고의 최고수인 소문昭文, 음률의 대가인 사광師曠, 변론의 대가인 혜자惠子가 거문고를 타지 않고, 음률을 맞추는 장단을 치지 않고, 변론하지 않으면, 완성이니 훼손이니 하는 것도 없습니다. 완성과 훼손을 달리 표현하면, 잘했는지 못했는지의 정도가 되겠지요. 아무것도 하지 않으면 잘했느니 못했느니, 제대로니 아니니, 좋으니 나쁘니 하는 평가 자체도 없지 않겠습니까? 완성인지 훼손인지, 즉 제대로니 아니니 하는 것은 변론하는 행위를 하고, 음률을 맞추는 장단을 치고, 거문고를 탔기 때문입니다. 그런데 후세까지 이름이 거론될 정도로 각 분야의 대가였던 이 사람들은 다른 사람들이 좋아하지 않더라도, 모두 자기 스스로 좋다고 한 것을 듣게 한 사람들입니다.

혜자만 하더라도, 자신이 좋다고 믿고 끝까지 했지만, 결과적으로는 견백론, 즉 흰 돌에서 딱딱함과 흼은 분리된다고 하는 매우 해괴한 주장으로 생을 마감했지 않습니까? 소문은 아들에게 전수시키려 하였지만, 아들은 그저 기술만 조금 익혔을 뿐, 자신만의 음률의 세계는 이루지도 못했습니다. 소문의 역할이나 혜자의 견백론을 완성이라 한다면, 누구에게나 완성의 경지는 있다고 할 수밖에 없습니다. 반대로 이런 정도는 완성이 아니라고 한다면, 즉 제대로가 아니라고 한다면, 완성의 단계는 누구에게도 없는 것 아니겠습니까?

'아직 사물이 있지 않다고 여기는 것을 최고의 경지'로 보는 장자는 아무것도 없는 공허한 물리적 공간을 최고의 경지로 본다는 뜻이 아닙니다. 가치 판단을 넘어, 사물들의 있고 없음을 따지는 기준까지도 작동시키지 않을 수 있다면, 그것을 최고의 경지로 본다는 뜻입니다.

바로 다음 대목을 보면, 장자의 뜻을 더 재미있게 이해할 수 있습니다. 완성과 훼손, 좋고 나쁨, 옳고 그름 등이 모두 주관적 사심을 기준으로 해서 결정되므로, 가장 높은 시선에 도달하거나 유지하기가 쉽지 않습니다. 그래서 어느 한쪽을 선택해서 강하게 주장하거나 자신의 옳음이나 자신의 완성을 진리라고 착각하여 끝까지 고집하지 않고, 여백을 갖는 태도가 필요합니다. 제가 여기서 여백이라고 표현했습니다만, 그것은 어쩌면 자신의 의도나 기준을 옳다고 '믿으면서도 믿지 않는 태도'입니다. 부정이 여전히 숨을 쉬고 있는 상태에서의 긍정이라고나 할까요? 의심하는 확신이라고나 할까요? 그것이 '활의지요, 성인지소도 滑疑之耀, 聖人之所圖'로 표현되었습니다.

이 문장에는 크게 두 가지 해석이 있습니다. '활의지요'를 긍정적으로 보는 시각과 부정적으로 보는 시각입니다. '활의지요'를 긍정적으로 보는 시각은 성인이 추구하는 것으로 보고, 부정적으로 보는 시각은 성인이 제거해야 할 것으로 봅니다. 부정적으로 대하는 학자들 가운데 일부는 '도모한다'는 의미의 '圖(도)' 자를 '鄙(비)'로 읽어야 한다고 주장합니다. 그리고 한자 '滑'은 '활'이라고 읽을 수도 있고, '골'이라고 읽을 수도 있습니다. '미끄럽다'나 '미끄러지다'는 뜻을 나타낼 때 '활'이라고 읽고, '어지럽히다'라는 뜻을 나타낼 때 내는 '골'이라고 읽습니다. 중국의 곽상郭象과 왕선겸王先謙은 부정적으로 대합니다. 임희

일林希逸이나 임운명林雲銘 그리고 덕청德淸 등은 긍정적으로 대합니다. 저는 긍정적으로 봐야 한다고 봅니다. 왜냐하면, 여기서는 확고한 가치 판단을 갖는 것이 얼마나 불완전한 경지인지를 밝히고 있기 때문입니다.

바로 이어서 이 모든 것을 '이명以明'으로 결론짓는 것과 관련 있습니다. 이명은 장자 사상에서는 가장 높은 인식의 경지에 이르는 태도이자, 그 경지 자체이기도 합니다. 앞 장에서 말했듯, 도가에서는 세계를 인식하는 태도에서 '지知'와 '명明'을 달리 봅니다. 해를 해로만 보고, 달을 달로만 보는 것이 '지'이고, 해와 달을 하나의 사건으로 보거나, 해와 달을 동시에 품거나, 해를 의식하면서 달을 보거나, 달을 의식하면서 해를 보는 태도가 '명'입니다. 도가는 지보다는 명의 태도를 높게 봅니다.

어떻게 보면, 해와 달 사이에 아무 인연 없이 해가 해로만 있고, 달이 달로만 있는 것이 아니라, 해가 달을 향해 미끄러지고, 달이 해를 향해 미끄러지는 것이지요. 완성과 훼손이 따로 있는 것이 아니라, 같은 것이라도 이런 입장에서는 완성이고, 저런 입장에서는 훼손이라고 하지 않았습니까? 그래서 저는 '활의지요'를 '미끄러지는 빛'이라 해석합니다. 이것은 가장 높은 경지에 이르는 태도이기 때문에 당연히 성인들이 도모하지 않을 리가 없죠. 노자의 광이불요光而不耀나 화광동진和光同塵을 끌고 들어와 함께 이해하면, 장자의 의도를 더 잘 이해할 수 있을 것입니다.

흥미 있는 표현은 "특정한 쓰임새를 따르지 않고, 평상의 일에 깃든다[爲是不用而寓諸庸]"는 문장입니다. "미끄러지는 빛은 성인이 도모하는 바이다"라는 문장에 이어서 나오는 구절입니다. 즉 성인이 도모하는 미끄러지는 빛을 구체적으로 실현하는 방법은 '특정한 쓰임새를 따르지 않고, 평상의 일에 깃드는 것'입니다. '庸(용)' 자는 '중용中庸'에 나오는 글자이기 때문에 더 익숙하지요? 그냥 '평상平常'이라고 하는 것이 제일 맞을 것입니다. 평상이라는 말에는 '변하지 않는다', '일상적이다' 등의 의미가 있습니다. '용덕庸德'이라고 쓰면 '변하지 않는 덕'이라는 의미가 되고, '용언庸言'이라고 쓰면 '일상의 말'이라는 뜻이 되며, '용행庸行'이라고 쓰면 '떳떳한 행실'이라는 의미가 됩니다.

정해진 특정한 쓰임새[用]로 평가하거나 분별하기 전 단계의 타고난 바의 것이 되기도 하고, 타고난 바의 것이기 때문에 가치 평가하기 전의 일상적인 것일 수밖에 없고, 그러니 떳떳한 것이 되지 않겠습니까? 특정한 가치로 정하여 분별하는 쓰임새는 입장에 따라 쓰임새가 아닌 것으로 판명되기도 하고, 오늘은 쓰임새가 있었지만, 시간이 조금만 지나도 쓰임새가 없게 되기도 합니다. 용用은 상대적이지만, 용庸은 상대적인 평가에 좌우되지 않습니다. '미끄러지는 빛'에 도달하기 위해서는 이미 정해진 가치의 틀을 고집하지 않고, 평상의 보편성에 깃들어야 한다는 것입니다.

세계를 보아야 하는 대로 보거나 보고 싶은 대로 보지 않고, 보이는 대로 보는 것과도 관계가 있습니다. 내 주관적 판단 기준에 따라 해를 해로 보거나 달을 달로 보는 것이 아니라, 가치 기준을 모두 떨쳐버리고 타고난 바의 자연성 그대로 본다는 것입니다. '기'의 세계에서 어찌

해가 해로 있고, 달이 달로 따로 있겠습니까? 달은 해로 미끄러져 스며들고, 해는 달로 미끄러져 스며드는 것이 자연의 평상이고 이것이 일상인 것입니다.

시작과 시작 이전의 단계

도가 사상에서는 '무無'라는 개념이 매우 중요합니다. 도가 사상의 창시자라고 할 수 있는 노자가 중국 사상에 끼친 가장 큰 역할은 '무'를 제시한 것이라고 할 수 있습니다. 그래서 '무'를 얼마나 잘 이해하느냐가 도가 사상을 얼마나 잘 이해하느냐가 되고, 동양 사상을 얼마나 잘 이해하느냐까지 되죠. '무'라는 개념이 중국 사상에서 등장하지 않았다면, 동양 사람들의 사유 수준은 지금보다 훨씬 낮았을 거예요. '무'가 등장하면서 동양 사람들의 사유 수준이 높아질 수 있었어요. 수준이 높아진다는 건, 우리가 앞에서도 이야기했지만, 보이는 세계에 머문다는 것이 아니라, 보이지 않는 세계로 계속 올라가는 거예요. 추상적인 높이를 갖는다는 뜻입니다. '무'라는 개념을 갖고 나서 중국 사람들은 부정을 통해 추상의 높이로 상승하는 능력을 갖게 되었습니다. 〈제물론〉에 다음과 같은 부분이 나옵니다.

有始也者, 有未始有始也者, 유시야자 유미시유시야자

有未始有夫未始有始也者. 유미시유부미시유시야자

有有也者, 有無也者, 有未始有無也者, 유유야자 유무야자 유미시유무야자

有未始有夫未始有無也者. 유미시유부미시유무야자

俄而有無矣, 아이유무의

而未知有無之果孰有孰無也. 이미지유무지과숙유숙무야

今我則已有謂矣, 금아즉이유위의

而未知吾所謂之其果有謂乎, 이미지오소위지기과유위호

其果無謂乎? 기과무위호

　"시작이 있다. 시작이 아직 있지 않을 때가 있다. 저 시작이 아직 있지 않을 때가 아직 있지 않은 때가 있다. 있음이 있다. 없음이 있다. 없음이 아직 있기 이전이 있다. 저 없음이 아직 있기 이전이 아직 있지 않을 때가 있다. 갑자기 있고 없다. 있고 없음에서 과연 어때야 있음이고, 어때야 없음일지 잘 모르겠다. 지금 나는 이미 무엇인가를 말하였다. 그런데 나는 내가 말한 것이 무엇인가를 말한 것인지, 아무것도 말하지 않은 것인지를 아직 모르겠다."

　이 대목은 이명의 연장선상에서 나온 말입니다. '시작'이라고 해도, 그 '시작' 이전의 단계가 있을 것이고, 그 이전의 이전인 단계가 있을 것입니다. 무엇이 '있다'고 해도, 그것과 다른 '없다'는 측면이 있고, 또 '없다'는 측면도 아직 없는 전 단계가 있을 것입니다. 시간으로 계속 소급해 올라가면, 보통은 '있다'는 단계를 지나 '없다'는 단계에 이르지만, 장자는 '없다'는 단계 이전보다도 이전인 단계까지 더 소급해서 올라갑니다. 무한 소급을 말하고 있는 것으로 짐작할 수 있습니다.

　이렇게 되면 있음과 없음은 경계가 사라지고, 서로 한쪽을 향해 미끄러져 스며드는 인식의 경지에 이르게 되죠. 무한 소급을 통해서 장자는 존재하는 것에 비-존재성으로 이탈하려는 의지를 부여합니다. 그래서 존재하는 것은 존재하려는 의지와 존재하지 않은 상태로 넘어가려는 의지 사이의 경계를 만들어냅니다. 그래서 존재가 '존재-비존재'의 대립면을 품으면서 탄성을 품고, 개념에 묶이지 않는 생명력을 갖게 됩니다.

말을 해놓고도 말을 했다는 확신보다는 내가 말한 것이 말을 한 것인지 아닌지를 의심하면서 말한 행위를 '말한 것-말하지 않은 것' 사이에 둡니다. 그렇게 말한 자신의 행위에 탄성을 부여함으로써 오히려 수준 높은 진실성을 확보합니다. 삶을 삶으로만 의식해서 삶이 충실해지는 것보다 '삶의 멸망'인 죽음을 삶 속으로 끌고 들어옴으로써 삶에 탄력을 부여해야 삶이 더 충실해지는 이치와 같겠습니다. 죽음을 의식하지 않은 삶은 콘크리트처럼 굳은 관념 덩어리로 전락할 가능성이 있습니다.

'사랑한다'는 말을 할 때도, 사랑을 규정하는 자신의 관념을 그대로 발출하는 것보다, 자신이 가진 사랑의 관념이 지금 자신의 사랑을 표현하는 데에 부족한 것은 아닌지를 의심하면서 말한다면 사랑한다는 자신의 고백이 더 진실해진다고 장자는 말할 것입니다. 사랑한다고 말하는 자신의 행위를 스스로 의심해보는 절차가 없다면, 익숙한 관념의 표출 이상이 아니게 될 가능성이 있습니다. 앞에 나왔던 이명과 관련해서 이해한다면, 장자의 말을 이해하는 데에 그렇게 큰 어려움은 없겠습니다.

| **나가며** |

　북경대학교에서 유학하던 어느 날 은사 탕이졔湯一介 교수님과 한담 중에 지식인의 역할에 관해 얘기를 나누던 중, 교수님께서 《장자》의 〈인간세〉 편을 들어 말씀하셨다. 기억이 희미하지만, 나는 교수님의 말씀을 이렇게 기억한다. "지식인은 자기에게 필요한 것을 찾는 사람이 아니라, 시대의 병을 함께 아파하는 사람이다." 〈인간세〉 편에는 이렇게 쓰여 있다. "잘 다스려지고 있는 나라에서는 떠나고, 잘 다스려지지 않은 나라로 가라. 의사 집에 환자가 모이는 것이다." 이것은 안회가 기억하는 스승 공자의 말이다.

　〈인간세〉 편은 안회가 스승께서 이전에 하셨던 이 말씀에 따라 위나라로 가겠다고 스승에게 허락을 청하는 장면으로 시작한다. 안회가 보기에, 위나라는 무도한 군주가 다스리는 바람에 국권이 남용되고, 백성들을 함부로 사지에 몰아넣고, 거리에 주검이 널려 있고, 나라가 마치 잡초로 가득한 못처럼 망하기 일보 직전이었다. 그래서 안회가 바로잡으러 가겠다는 것이다. 공자는 안회가 먼저 갖춰야 할 것도 아직 갖추지 못했으면서 위나라 군주의 난폭함 따위에 간섭할 겨를이 어디 있느냐고 힐난하고, 가봤댔자 정치는 고치지도 못하고 오히려 목숨만 잃게 될 것이라고 말한다. 먼저 자신의 덕을 두텁게 쌓지 않은 상태라면, 말이나 관점으로는 누구도 변화시킬 수 없다고 단언하면서, 공자는 우선 "심재心齋하라!"고 가르친다. '심재'는 '마음을 재계한다'로 직역하지만, '덕德을 쌓는다'로 넓혀서 이해할 수 있겠다.

이 책은 광주에서 한 장자 강의 19강을 정리한 것이다. 강의 내내 나는 장자의 학설이 깊고도 정확하다는 것에 감탄했다. 말이나 관점으로 다른 사람의 말이나 관점을 바꾸게 하는 것은 불가능하다. 덕이 어지간히 두텁지 않고는 다른 사람의 말을 듣고 자기 관점을 바꾸는 일도 일어나지 않고, 덕이 어지간히 두텁지 않고는 내 말로 다른 사람의 관점을 바꾸게 하지도 못한다. 모두 자신만의 '정해진 마음'으로 살기 때문이다. 장자는 자신의 책 여기저기에서 내게 이런 말을 정성껏 많이 해줬음에도 불구하고 나는 덕이 두텁지 않아 장자 말을 제대로 알아듣지 못한 채였다. 나는 먼저 갖춰야 할 것을 갖추지 못한 채, 안회보다 훨씬 조급하고 가볍기만 했다. 지금 돌아보면, 괜히 수선만 피웠던 것 같다. 먼저 충분히 '심재'했어야 했다.

광주에서의 장자 강의는 어떤 연유로 19강에서 멈췄다.《장자》33편 가운데 〈우언〉 편, 〈추수〉 편, 〈소요유〉 편 그리고 〈제물론〉 편 일부만 했다.《장자》 전체의 10분의 1 격이다. 우선 한 권의 책으로 정리해서 내놓는다.《장자》를 손에 쥘 마음을 내시는 정도의 분이라면, 매우 영특하셔서 나머지 10분의 9를 짐작하거나 읽어내는 내공을 갖추고 계실 것이라 믿는다.

광주에서의 철학 강좌는 정경미, 최성혁, 김범종 세 분의 인도로 시작하였다. 특별한 일이었고, 내가 많은 배려를 입었다. 광주 비움박물관의 이영화 관장님은 공간을 내어주셨을 뿐 아니라, 크고 작은 여러 편의를 제공해주셨다. 특히 네 분께 감사하는 마음 깊고 크다. 무엇보다도 강의 내내 유쾌하고 즐거웠다. 나는 고향에 돌아와 큰 대접을 받는 기분이었다. 별처럼 빛나던 분들, 지금은 어디서 어떻게들 빛나고 계시는지….

출판사 위즈덤하우스는 강의가 이뤄지도록 지원을 하고도 원고를 몇 년이나 기다려주었다. 참 무던하고 속 깊은 출판사다. 미안하고 감사하다.

2025년 3월
함평 호접몽가의 정원 미문에서 돌의자에 앉아

삶의 실력, 장자

초판 1쇄 발행 2025년 3월 28일
초판 6쇄 발행 2025년 5월 14일

지은이 최진석
펴낸이 최순영

출판2 본부장 박태근
지식교양 팀장 송두나
편집 박은경
디자인 이세호

펴낸곳 ㈜위즈덤하우스 **출판등록** 2000년 5월 23일 제13-1071호
주소 서울특별시 마포구 양화로 19 합정오피스빌딩 17층
전화 02) 2179-5600 **홈페이지** www.wisdomhouse.co.kr

ⓒ 최진석, 2025

ISBN 979-11-7171-396-7 03100